FINNISH
VOCABULARY

FOR ENGLISH SPEAKERS

ENGLISH-
FINNISH

The most useful words
To expand your lexicon and sharpen
your language skills

9000 words

Finnish vocabulary for English speakers - 9000 words

By Andrey Taranov

T&P Books vocabularies are intended for helping you learn, memorize and review foreign words. The dictionary is divided into themes, covering all major spheres of everyday activities, business, science, culture, etc.

The process of learning words using T&P Books' theme-based dictionaries gives you the following advantages:

- Correctly grouped source information predetermines success at subsequent stages of word memorization
- Availability of words derived from the same root allowing memorization of word units (rather than separate words)
- Small units of words facilitate the process of establishing associative links needed for consolidation of vocabulary
- Level of language knowledge can be estimated by the number of learned words

T&P Books Publishing
www.tpbooks.com

ISBN: 978-1-78071-816-3

This book is also available in E-book formats.
Please visit www.tpbooks.com or the major online bookstores.

FINNISH VOCABULARY
for English speakers

T&P Books vocabularies are intended to help you learn, memorize, and review foreign words. The vocabulary contains over 9000 commonly used words arranged thematically.

- Vocabulary contains the most commonly used words
- Recommended as an addition to any language course
- Meets the needs of beginners and advanced learners of foreign languages
- Convenient for daily use, revision sessions, and self-testing activities
- Allows you to assess your vocabulary

Special features of the vocabulary

- Words are organized according to their meaning, not alphabetically
- Words are presented in three columns to facilitate the reviewing and self-testing processes
- Words in groups are divided into small blocks to facilitate the learning process
- The vocabulary offers a convenient and simple transcription of each foreign word

The vocabulary has 256 topics including:

Basic Concepts, Numbers, Colors, Months, Seasons, Units of Measurement, Clothing & Accessories, Food & Nutrition, Restaurant, Family Members, Relatives, Character, Feelings, Emotions, Diseases, City, Town, Sightseeing, Shopping, Money, House, Home, Office, Working in the Office, Import & Export, Marketing, Job Search, Sports, Education, Computer, Internet, Tools, Nature, Countries, Nationalities and more ...

TABLE OF CONTENTS

HUMAN ACTIVITIES
Job. Business. Part 1

Job. Business. Part 2

Professions and occupations

PRONUNCIATION GUIDE

T&P phonetic alphabet	Finnish example	English example
[·]	**juomalasi** [juoma·lasi]	interpunct
[:]	**aalto** [ɑ:lto]	long-vowel mark

Vowels

[ɑ]	**hakata** [hɑkɑtɑ]	shorter than in park, card
[e]	**ensi** [ensi]	elm, medal
[i]	**musiikki** [musi:kki]	shorter than in feet
[o]	**filosofi** [filosofi]	pod, John
[u]	**peruna** [perunɑ]	book
[ø]	**keittiö** [kejttiø]	eternal, church
[æ]	**määrä** [mæ:ræ]	candle, lamp
[y]	**Bryssel** [bryssel]	fuel, tuna

Consonants

[b]	**banaani** [bɑnɑ:ni]	baby, book
[d]	**odottaa** [odottɑ:]	day, doctor
[dʒ]	**Kambodža** [kɑmbodʒɑ]	joke, general
[f]	**farkut** [fɑrkut]	face, food
[g]	**jooga** [jo:gɑ]	game, gold
[j]	**suojatie** [suojɑtæ]	yes, New York
[h]	**ohra** [ohrɑ]	home, have
[ɦ]	**jauhot** [jɑuɦot]	humor
[k]	**nokkia** [nokkiɑ]	clock, kiss
[l]	**leveä** [leveæ]	lace, people
[m]	**moottori** [mo:ttori]	magic, milk
[n]	**nainen** [nɑjnen]	name, normal
[ŋ]	**ankkuri** [ɑŋkkuri]	English, ring
[p]	**pelko** [pelko]	pencil, private
[r]	**raketti** [rɑketti]	rice, radio
[s]	**sarastus** [sɑrɑstus]	city, boss
[t]	**tattari** [tɑttɑri]	tourist, trip
[ʋ]	**luvata** [luʋɑtɑ]	vase, winter
[ʃ]	**šakki** [ʃɑkki]	machine, shark

T&P phonetic alphabet	Finnish example	English example
[ʧ]	**Chile** [ʧile]	church, French
[z]	**kazakki** [kɑzɑkki]	zebra, please

ABBREVIATIONS
used in the vocabulary

English abbreviations

ab.	-	about
adj	-	adjective
adv	-	adverb
anim.	-	animate
as adj	-	attributive noun used as adjective
e.g.	-	for example
etc.	-	et cetera
fam.	-	familiar
fem.	-	feminine
form.	-	formal
inanim.	-	inanimate
masc.	-	masculine
math	-	mathematics
mil.	-	military
n	-	noun
pl	-	plural
pron.	-	pronoun
sb	-	somebody
sing.	-	singular
sth	-	something
v aux	-	auxiliary verb
vi	-	intransitive verb
vi, vt	-	intransitive, transitive verb
vt	-	transitive verb

BASIC CONCEPTS

Basic concepts. Part 1

1. Pronouns

I, me	**minä**	[minæ]
you	**sinä**	[sinæ]
he	**hän**	[hæn]
she	**hän**	[hæn]
it	**se**	[se]
we	**me**	[me]
you (to a group)	**te**	[te]
they	**he**	[he]

2. Greetings. Salutations. Farewells

Hello! (fam.)	**Hei!**	[hej]
Hello! (form.)	**Hei!**	[hej]
Good morning!	**Hyvää huomenta!**	[hyʋæː huomentɑ]
Good afternoon!	**Hyvää päivää!**	[hyʋæː pæjʋæː]
Good evening!	**Hyvää iltaa!**	[hyʋæː iltɑː]
to say hello	**tervehtiä**	[terʋehtiæ]
Hi! (hello)	**Moi!**	[moj]
greeting (n)	**tervehdys**	[terʋehdys]
to greet (vt)	**tervehtiä**	[terʋehtiæ]
How are you?	**Mitä kuuluu?**	[mitæ kuːluː]
What's new?	**Mitä on uutta?**	[mitæ on uːttɑ]
Bye-Bye! Goodbye!	**Näkemiin!**	[nækemiːn]
See you soon!	**Pikaisiin näkemiin!**	[pikɑjsiːn nækemiːn]
Farewell!	**Hyvästi!**	[hyʋæsti]
to say goodbye	**hyvästellä**	[hyʋæstellæ]
So long!	**Hei hei!**	[hej hej]
Thank you!	**Kiitos!**	[kiːtos]
Thank you very much!	**Paljon kiitoksia!**	[pɑljon kiːtoksiɑ]
You're welcome	**Ole hyvä**	[ole hyʋæ]
Don't mention it!	**Ei kestä kiittää**	[ej kestæ kiːttæː]
It was nothing	**Ei kestä**	[ej kestæ]

| Excuse me! | Anteeksi! | [ante:ksi] |
| to excuse (forgive) | antaa anteeksi | [anta: ante:ksi] |

to apologize (vi)	pyytää anteeksi	[py:tæ: ante:ksi]
My apologies	Pyydän anteeksi	[py:dæn ante:ksi]
I'm sorry!	Anteeksi!	[ante:ksi]
to forgive (vt)	antaa anteeksi	[anta: ante:ksi]
please (adv)	ole hyvä	[ole hyʊæ]

Don't forget!	Älkää unohtako!	[ælkæ: unohtako]
Certainly!	Tietysti!	[tietysti]
Of course not!	Eipä tietenkään!	[ejpæ tieteŋkæ:n]
Okay! (I agree)	Olen samaa mieltä!	[olen sama: mieltæ]
That's enough!	Riittää!	[ri:ttæ:]

3. How to address

mister, sir	Herra	[herra]
ma'am	Rouva	[rouʊa]
miss	Neiti	[nejti]
young man	Nuori mies	[nuorimies]
young man (little boy, kid)	Poika	[pojka]
miss (little girl)	Tyttö	[tyttø]

4. Cardinal numbers. Part 1

0 zero	nolla	[nolla]
1 one	yksi	[yksi]
2 two	kaksi	[kaksi]
3 three	kolme	[kolme]
4 four	neljä	[neljæ]

5 five	viisi	[ʊi:si]
6 six	kuusi	[ku:si]
7 seven	seitsemän	[sejtsemæn]
8 eight	kahdeksan	[kahdeksan]
9 nine	yhdeksän	[yhdeksæn]

10 ten	kymmenen	[kymmenen]
11 eleven	yksitoista	[yksi·tojsta]
12 twelve	kaksitoista	[kaksi·tojsta]
13 thirteen	kolmetoista	[kolme·tojsta]
14 fourteen	neljätoista	[neljæ·tojsta]

15 fifteen	viisitoista	[ʊi:si·tojsta]
16 sixteen	kuusitoista	[ku:si·tojsta]
17 seventeen	seitsemäntoista	[sejtsemæn·tojsta]
18 eighteen	kahdeksantoista	[kahdeksan·tojsta]

19 nineteen	yhdeksäntoista	[yhdeksæn·tojsta]
20 twenty	kaksikymmentä	[kaksi·kymmentæ]
21 twenty-one	kaksikymmentäyksi	[kaksi·kymmentæ·yksi]
22 twenty-two	kaksikymmentäkaksi	[kaksi·kymmentæ·kaksi]
23 twenty-three	kaksikymmentäkolme	[kaksi·kymmentæ·kolme]
30 thirty	kolmekymmentä	[kolme·kymmentæ]
31 thirty-one	kolmekymmentäyksi	[kolme·kymmentæ·yksi]
32 thirty-two	kolmekymmentäkaksi	[kolme·kymmentæ·kaksi]
33 thirty-three	kolmekymmentäkolme	[kolme·kymmentæ·kolme]
40 forty	neljäkymmentä	[neljæ·kymmentæ]
41 forty-one	neljäkymmentäyksi	[neljæ·kymmentæ·yksi]
42 forty-two	neljäkymmentäkaksi	[neljæ·kymmentæ·kaksi]
43 forty-three	neljäkymmentäkolme	[neljæ·kymmentæ·kolme]
50 fifty	viisikymmentä	[uiːsi·kymmentæ]
51 fifty-one	viisikymmentäyksi	[uiːsi·kymmentæ·yksi]
52 fifty-two	viisikymmentäkaksi	[uiːsi·kymmentæ·kaksi]
53 fifty-three	viisikymmentäkolme	[uiːsi·kymmentæ·kolme]
60 sixty	kuusikymmentä	[kuːsi·kymmentæ]
61 sixty-one	kuusikymmentäyksi	[kuːsi·kymmentæ·yksi]
62 sixty-two	kuusikymmentäkaksi	[kuːsi·kymmentæ·kaksi]
63 sixty-three	kuusikymmentäkolme	[kuːsi·kymmentæ·kolme]
70 seventy	seitsemänkymmentä	[sejtsemæn·kymmentæ]
71 seventy-one	seitsemänkymmentä-yksi	[sejtsemæn·kymmentæ yksi]
72 seventy-two	seitsemänkymmentä-kaksi	[sejtsemæn·kymmentæ kaksi]
73 seventy-three	seitsemänkymmentä-kolme	[sejtsemæn·kymmentæ kolme]
80 eighty	kahdeksankymmentä	[kahdeksan·kymmentæ]
81 eighty-one	kahdeksankymmentä-yksi	[kahdeksan·kymmentæ yksi]
82 eighty-two	kahdeksankymmentä-kaksi	[kahdeksan·kymmentæ kaksi]
83 eighty-three	kahdeksankymmentä-kolme	[kahdeksan·kymmentæ kolme]
90 ninety	yhdeksänkymmentä	[yhdeksæn·kymmentæ]
91 ninety-one	yhdeksänkymmentä-yksi	[yhdeksæn·kymmentæ yksi]
92 ninety-two	yhdeksänkymmentä-kaksi	[yhdeksæn·kymmentæ kaksi]
93 ninety-three	yhdeksänkymmentä-kolme	[yhdeksæn·kymmentæ kolme]

5. Cardinal numbers. Part 2

100 one hundred	**sata**	[sɑtɑ]
200 two hundred	**kaksisataa**	[kɑksi·sɑtɑ:]
300 three hundred	**kolmesataa**	[kolme·sɑtɑ:]
400 four hundred	**neljäsataa**	[neljæ·sɑtɑ:]
500 five hundred	**viisisataa**	[ʋi:si·sɑtɑ:]
600 six hundred	**kuusisataa**	[ku:si·sɑtɑ:]
700 seven hundred	**seitsemänsataa**	[sejtsemæn·sɑtɑ:]
800 eight hundred	**kahdeksansataa**	[kɑhdeksɑn·sɑtɑ:]
900 nine hundred	**yhdeksänsataa**	[yhdeksæn·sɑtɑ:]
1000 one thousand	**tuhat**	[tuhɑt]
2000 two thousand	**kaksituhatta**	[kɑksi·tuhɑttɑ]
3000 three thousand	**kolmetuhatta**	[kolme·tuhɑttɑ]
10000 ten thousand	**kymmenentuhatta**	[kymmenen·tuhɑttɑ]
one hundred thousand	**satatuhatta**	[sɑtɑ·tuhɑttɑ]
million	**miljoona**	[miljo:nɑ]
billion	**miljardi**	[miljɑrdi]

6. Ordinal numbers

first (adj)	**ensimmäinen**	[ensimmæjnen]
second (adj)	**toinen**	[tojnen]
third (adj)	**kolmas**	[kolmɑs]
fourth (adj)	**neljäs**	[neljæs]
fifth (adj)	**viides**	[ʋi:des]
sixth (adj)	**kuudes**	[ku:des]
seventh (adj)	**seitsemäs**	[sejtsemæs]
eighth (adj)	**kahdeksas**	[kɑhdeksɑs]
ninth (adj)	**yhdeksäs**	[yhdeksæs]
tenth (adj)	**kymmenes**	[kymmenes]

7. Numbers. Fractions

fraction	**murtoluku**	[murto·luku]
one half	**puolet**	[puolet]
one third	**kolmasosa**	[kolmɑsosɑ]
one quarter	**neljäsosa**	[neljæsosɑ]
one eighth	**kahdeksasosa**	[kɑhdeksɑsosɑ]
one tenth	**kymmenesosa**	[kymmenesosɑ]
two thirds	**kaksi kolmasosaa**	[kɑksi kolmɑsosɑ:]
three quarters	**kolme neljäsosaa**	[kolme neljæsosɑ:]

8. Numbers. Basic operations

subtraction	vähennyslasku	[uæɦennys·lɑsku]
to subtract (vi, vt)	vähentää	[uæɦentæ:]
division	jako	[jɑko]
to divide (vt)	jakaa	[jɑkɑ:]

addition	yhteenlasku	[yhte:n·lɑsku]
to add up (vt)	laskea yhteen	[lɑskeɑ yhte:n]
to add (vi, vt)	lisätä	[lisætæ]
multiplication	kertolasku	[kerto·lɑsku]
to multiply (vt)	kertoa	[kertoɑ]

9. Numbers. Miscellaneous

digit, figure	numero	[numero]
number	luku	[luku]
numeral	lukusana	[luku·sɑnɑ]
minus sign	miinus	[mi:nus]

plus sign	plusmerkki	[plus·merkki]
formula	kaava	[kɑ:uɑ]

calculation	laskenta	[lɑskentɑ]
to count (vi, vt)	laskea	[lɑskeɑ]

to count up	laskea	[lɑskeɑ]
to compare (vt)	verrata	[uerrɑtɑ]

How much?	Kuinka paljon?	[kujŋkɑ pɑljon]
How many?	Kuinka monta?	[kuiŋkɑ montɑ]

sum, total	summa	[summɑ]
result	tulos	[tulos]
remainder	jäännös	[jæ:nnøs]

a few (e.g., ~ years ago)	muutama	[mu:tɑmɑ]
little (I had ~ time)	vähän	[uæɦæn]
few (I have ~ friends)	vähän	[uæɦæn]
a little (~ water)	vähän	[uæɦæn]
the rest	loput	[loput]

one and a half	puolitoista	[puoli·tojstɑ]
dozen	tusina	[tusinɑ]

in half (adv)	kahtia	[kɑhtiɑ]
equally (evenly)	tasan	[tɑsɑn]
half	puoli	[puoli]
time (three ~s)	kerta	[kertɑ]

10. The most important verbs. Part 1

to advise (vt)	neuvoa	[neuʋoɑ]
to agree (say yes)	suostua	[suostuɑ]
to answer (vi, vt)	vastata	[ʋɑstɑtɑ]
to apologize (vi)	pyytää anteeksi	[py:tæ: ɑnte:ksi]
to arrive (vi)	saapua	[sɑ:puɑ]

to ask (~ oneself)	kysyä	[kysyæ]
to ask (~ sb to do sth)	pyytää	[py:tæ:]
to be (vi)	olla	[ollɑ]

to be afraid	pelätä	[pelætæ]
to be hungry	minulla on nälkä	[minullɑ on nælkæ]
to be interested in ...	kiinnostua	[ki:nnostuɑ]
to be needed	tarvita	[tɑrʋitɑ]
to be surprised	ihmetellä	[ihmetellæ]

to be thirsty	minulla on jano	[minullɑ on jɑno]
to begin (vt)	alkaa	[ɑlkɑ:]
to belong to ...	kuulua	[ku:luɑ]
to boast (vi)	kerskua	[kerskuɑ]
to break (split into pieces)	rikkoa	[rikkoɑ]

to call (~ for help)	kutsua	[kutsuɑ]
can (v aux)	voida	[ʋojdɑ]
to catch (vt)	ottaa kiinni	[ottɑ: ki:nni]
to change (vt)	muuttaa	[mu:ttɑ:]
to choose (select)	valita	[ʋɑlitɑ]

to come down (the stairs)	laskeutua	[lɑskeutuɑ]
to compare (vt)	verrata	[ʋerrɑtɑ]
to complain (vi, vt)	valittaa	[ʋɑlittɑ:]
to confuse (mix up)	sekoittaa	[sekojttɑ:]
to continue (vt)	jatkaa	[jɑtkɑ:]
to control (vt)	tarkastaa	[tɑrkɑstɑ:]

to cook (dinner)	laittaa	[lɑjttɑ:]
to cost (vt)	maksaa	[mɑksɑ:]
to count (add up)	laskea	[lɑskeɑ]
to count on ...	luottaa	[luottɑ:]
to create (vt)	luoda	[luodɑ]
to cry (weep)	itkeä	[itkeæ]

11. The most important verbs. Part 2

to deceive (vi, vt)	pettää	[pettæ:]
to decorate (tree, street)	koristaa	[koristɑ:]
to defend (a country, etc.)	puolustaa	[puolustɑ:]

| to demand (request firmly) | vaatia | [ʋɑːtiɑ] |
| to dig (vt) | kaivaa | [kɑjʋɑː] |

to discuss (vt)	käsitellä	[kæsitellæ]
to do (vt)	tehdä	[tehdæ]
to doubt (have doubts)	epäillä	[epæjllæ]
to drop (let fall)	pudottaa	[pudottɑː]
to enter (room, house, etc.)	tulla sisään	[tullɑ sisæːn]

to excuse (forgive)	antaa anteeksi	[ɑntɑː ɑnteːksi]
to exist (vi)	olla olemassa	[ollɑ olemɑssɑ]
to expect (foresee)	odottaa	[odottɑː]
to explain (vt)	selittää	[selittæː]
to fall (vi)	kaatua	[kɑːtuɑ]

to find (vt)	löytää	[løytæː]
to finish (vt)	lopettaa	[lopettɑː]
to fly (vi)	lentää	[lentæː]
to follow ... (come after)	seurata	[seurɑtɑ]
to forget (vi, vt)	unohtaa	[unohtɑː]

to forgive (vt)	antaa anteeksi	[ɑntɑː ɑnteːksi]
to give (vt)	antaa	[ɑntɑː]
to give a hint	vihjata	[ʋihjɑtɑ]
to go (on foot)	mennä	[mennæ]

to go for a swim	uida	[ujdɑ]
to go out (for dinner, etc.)	mennä, tulla ulos	[mennæ], [tullɑ ulos]
to guess (the answer)	arvata	[ɑrʋɑtɑ]

to have (vt)	omistaa	[omistɑː]
to have breakfast	syödä aamiaista	[syødæ ɑːmiɑjstɑ]
to have dinner	illastaa	[illɑstɑː]
to have lunch	syödä lounasta	[syødæ lounɑstɑ]
to hear (vt)	kuulla	[kuːllɑ]

to help (vt)	auttaa	[ɑuttɑː]
to hide (vt)	piilotella	[piːlotellɑ]
to hope (vi, vt)	toivoa	[tojʋoɑ]
to hunt (vi, vt)	metsästää	[metsæstæː]
to hurry (vi)	pitää kiirettä	[pitæː kiːrettæ]

12. The most important verbs. Part 3

to inform (vt)	tiedottaa	[tiedottɑː]
to insist (vi, vt)	vaatia	[ʋɑːtiɑ]
to insult (vt)	loukata	[loukɑtɑ]
to invite (vt)	kutsua	[kutsuɑ]
to joke (vi)	vitsailla	[ʋitsɑjllɑ]

to keep (vt)	pitää, säilyttää	[pitæ:], [sæjlyttæ:]
to keep silent, to hush	olla vaiti	[olla ʋajti]
to kill (vt)	murhata	[murhata]
to know (sb)	tuntea	[tuntea]
to know (sth)	tietää	[tietæ:]
to laugh (vi)	nauraa	[naura:]

to liberate (city, etc.)	vapauttaa	[ʋapautta:]
to like (I like …)	pitää	[pitæ:]
to look for … (search)	etsiä	[etsiæ]
to love (sb)	rakastaa	[rakasta:]
to make a mistake	erehtyä	[erehtyæ]

to manage, to run	johtaa	[johta:]
to mean (signify)	tarkoittaa, merkitä	[tarkojtta:], [merkitæ]
to mention (talk about)	mainita	[majnita]
to miss (school, etc.)	olla poissa	[olla pojssa]
to notice (see)	huomata	[huomata]

to object (vi, vt)	vastustaa	[ʋastusta:]
to observe (see)	tarkkailla	[tarkkajlla]
to open (vt)	avata	[aʋata]
to order (meal, etc.)	tilata	[tilata]
to order (mil.)	käskeä	[kæskeæ]
to own (possess)	omistaa	[omista:]

to participate (vi)	osallistua	[osallistua]
to pay (vi, vt)	maksaa	[maksa:]
to permit (vt)	antaa lupa	[anta: lupa]
to plan (vt)	suunnitella	[su:nnitella]
to play (children)	leikkiä	[lejkkiæ]

to pray (vi, vt)	rukoilla	[rukojlla]
to prefer (vt)	pitää enemmän	[pitæ: enemmæn]
to promise (vt)	luvata	[luʋata]
to pronounce (vt)	lausua	[lausua]
to propose (vt)	ehdottaa	[ehdotta:]
to punish (vt)	rangaista	[raŋajsta]

13. The most important verbs. Part 4

to read (vi, vt)	lukea	[lukea]
to recommend (vt)	suositella	[suositella]
to refuse (vi, vt)	kieltäytyä	[kæltæytyæ]
to regret (be sorry)	katua	[katua]
to rent (sth from sb)	vuokrata	[ʋuokrata]

to repeat (say again)	toistaa	[tojsta:]
to reserve, to book	varata	[ʋarata]
to run (vi)	juosta	[juosta]

to save (rescue)	**pelastaa**	[pelɑstɑ:]
to say (~ thank you)	**sanoa**	[sɑnoɑ]
to scold (vt)	**haukkua**	[hɑukkuɑ]
to see (vt)	**nähdä**	[næhdæ]
to sell (vt)	**myydä**	[my:dæ]
to send (vt)	**lähettää**	[læɦettæ:]
to shoot (vi)	**ampua**	[ɑmpuɑ]
to shout (vi)	**huutaa**	[hu:tɑ:]
to show (vt)	**näyttää**	[næyttæ:]
to sign (document)	**allekirjoittaa**	[ɑllekirjoittɑ:]
to sit down (vi)	**istua, istuutua**	[istuɑ], [istu:tuɑ]
to smile (vi)	**hymyillä**	[hymyjllæ]
to speak (vi, vt)	**keskustella**	[keskustellɑ]
to steal (money, etc.)	**varastaa**	[ʋɑrɑstɑ:]
to stop (for pause, etc.)	**pysähtyä**	[pysæhtyæ]
to stop (please ~ calling me)	**lakata**	[lɑkɑtɑ]
to study (vt)	**oppia**	[oppiɑ]
to swim (vi)	**uida**	[ujdɑ]
to take (vt)	**ottaa**	[ottɑ:]
to think (vi, vt)	**ajatella**	[ɑjɑtellɑ]
to threaten (vt)	**uhata**	[uɦɑtɑ]
to touch (with hands)	**koskettaa**	[koskettɑ:]
to translate (vt)	**kääntää**	[kæ:ntæ:]
to trust (vt)	**luottaa**	[luottɑ:]
to try (attempt)	**koettaa**	[koettɑ:]
to turn (e.g., ~ left)	**kääntää**	[kæ:ntæ:]
to underestimate (vt)	**aliarvioida**	[ɑliɑrʋiojdɑ]
to understand (vt)	**ymmärtää**	[ymmæɑrtæ:]
to unite (vt)	**yhdistää**	[yhdistæ:]
to wait (vt)	**odottaa**	[odottɑ:]
to want (wish, desire)	**haluta**	[hɑlutɑ]
to warn (vt)	**varoittaa**	[ʋɑrojttɑ:]
to work (vi)	**työskennellä**	[tyøskennellæ]
to write (vt)	**kirjoittaa**	[kirjoittɑ:]
to write down	**kirjoittaa muistiin**	[kirjoittɑ: mujsti:n]

14. Colors

color	**väri**	[ʋæri]
shade (tint)	**sävy, värisävy**	[sæʋy], [ʋæri·sæʋy]
hue	**värisävy**	[ʋæri·sæʋy]
rainbow	**sateenkaari**	[sɑte:n·kɑ:ri]

white (adj)	valkoinen	[ʋɑlkojnen]
black (adj)	musta	[mustɑ]
gray (adj)	harmaa	[hɑrmɑ:]

green (adj)	vihreä	[ʋihreæ]
yellow (adj)	keltainen	[keltɑjnen]
red (adj)	punainen	[punɑjnen]

blue (adj)	sininen	[sininen]
light blue (adj)	vaaleansininen	[ʋɑ:leɑn·sininen]
pink (adj)	vaaleanpunainen	[ʋɑ:leɑn·punɑjnen]
orange (adj)	oranssi	[orɑnssi]
violet (adj)	violetti	[ʋioletti]
brown (adj)	ruskea	[ruskeɑ]

| golden (adj) | kultainen | [kultɑjnen] |
| silvery (adj) | hopeinen | [hopejnen] |

beige (adj)	beige	[bejge]
cream (adj)	kermanvärinen	[kermɑn·ʋærinen]
turquoise (adj)	turkoosi	[turko:si]
cherry red (adj)	kirsikanpunainen	[kirsikɑn·punɑjnen]
lilac (adj)	sinipunainen	[sini·punɑjnen]
crimson (adj)	karmiininpunainen	[kɑrmi:nen·punɑjnen]

light (adj)	vaalea	[ʋɑ:leɑ]
dark (adj)	tumma	[tummɑ]
bright, vivid (adj)	kirkas	[kirkɑs]

colored (pencils)	väri-	[ʋæri]
color (e.g., ~ film)	väri-	[ʋæri]
black-and-white (adj)	mustavalkoinen	[mustɑ·ʋɑlkojnen]
plain (one-colored)	yksivärinen	[yksi·ʋærinen]
multicolored (adj)	erivärinen	[eriʋærinen]

15. Questions

Who?	Kuka?	[kukɑ]
What?	Mikä?	[mikæ]
Where? (at, in)	Missä?	[missæ]
Where (to)?	Mihin?	[mihin]
From where?	Mistä?	[mistæ]
When?	Milloin?	[millojn]
Why? (What for?)	Mitä varten?	[mitæ ʋɑrten]
Why? (~ are you crying?)	Miksi?	[miksi]

What for?	Minkä vuoksi?	[miŋkæ ʋuoksi]
How? (in what way)	Miten?	[miten]
What? (What kind of ...?)	Millainen?	[millɑjnen]
Which?	Mikä?	[mikæ]

To whom?	Kenelle?	[kenelle]
About whom?	Kenestä?	[kenestæ]
About what?	Mistä?	[mistæ]
With whom?	Kenen kanssa?	[kenen kanssa]

How many?	Kuinka monta?	[kuiŋka monta]
How much?	Kuinka paljon?	[kujŋka paljon]
Whose?	Kenen?	[kenen]

16. Prepositions

with (accompanied by)	kanssa	[kanssa]
without	ilman	[ilman]
to (indicating direction)	... ssa, ... ssä	[ssa], [ssæ]
about (talking ~ ...)	... sta, ... stä	[sta], [stæ]
before (in time)	ennen	[ennen]
in front of ...	edessä	[edessæ]

under (beneath, below)	alla	[alla]
above (over)	yllä	[yllæ]
on (atop)	päällä	[pæ:llæ]
from (off, out of)	... sta, ... stä	[sta], [stæ]
of (made from)	... sta, ... stä	[sta], [stæ]

| in (e.g., ~ ten minutes) | päästä | [pæ:stæ] |
| over (across the top of) | yli | [yli] |

17. Function words. Adverbs. Part 1

Where? (at, in)	Missä?	[missæ]
here (adv)	täällä	[tæ:llæ]
there (adv)	siellä	[siellæ]

| somewhere (to be) | jossain | [jossajn] |
| nowhere (not in any place) | ei missään | [ej missæ:n] |

| by (near, beside) | luona | [luona] |
| by the window | ikkunan vieressä | [ikkunan ʋæressæ] |

Where (to)?	Mihin?	[mihin]
here (e.g., come ~!)	tänne	[tænne]
there (e.g., to go ~)	tuonne	[tuonne]
from here (adv)	täältä	[tæ:ltæ]
from there (adv)	sieltä	[sieltæ]

close (adv)	lähellä	[læhellæ]
far (adv)	kaukana	[kaukana]
near (e.g., ~ Paris)	luona	[luona]

nearby (adv)	vieressä	[ʋieressæ]
not far (adv)	lähelle	[læɦelle]
left (adj)	vasen	[ʋɑsen]
on the left	vasemmalla	[ʋɑsemmɑllɑ]
to the left	vasemmalle	[ʋɑsemmɑlle]
right (adj)	oikea	[ojkeɑ]
on the right	oikealla	[ojkeɑllɑ]
to the right	oikealle	[ojkeɑlle]
in front (adv)	edessä	[edessæ]
front (as adj)	etumainen	[etumɑjnen]
ahead (the kids ran ~)	eteenpäin	[ete:npæjn]
behind (adv)	takana	[tɑkɑnɑ]
from behind	takaa	[tɑkɑ:]
back (towards the rear)	takaisin	[tɑkɑjsin]
middle	keskikohta	[keski·kohtɑ]
in the middle	keskellä	[keskellæ]
at the side	sivulta	[siʋultɑ]
everywhere (adv)	kaikkialla	[kɑjkkiɑllɑ]
around (in all directions)	ympärillä	[ympærillæ]
from inside	sisäpuolelta	[sisæ·puoleltɑ]
somewhere (to go)	jonnekin	[jonnekin]
straight (directly)	suoraan	[suorɑ:n]
back (e.g., come ~)	takaisin	[tɑkɑjsin]
from anywhere	jostakin	[jostɑkin]
from somewhere	jostakin	[jostɑkin]
firstly (adv)	ensiksi	[ensiksi]
secondly (adv)	toiseksi	[tojseksi]
thirdly (adv)	kolmanneksi	[kolmɑnneksi]
suddenly (adv)	äkkiä	[ækkiæ]
at first (in the beginning)	alussa	[ɑlussɑ]
for the first time	ensi kerran	[ensi kerrɑn]
long before ...	kauan ennen kuin	[kɑuɑn ennen kuin]
anew (over again)	uudestaan	[u:destɑ:n]
for good (adv)	pysyvästi	[pysyʋæsti]
never (adv)	ei koskaan	[ej koskɑ:n]
again (adv)	taas	[tɑ:s]
now (at present)	nyt	[nyt]
often (adv)	usein	[usejn]
then (adv)	silloin	[sillojn]
urgently (quickly)	kiireellisesti	[ki:re:llisesti]
usually (adv)	tavallisesti	[tɑʋɑllisesti]

by the way, ...	muuten	[muːten]
possibly	ehkä	[ehkæ]
probably (adv)	todennäköisesti	[todenˑnækøjsesti]
maybe (adv)	ehkä	[ehkæ]
besides ...	sitä paitsi, ...	[sitæ pɑjtsi]
that's why ...	siksi	[siksi]
in spite of ...	huolimatta	[huolimɑttɑ]
thanks to ...	avulla	[ɑʋullɑ]

what (pron.)	mikä	[mikæ]
that (conj.)	että	[ettæ]
something	jokin	[jokin]
anything (something)	jotakin	[jotɑkin]
nothing	ei mitään	[ej mitæːn]

who (pron.)	kuka	[kukɑ]
someone	joku	[joku]
somebody	joku	[joku]

nobody	ei kukaan	[ej kukɑːn]
nowhere (a voyage to ~)	ei mihinkään	[ej miɦiŋkæːn]
nobody's	ei kenenkään	[ej keneŋkæːn]
somebody's	jonkun	[joŋkun]

so (I'm ~ glad)	niin	[niːn]
also (as well)	myös	[myøs]
too (as well)	myös	[myøs]

18. Function words. Adverbs. Part 2

Why?	Miksi?	[miksi]
for some reason	jostain syystä	[jostɑjn syːstæ]
because ...	koska	[koskɑ]
for some purpose	jonkin vuoksi	[joŋkin ʋuoksi]

and	ja	[jɑ]
or	tai	[tɑj]
but	mutta	[muttɑ]
for (e.g., ~ me)	varten	[ʋɑrten]

too (~ many people)	liian	[liːɑn]
only (exclusively)	vain	[ʋɑjn]
exactly (adv)	tarkasti	[tɑrkɑsti]
about (more or less)	noin	[nojn]

approximately (adv)	likimäärin	[likimæːrin]
approximate (adj)	likimääräinen	[likimæːræjnen]
almost (adv)	melkein	[melkejn]
the rest	loput	[loput]
each (adj)	joka	[jokɑ]

any (no matter which)	jokainen	[jokɑjnen]
many, much (a lot of)	paljon	[pɑljon]
many people	monet	[monet]
all (everyone)	kaikki	[kɑjkki]

in return for ...	sen vastineeksi	[sen ʋɑstine:ksi]
in exchange (adv)	sijaan	[sijɑ:n]
by hand (made)	käsin	[kæsin]
hardly (negative opinion)	tuskin	[tuskin]

probably (adv)	varmaan	[ʋɑrmɑ:n]
on purpose (intentionally)	tahallaan	[tɑħɑllɑ:n]
by accident (adv)	sattumalta	[sɑttumɑltɑ]

very (adv)	erittäin	[erittæjn]
for example (adv)	esimerkiksi	[esimerkiksi]
between	välillä	[ʋælillæ]
among	keskuudessa	[kesku:dessɑ]
so much (such a lot)	niin monta, niin paljon	[ni:n montɑ], [ni:n pɑljon]
especially (adv)	erikoisesti	[erikojsesti]

Basic concepts. Part 2

19. Opposites

rich (adj)	rikas	[rikɑs]
poor (adj)	köyhä	[køyhæ]
ill, sick (adj)	sairas	[sɑjrɑs]
well (not sick)	terve	[terʋe]
big (adj)	iso	[iso]
small (adj)	pieni	[pæni]
quickly (adv)	nopeasti	[nopeɑsti]
slowly (adv)	hitaasti	[hitɑːsti]
fast (adj)	nopea	[nopeɑ]
slow (adj)	hidas	[hidɑs]
glad (adj)	iloinen	[ilojnen]
sad (adj)	surullinen	[surullinen]
together (adv)	yhdessä	[yhdessæ]
separately (adv)	erikseen	[erikseːn]
aloud (to read)	ääneen	[æːneːn]
silently (to oneself)	itsekseen	[itsekseːn]
tall (adj)	korkea	[korkeɑ]
low (adj)	matala	[mɑtɑlɑ]
deep (adj)	syvä	[syʋæ]
shallow (adj)	matala	[mɑtɑlɑ]
yes	kyllä	[kyllæ]
no	ei	[ej]
distant (in space)	kaukainen	[kɑukɑjnen]
nearby (adj)	läheinen	[læhejnen]
far (adv)	kaukana	[kɑukɑnɑ]
nearby (adv)	vieressä	[ʋieressæ]
long (adj)	pitkä	[pitkæ]
short (adj)	lyhyt	[lyhyt]
good (kindhearted)	hyvä	[hyʋæ]

evil (adj)	**vihainen**	[ʋihɑjnen]
married (adj)	**naimisissa**	[nɑjmisissɑ]
single (adj)	**naimaton**	[nɑjmɑton]
to forbid (vt)	**kieltää**	[kjeltæ:]
to permit (vt)	**antaa lupa**	[ɑntɑ: lupɑ]
end	**loppu**	[loppu]
beginning	**alku**	[ɑlku]
left (adj)	**vasen**	[ʋɑsen]
right (adj)	**oikea**	[ojkeɑ]
first (adj)	**ensimmäinen**	[ensimmæjnen]
last (adj)	**viimeinen**	[ʋi:mejnen]
crime	**rikos**	[rikos]
punishment	**rangaistus**	[rɑŋɑjstus]
to order (vt)	**käskeä**	[kæskeæ]
to obey (vi, vt)	**alistua**	[ɑlistuɑ]
straight (adj)	**suora**	[suorɑ]
curved (adj)	**käyrä**	[kæyræ]
paradise	**paratiisi**	[pɑrɑti:si]
hell	**helvetti**	[helʋetti]
to be born	**syntyä**	[syntyæ]
to die (vi)	**kuolla**	[kuollɑ]
strong (adj)	**voimakas**	[ʋojmɑkɑs]
weak (adj)	**heikko**	[hejkko]
old (adj)	**vanha**	[ʋɑnhɑ]
young (adj)	**nuori**	[nuori]
old (adj)	**vanha**	[ʋɑnhɑ]
new (adj)	**uusi**	[u:si]
hard (adj)	**kova**	[koʋɑ]
soft (adj)	**pehmeä**	[pehmeæ]
warm (tepid)	**lämmin**	[læmmin]
cold (adj)	**kylmä**	[kylmæ]
fat (adj)	**lihava**	[lihɑʋɑ]
thin (adj)	**laiha**	[lɑjhɑ]
narrow (adj)	**kapea**	[kɑpeæ]
wide (adj)	**leveä**	[leʋeæ]
good (adj)	**hyvä**	[hyʋæ]

bad (adj)	huono	[huono]
brave (adj)	rohkea	[rohkea]
cowardly (adj)	pelkurimainen	[pelkurimajnen]

20. Weekdays

Monday	maanantai	[mɑ:nɑntɑj]
Tuesday	tiistai	[ti:stɑj]
Wednesday	keskiviikko	[keskiʋi:kko]
Thursday	torstai	[torstɑj]
Friday	perjantai	[perjɑntɑj]
Saturday	lauantai	[lɑuɑntɑj]
Sunday	sunnuntai	[sunnuntɑj]

today (adv)	tänään	[tænæ:n]
tomorrow (adv)	huomenna	[huomennɑ]
the day after tomorrow	ylihuomenna	[yliɦuomennɑ]
yesterday (adv)	eilen	[ejlen]
the day before yesterday	toissa päivänä	[tojssɑ pæjʋænæ]

day	päivä	[pæjʋæ]
working day	työpäivä	[tyø·pæjʋæ]
public holiday	juhlapäivä	[juhlɑ·pæjʋæ]
day off	vapaapäivä	[ʋɑpɑ:pæjʋæ]
weekend	viikonloppu	[ʋi:kon·loppu]

all day long	koko päivän	[koko pæjʋæn]
the next day (adv)	ensi päivänä	[ensi pæjʋænæ]
two days ago	kaksi päivää sitten	[kaksi pæjʋæ: sitten]
the day before	aattona	[ɑ:ttonɑ]
daily (adj)	päivittäinen	[pæjʋittæjnen]
every day (adv)	joka päivä	[jokɑ pæjʋæ]

week	viikko	[ʋi:kko]
last week (adv)	viime viikolla	[ʋi:me ʋi:kollɑ]
next week (adv)	ensi viikolla	[ensi ʋi:kollɑ]
weekly (adj)	viikoittainen	[ʋi:kojttɑjnen]
every week (adv)	joka viikko	[jokɑ ʋi:kko]
twice a week	kaksi kertaa viikossa	[kaksi kertɑ: ʋi:kossɑ]
every Tuesday	joka tiistai	[jokɑ ti:stɑj]

21. Hours. Day and night

morning	aamu	[ɑ:mu]
in the morning	aamulla	[ɑ:mullɑ]
noon, midday	puolipäivä	[puoli·pæjʋæ]
in the afternoon	iltapäivällä	[iltɑ·pæjʋællæ]
evening	ilta	[iltɑ]

in the evening	illalla	[illalla]
night	yö	[yø]
at night	yöllä	[yøllæ]
midnight	puoliyö	[puoli·yø]

second	sekunti	[sekunti]
minute	minuutti	[minu:tti]
hour	tunti	[tunti]
half an hour	puoli tuntia	[puoli tuntia]
a quarter-hour	vartti	[uartti]
fifteen minutes	viisitoista minuuttia	[ui:si·tojsta minu:ttia]
24 hours	vuorokausi	[uuoro·kausi]

sunrise	auringonnousu	[auriŋon·nousu]
dawn	sarastus	[sarastus]
early morning	varhainen aamu	[uarhajnen a:mu]
sunset	auringonlasku	[auriŋon·lasku]

early in the morning	aamulla aikaisin	[a:mulla ajkajsin]
this morning	tänä aamuna	[tænæ a:muna]
tomorrow morning	ensi aamuna	[ensi a:muna]

this afternoon	tänä päivänä	[tænæ pæjuænæ]
in the afternoon	iltapäivällä	[ilta·pæjuællæ]
tomorrow afternoon	huomisiltapäivällä	[huomis·ilta·pæjuællæ]

tonight (this evening)	tänä iltana	[tænæ iltana]
tomorrow night	ensi iltana	[ensi iltana]

at 3 o'clock sharp	tasan kolmelta	[tasan kolmelta]
about 4 o'clock	noin neljältä	[nojn neljæltæ]
by 12 o'clock	kahdentoista mennessä	[kahdentojsta menessæ]

in 20 minutes	kahdenkymmenen minuutin kuluttua	[kahdeŋkymmenen minu:tin kuluttua]
in an hour	tunnin kuluttua	[tunnin kuluttua]
on time (adv)	ajoissa	[ajoissa]

a quarter to …	varttia vaille	[uarttia uajlle]
within an hour	tunnin kuluessa	[tunnin kuluessa]
every 15 minutes	viidentoista minuutin välein	[ui:den·tojsta minu:tin uælejn]
round the clock	ympäri vuorokauden	[ympæri uuoro kauden]

22. Months. Seasons

January	tammikuu	[tammiku:]
February	helmikuu	[helmiku:]
March	maaliskuu	[ma:lisku:]
April	huhtikuu	[huhtiku:]

| May | toukokuu | [toukoku:] |
| June | kesäkuu | [kesæku:] |

July	heinäkuu	[hejnæku:]
August	elokuu	[eloku:]
September	syyskuu	[sy:sku:]
October	lokakuu	[lokaku:]
November	marraskuu	[marrasku:]
December	joulukuu	[jouluku:]

spring	kevät	[kevæt]
in spring	keväällä	[kevæ:llæ]
spring (as adj)	keväinen	[kevæjnen]

summer	kesä	[kesæ]
in summer	kesällä	[kesællæ]
summer (as adj)	kesäinen	[kesæjnen]

fall	syksy	[syksy]
in fall	syksyllä	[syksyllæ]
fall (as adj)	syksyinen	[syksyjnen]

winter	talvi	[talʋi]
in winter	talvella	[talʋella]
winter (as adj)	talvinen	[talʋinen]

month	kuukausi	[ku:kausi]
this month	tässä kuussa	[tæssæ ku:ssa]
next month	ensi kuussa	[ensi ku:ssa]
last month	viime kuussa	[ʋi:me ku:ssa]

a month ago	kuukausi sitten	[ku:kausi sitten]
in a month (a month later)	kuukauden kuluttua	[ku:kauden kuluttua]
in 2 months (2 months later)	kahden kuukauden kuluttua	[kahden ku:kauden kuluttua]
the whole month	koko kuukauden	[koko ku:kauden]
all month long	koko kuukauden	[koko ku:kauden]

monthly (~ magazine)	kuukautinen	[ku:kautinen]
monthly (adv)	kuukausittain	[ku:kausittajn]
every month	joka kuukausi	[joka ku:kausi]
twice a month	kaksi kertaa kuukaudessa	[kaksi kerta: ku:kaudessa]

year	vuosi	[ʋuosi]
this year	tänä vuonna	[tænæ ʋuonna]
next year	ensi vuonna	[ensi ʋuonna]
last year	viime vuonna	[ʋi:me ʋuonna]

a year ago	vuosi sitten	[ʋuosi sitten]
in a year	vuoden kuluttua	[ʋuoden kuluttua]
in two years	kahden vuoden kuluttua	[kahden ʋuoden kuluttua]

| the whole year | koko vuoden | [koko ʋuoden] |
| all year long | koko vuoden | [koko ʋuoden] |

every year	joka vuosi	[joka ʋuosi]
annual (adj)	vuosittainen	[ʋuosittɑjnen]
annually (adv)	vuosittain	[ʋuosittɑjn]
4 times a year	neljä kertaa vuodessa	[neljæ kertɑ: ʋuodessɑ]

date (e.g., today's ~)	päivämäärä	[pæjʋæ·mæ:ræ]
date (e.g., ~ of birth)	päivämäärä	[pæjʋæ·mæ:ræ]
calendar	kalenteri	[kɑlenteri]

half a year	puoli vuotta	[puoli ʋuottɑ]
six months	vuosipuolisko	[ʋuosi·puolisko]
season (summer, etc.)	vuodenaika	[ʋuoden·ɑjkɑ]
century	vuosisata	[ʋuosi·sɑtɑ]

23. Time. Miscellaneous

time	aika	[ɑjkɑ]
moment	tuokio	[tuokio]
instant (n)	hetki	[hetki]
instant (adj)	hetkellinen	[hetkellinen]
lapse (of time)	aikaväli	[ɑjkɑ·ʋæli]
life	elämä	[elæmæ]
eternity	ikuisuus	[ikujsu:s]

epoch	epookki, aikakausi	[epo:kki], [ɑjkɑ·kɑusi]
era	ajanjakso	[ɑjɑn·jɑkso]
cycle	jakso	[jɑkso]
period	vaihe	[ʋɑjhe]
term (short-~)	määräaika	[mæ:ræ·ɑjkɑ]

the future	tulevaisuus	[tuleʋɑjsu:s]
future (as adj)	ensi	[ensi]
next time	ensi kerralla	[ensi kerrɑllɑ]
the past	menneisyys	[mennejsy:s]
past (recent)	viime	[ʋi:me]
last time	viimeksi	[ʋi:meksi]

later (adv)	myöhemmin	[myøhemmin]
after (prep.)	jälkeenpäin	[jælke:npæjn]
nowadays (adv)	nykyään	[nykyæ:n]
now (at this moment)	nyt	[nyt]
immediately (adv)	heti	[heti]
soon (adv)	kohta	[kohtɑ]
in advance (beforehand)	ennakolta	[ennɑkoltɑ]

| a long time ago | kauan sitten | [kɑuɑn sitten] |
| recently (adv) | äskettäin | [æskettæjn] |

destiny	kohtalo	[kohtalo]
memories (childhood ~)	muisto	[mujsto]
archives	arkisto	[arkisto]

during ...	aikana	[ajkana]
long, a long time (adv)	kauan	[kauan]
not long (adv)	vähän aikaa	[uæɦæn ajka:]
early (in the morning)	varhain	[uarhajn]
late (not early)	myöhään	[myøhæ:n]

forever (for good)	ainiaaksi	[ajnia:ksi]
to start (begin)	aloittaa	[alojtta:]
to postpone (vt)	siirtää	[si:rtæ:]

at the same time	samanaikaisesti	[saman·ajkajsesti]
permanently (adv)	alituisesti	[alitujsesti]
constant (noise, pain)	jatkuva	[jatkuua]
temporary (adj)	väliaikainen	[uæli·ajkajnen]

sometimes (adv)	joskus	[joskus]
rarely (adv)	harvoin	[haruojn]
often (adv)	usein	[usejn]

24. Lines and shapes

square	neliö	[neliø]
square (as adj)	neliö-, neliömäinen	[neliø], [neliømæjnen]
circle	ympyrä	[ympyræ]
round (adj)	pyöreä	[pyøreæ]
triangle	kolmio	[kolmio]
triangular (adj)	kolmikulmainen	[kolmi·kulmajnen]

oval	ovaali, soikio	[oua:li], [sojkio]
oval (as adj)	soikea	[sojkea]
rectangle	suorakulmio	[suora·kulmio]
rectangular (adj)	suorakulmainen	[suorakulmajnen]

pyramid	pyramidi	[pyramidi]
rhombus	vinoneliö	[uino·neliø]
trapezoid	trapetsi	[trapetsi]
cube	kuutio	[ku:tio]
prism	prisma	[prisma]

circumference	kehä	[kehæ]
sphere	pallo	[pallo]
ball (solid sphere)	pallo	[pallo]
diameter	halkaisija	[halkajsija]
radius	säde	[sæde]
perimeter (circle's ~)	ympärysmitta	[ympærys·mittæ]
center	keskus	[keskus]

horizontal (adj)	**vaakasuora**	[ʋɑ:kɑ·suorɑ]
vertical (adj)	**pystysuora**	[pysty·suorɑ]
parallel (n)	**suuntainen suora**	[su:ntɑjnen suorɑ]
parallel (as adj)	**yhdensuuntainen**	[yhden·su:ntɑjnen]
line	**viiva**	[ʋi:ʋɑ]
stroke	**viiva, veto**	[ʋi:ʋɑ], [ʋeto]
straight line	**suora**	[suorɑ]
curve (curved line)	**käyrä**	[kæeyræ]
thin (line, etc.)	**ohut**	[ohut]
contour (outline)	**ääriviivat**	[æ:ri·ʋi:ʋɑt]
intersection	**leikkauskohta**	[lejkkɑus·kohtɑ]
right angle	**suora kulma**	[suorɑ kulmɑ]
segment	**segmentti**	[segmentti]
sector (circular ~)	**sektori**	[sektori]
side (of triangle)	**sivu**	[siʋu]
angle	**kulma**	[kulmɑ]

25. Units of measurement

weight	**paino**	[pɑjno]
length	**pituus**	[pitu:s]
width	**leveys**	[leʋeys]
height	**korkeus**	[korkeus]
depth	**syvyys**	[syʋy:s]
volume	**tilavuus**	[tilɑʋu:s]
area	**pinta-ala**	[pintɑ·ɑlɑ]
gram	**gramma**	[grɑmmɑ]
milligram	**milligramma**	[milligrɑmmɑ]
kilogram	**kilo**	[kilo]
ton	**tonni**	[tonni]
pound	**pauna, naula**	[pɑunɑ], [nɑulɑ]
ounce	**unssi**	[unssi]
meter	**metri**	[metri]
millimeter	**millimetri**	[millimetri]
centimeter	**senttimetri**	[senttimetri]
kilometer	**kilometri**	[kilometri]
mile	**peninkulma**	[penin·kulmɑ]
inch	**tuuma**	[tu:mɑ]
foot	**jalka**	[jɑlkɑ]
yard	**jaardi**	[jɑ:rdi]
square meter	**neliömetri**	[neliø·metri]
hectare	**hehtaari**	[hehtɑ:ri]
liter	**litra**	[litrɑ]
degree	**aste**	[ɑste]

volt	**voltti**	[ʋoltti]
ampere	**ampeeri**	[ampe:ri]
horsepower	**hevosvoima**	[heʋos·ʋojma]
quantity	**määrä**	[mæ:ræ]
a little bit of …	**vähän**	[ʋæɦæn]
half	**puoli**	[puoli]
dozen	**tusina**	[tusina]
piece (item)	**kappale**	[kappale]
size	**koko**	[koko]
scale (map ~)	**mittakaava**	[mitta·ka:ʋa]
minimal (adj)	**minimaalinen**	[minima:linen]
the smallest (adj)	**pienin**	[pienin]
medium (adj)	**keskikokoinen**	[keskikokojnen]
maximal (adj)	**maksimaalinen**	[maksima:linen]
the largest (adj)	**suurin**	[su:rin]

26. Containers

canning jar (glass ~)	**lasitölkki**	[lasi·tølkki]
can	**purkki**	[purkki]
bucket	**sanko**	[saŋko]
barrel	**tynnyri**	[tynnyri]
wash basin (e.g., plastic ~)	**pesuvati**	[pesu·ʋati]
tank (100L water ~)	**säiliö**	[sæjliø]
hip flask	**kenttäpullo**	[kenttæ·pullo]
jerrycan	**jerrykannu**	[jerry·kannu]
tank (e.g., tank car)	**säiliö**	[sæjliø]
mug	**muki**	[muki]
cup (of coffee, etc.)	**kuppi**	[kuppi]
saucer	**teevati**	[te:ʋati]
glass (tumbler)	**juomalasi**	[juoma·lasi]
wine glass	**viinilasi**	[ʋi:ni·lasi]
stock pot (soup pot)	**kasari, kattila**	[kasari], [kattila]
bottle (~ of wine)	**pullo**	[pullo]
neck (of the bottle, etc.)	**pullonkaula**	[pulloŋ·kaula]
carafe (decanter)	**karahvi**	[karahʋi]
pitcher	**kannu**	[kannu]
vessel (container)	**astia**	[astia]
pot (crock, stoneware ~)	**ruukku**	[ru:kku]
vase	**vaasi, maljakko**	[ʋa:si], [maljakko]
flacon, bottle (perfume ~)	**pullo**	[pullo]
vial, small bottle	**pieni pullo**	[pjeni pullo]

tube (of toothpaste)	**tuubi**	[tu:bi]
sack (bag)	**säkki**	[sækki]
bag (paper ~, plastic ~)	**säkki, pussi**	[sækki], [pussi]
pack (of cigarettes, etc.)	**aski**	[ɑski]

box (e.g., shoebox)	**laatikko**	[lɑ:tikko]
crate	**laatikko**	[lɑ:tikko]
basket	**kori**	[kori]

27. Materials

material	**aine**	[ɑjne]
wood (n)	**puu**	[pu:]
wood-, wooden (adj)	**puinen**	[pujnen]

glass (n)	**lasi**	[lɑsi]
glass (as adj)	**lasi-, lasinen**	[lɑsi], [lɑsinen]

stone (n)	**kivi**	[kiʋi]
stone (as adj)	**kivi-, kivinen**	[kiʋi], [kiʋinen]

plastic (n)	**muovi**	[muoʋi]
plastic (as adj)	**muovi-, muovinen**	[muoʋi], [muoʋinen]

rubber (n)	**kumi**	[kumi]
rubber (as adj)	**kumi-, kuminen**	[kumi], [kuminen]

cloth, fabric (n)	**kangas**	[kɑŋɑs]
fabric (as adj)	**kankaasta**	[kɑŋkɑ:stɑ]

paper (n)	**paperi**	[pɑperi]
paper (as adj)	**paperi-, paperinen**	[pɑperi], [pɑperinen]

cardboard (n)	**pahvi, kartonki**	[pɑhʋi], [kɑrtoŋki]
cardboard (as adj)	**pahvi-**	[pɑhʋi]

polyethylene	**polyetyleeni**	[polyetyle:ni]
cellophane	**sellofaani**	[sellofɑ:ni]

linoleum	**linoleumi**	[linoleumi]
plywood	**vaneri**	[ʋɑneri]

porcelain (n)	**posliini**	[posli:ni]
porcelain (as adj)	**posliininen**	[posli:ninen]

clay (n)	**savi**	[sɑʋi]
clay (as adj)	**savi-**	[sɑʋi]

ceramic (n)	**keramiikka**	[kerɑmi:kkɑ]
ceramic (as adj)	**keraaminen**	[kerɑ:minen]

28. Metals

metal (n)	**metalli**	[metalli]
metal (as adj)	**metallinen**	[metallinen]
alloy (n)	**seos**	[seos]
gold (n)	**kulta**	[kulta]
gold, golden (adj)	**kultainen**	[kultajnen]
silver (n)	**hopea**	[hopea]
silver (as adj)	**hopeinen**	[hopejnen]
iron (n)	**rauta**	[rauta]
iron-, made of iron (adj)	**rauta-, rautainen**	[rauta], [rautajnen]
steel (n)	**teräs**	[teræs]
steel (as adj)	**teräs-, teräksinen**	[teræs], [teræksinen]
copper (n)	**kupari**	[kupari]
copper (as adj)	**kupari-, kuparinen**	[kupari-], [kuparinen]
aluminum (n)	**alumiini**	[alumi:ni]
aluminum (as adj)	**alumiini-**	[alumi:ni]
bronze (n)	**pronssi**	[pronssi]
bronze (as adj)	**pronssi-, pronssinen**	[pronssi], [pronssinen]
brass	**messinki**	[messiŋki]
nickel	**nikkeli**	[nikkeli]
platinum	**platina**	[platina]
mercury	**elohopea**	[elo·hopea]
tin	**tina**	[tina]
lead	**lyijy**	[lyjy]
zinc	**sinkki**	[siŋkki]

HUMAN BEING

Human being. The body

29. Humans. Basic concepts

human being	**ihminen**	[ihminen]
man (adult male)	**mies**	[mies]
woman	**nainen**	[nɑjnen]
child	**lapsi**	[lɑpsi]
girl	**tyttö**	[tyttø]
boy	**poika**	[pojkɑ]
teenager	**teini-ikäinen**	[tejni·ikæjnen]
old man	**vanhus**	[ʋɑnhus]
old woman	**eukko**	[eukko]

30. Human anatomy

organism (body)	**elimistö**	[elimistø]
heart	**sydän**	[sydæn]
blood	**veri**	[ʋeri]
artery	**valtimo**	[ʋɑltimo]
vein	**laskimo**	[lɑskimo]
brain	**aivot**	[ɑjʋot]
nerve	**hermo**	[hermo]
nerves	**hermot**	[hermot]
vertebra	**nikama**	[nikɑmɑ]
spine (backbone)	**selkäranka**	[selkæ·rɑŋkɑ]
stomach (organ)	**mahalaukku**	[mɑhɑ·lɑukku]
intestines, bowels	**suolisto**	[suolisto]
intestine (e.g., large ~)	**suoli**	[suoli]
liver	**maksa**	[mɑksɑ]
kidney	**munuainen**	[munuɑjnen]
bone	**luu**	[lu:]
skeleton	**luuranko**	[lu:rɑŋko]
rib	**kylkiluu**	[kylki·lu:]
skull	**pääkallo**	[pæ:kɑllo]
muscle	**lihas**	[lihɑs]
biceps	**hauis**	[hɑujs]

triceps	ojentaja	[ojentaja]
tendon	jänne	[jænne]
joint	nivel	[nivel]
lungs	keuhkot	[keuhkot]
genitals	sukupuolielimet	[sukupuoli·elimet]
skin	iho	[iho]

31. Head

head	pää	[pæ:]
face	kasvot	[kasvot]
nose	nenä	[nenæ]
mouth	suu	[su:]

eye	silmä	[silmæ]
eyes	silmät	[silmæt]
pupil	silmäterä	[silmæ·teræ]
eyebrow	kulmakarva	[kulma·karva]
eyelash	ripsi	[ripsi]
eyelid	silmäluomi	[silmæ·luomi]

tongue	kieli	[kieli]
tooth	hammas	[hammas]
lips	huulet	[hu:let]
cheekbones	poskipäät	[poski·pæ:t]
gum	ien	[ien]
palate	kitalaki	[kitalaki]

nostrils	sieraimet	[sierajmet]
chin	leuka	[leuka]
jaw	leukaluu	[leuka·lu:]
cheek	poski	[poski]

forehead	otsa	[otsa]
temple	ohimo	[ohimo]
ear	korva	[korva]
back of the head	niska	[niska]
neck	kaula	[kaula]
throat	kurkku	[kurkku]

hair	hiukset	[hiukset]
hairstyle	kampaus	[kampaus]
haircut	kampaus	[kampaus]
wig	tekotukka	[teko·tukka]

mustache	viikset	[vi:kset]
beard	parta	[parta]
to have (a beard, etc.)	pitää	[pitæ:]
braid	letti	[letti]
sideburns	poskiparta	[poski·parta]

red-haired (adj)	punatukkainen	[puna·tukkajnen]
gray (hair)	harmaa	[harma:]
bald (adj)	kalju	[kalju]
bald patch	kaljuus	[kalju:s]

| ponytail | poninhäntä | [ponin·hæntæ] |
| bangs | otsatukka | [otsa·tukka] |

32. Human body

hand	käsi	[kæsi]
arm	käsivarsi	[kæsi·uarssi]
finger	sormi	[sormi]
toe	varvas	[uaruas]
thumb	peukalo	[peukalo]
little finger	pikkusormi	[pikku·sormi]
nail	kynsi	[kynsi]

fist	nyrkki	[nyrkki]
palm	kämmen	[kæmmen]
wrist	ranne	[ranne]
forearm	kyynärvarsi	[ky:nær·uarsi]
elbow	kyynärpää	[ky:nær·pæ:]
shoulder	hartia	[hartia]

leg	jalka	[jalka]
foot	jalkaterä	[jalka·teræ]
knee	polvi	[polui]
calf (part of leg)	pohje	[pohje]
hip	reisi	[rejsi]
heel	kantapää	[kantapæ:]

body	vartalo	[uartalo]
stomach	maha	[maha]
chest	rinta	[rinta]
breast	rinnat	[rinnat]
flank	kylki	[kylki]
back	selkä	[selkæ]
lower back	ristiselkä	[risti·selkæ]
waist	vyötärö	[uyøtærø]

navel (belly button)	napa	[napa]
buttocks	pakarat	[pakarat]
bottom	takapuoli	[taka·puoli]

beauty mark	luomi	[luomi]
birthmark (café au lait spot)	syntymämerkki	[syntymæ·merkki]
tattoo	tatuointi	[tatuojnti]
scar	arpi	[arpi]

Clothing & Accessories

33. Outerwear. Coats

clothes	**vaatteet**	[ʋɑːtteːt]
outerwear	**päällysvaatteet**	[pæːllys·ʋɑːtteːt]
winter clothing	**talvivaatteet**	[talʋi·ʋɑːtteːt]
coat (overcoat)	**takki**	[tɑkki]
fur coat	**turkki**	[turkki]
fur jacket	**puoliturkki**	[puoli·turkki]
down coat	**untuvatakki**	[untuʋɑ·tɑkki]
jacket (e.g., leather ~)	**takki**	[tɑkki]
raincoat (trenchcoat, etc.)	**sadetakki**	[sɑde·tɑkki]
waterproof (adj)	**vedenpitävä**	[ʋeden·pitæʋæ]

34. Men's & women's clothing

shirt (button shirt)	**paita**	[pɑjtɑ]
pants	**housut**	[housut]
jeans	**farkut**	[fɑrkut]
suit jacket	**pikkutakki**	[pikku·tɑkki]
suit	**puku**	[puku]
dress (frock)	**leninki**	[leniŋki]
skirt	**hame**	[hɑme]
blouse	**pusero**	[pusero]
knitted jacket (cardigan, etc.)	**villapusero**	[ʋillɑ·pusero]
jacket (of woman's suit)	**jakku**	[jɑkku]
T-shirt	**T-paita**	[te·pɑjtɑ]
shorts (short trousers)	**shortsit, sortsit**	[sortsit]
tracksuit	**urheilupuku**	[urhejlu·puku]
bathrobe	**kylpytakki**	[kylpy·tɑkki]
pajamas	**pyjama**	[pyjɑmɑ]
sweater	**villapaita**	[ʋillɑ·pɑjtɑ]
pullover	**neulepusero**	[neule·pusero]
vest	**liivi**	[liːʋi]
tailcoat	**frakki**	[frɑkki]
tuxedo	**smokki**	[smokki]

uniform	univormu	[uniʋormu]
workwear	työvaatteet	[tyø·ʋɑːtteːt]
overalls	haalari	[hɑːlɑri]
coat (e.g., doctor's smock)	lääkärintakki	[læːkærin·tɑkki]

35. Clothing. Underwear

underwear	alusvaatteet	[ɑlus·ʋɑːtteːt]
boxers, briefs	bokserit	[bokserit]
panties	pikkuhousut	[pikku·housut]
undershirt (A-shirt)	aluspaita	[ɑlus·pɑjtɑ]
socks	sukat	[sukɑt]

nightdress	yöpuku	[yøpuku]
bra	rintaliivit	[rintɑ·liːʋit]
knee highs (knee-high socks)	polvisukat	[polʋi·sukɑt]
pantyhose	sukkahousut	[sukkɑ·housut]
stockings (thigh highs)	sukat	[sukɑt]
bathing suit	uimapuku	[ujmɑ·puku]

36. Headwear

hat	hattu	[hɑttu]
fedora	fedora-hattu	[fedorɑ·hɑttu]
baseball cap	lippalakki	[lippɑ·lɑkki]
flatcap	lakki	[lɑkki]

beret	baskeri	[bɑskeri]
hood	huppu	[huppu]
panama hat	panamahattu	[pɑnɑmɑ·hɑttu]
knit cap (knitted hat)	pipo	[pipo]

headscarf	huivi	[huiʋi]
women's hat	naisten hattu	[nɑjsten hɑttu]
hard hat	suojakypärä	[suojɑ·kypæræ]
garrison cap	suikka	[suikkɑ]
helmet	kypärä	[kypæræ]

| derby | knalli | [knɑlli] |
| top hat | silinterihattu | [silinteri·hɑttu] |

37. Footwear

| footwear | jalkineet | [jɑlkineːt] |
| shoes (men's shoes) | varsikengät | [ʋɑrsikeŋæt] |

shoes (women's shoes)	naisten kengät	[nɑjsten keŋæt]
boots (e.g., cowboy ~)	saappaat	[sɑːppɑːt]
slippers	tossut	[tossut]

tennis shoes (e.g., Nike ~)	lenkkitossut	[leŋkki·tossut]
sneakers	lenkkarit	[leŋkkɑrit]
(e.g., Converse ~)		
sandals	sandaalit	[sɑndɑːlit]

cobbler (shoe repairer)	suutari	[suːtɑri]
heel	korko	[korko]
pair (of shoes)	pari	[pɑri]

shoestring	nauha	[nɑuɦɑ]
to lace (vt)	sitoa kengännauhat	[sitoɑ keŋænnɑuɦɑt]
shoehorn	kenkälusikka	[keŋkæ·lusikkɑ]
shoe polish	kenkävoide	[keŋkæ·ʋojde]

38. Textile. Fabrics

cotton (n)	puuvilla	[puːʋillɑ]
cotton (as adj)	puuvilla-	[puːʋillɑ]
flax (n)	pellava	[pellɑʋɑ]
flax (as adj)	pellava-	[pellɑʋɑ]

silk (n)	silkki	[silkki]
silk (as adj)	silkki-, silkkinen	[silkki], [silkkinen]
wool (n)	villa	[ʋillɑ]
wool (as adj)	villa-, villainen	[ʋillɑ], [ʋillɑjnen]

velvet	sametti	[sɑmetti]
suede	säämiskä	[sæːmiskæ]
corduroy	vakosametti	[ʋɑko·sɑmetti]

nylon (n)	nailon	[nɑjlon]
nylon (as adj)	nailon-	[nɑjlon]
polyester (n)	polyesteri	[polyesteri]
polyester (as adj)	polyesterinen	[polyesterinen]

leather (n)	nahka	[nɑhkɑ]
leather (as adj)	nahkainen	[nɑhkɑjnen]
fur (n)	turkki, turkis	[turkki], [turkis]
fur (e.g., ~ coat)	turkis-	[turkis]

39. Personal accessories

| gloves | käsineet | [kæsineːt] |
| mittens | lapaset | [lɑpɑset] |

scarf (muffler)	kaulaliina	[kɑulɑ·li:nɑ]
glasses (eyeglasses)	silmälasit	[silmæ·lɑsit]
frame (eyeglass ~)	kehys	[kehys]
umbrella	sateenvarjo	[sɑte:n·ʋɑrjo]
walking stick	kävelykeppi	[kæʋely·keppi]
hairbrush	hiusharja	[hius·hɑrjɑ]
fan	viuhka	[ʋiuhkɑ]

tie (necktie)	solmio	[solmio]
bow tie	rusetti	[rusetti]
suspenders	henkselit	[heŋkselit]
handkerchief	nenäliina	[nenæ·li:nɑ]

comb	kampa	[kɑmpɑ]
barrette	hiussolki	[hius·solki]
hairpin	hiusneula	[hius·neulɑ]
buckle	solki	[solki]

| belt | vyö | [ʋyø] |
| shoulder strap | hihna | [hihnɑ] |

bag (handbag)	laukku	[lɑukku]
purse	käsilaukku	[kæsi·lɑukku]
backpack	reppu	[reppu]

40. Clothing. Miscellaneous

fashion	muoti	[muoti]
in vogue (adj)	muodikas	[muodikɑs]
fashion designer	mallisuunnittelija	[mɑlli·su:nnittelijɑ]

collar	kaulus	[kɑulus]
pocket	tasku	[tɑsku]
pocket (as adj)	tasku-	[tɑsku]
sleeve	hiha	[hihɑ]
hanging loop	raksi	[rɑksi]
fly (on trousers)	halkio	[hɑlkio]

zipper (fastener)	vetoketju	[ʋeto·ketju]
fastener	kiinnitin	[ki:nnitin]
button	nappi	[nɑppi]
buttonhole	napinläpi	[nɑpin·læpi]
to come off (ab. button)	irrota	[irrotɑ]

to sew (vi, vt)	ommella	[ommellɑ]
to embroider (vi, vt)	kirjoa	[kirjoɑ]
embroidery	kirjonta	[kirjontɑ]
sewing needle	neula	[neulɑ]
thread	lanka	[lɑŋkɑ]
seam	sauma	[sɑumɑ]

to get dirty (vi)	**tahraantua**	[tɑhrɑːntuɑ]
stain (mark, spot)	**tahra**	[tɑhrɑ]
to crease, crumple (vi)	**rypistyä**	[rypistyæ]
to tear, to rip (vt)	**repiä**	[repiæ]
clothes moth	**koi**	[koj]

41. Personal care. Cosmetics

toothpaste	**hammastahna**	[hɑmmɑs·tɑhnɑ]
toothbrush	**hammasharja**	[hɑmmɑs·hɑrjɑ]
to brush one's teeth	**harjata hampaita**	[hɑrjɑtɑ hɑmpɑjtɑ]
razor	**partahöylä**	[pɑrtɑ·høylæ]
shaving cream	**partavaahdoke**	[pɑrtɑ·ʋɑːhdoke]
to shave (vi)	**ajaa parta**	[ɑjɑː pɑrtɑ]
soap	**saippua**	[sɑjppuɑ]
shampoo	**sampoo**	[sɑmpoː]
scissors	**sakset**	[sɑkset]
nail file	**kynsiviila**	[kynsi·ʋiːlɑ]
nail clippers	**kynsileikkuri**	[kynsi·lejkkuri]
tweezers	**pinsetit**	[pinsetit]
cosmetics	**meikki**	[mejkki]
face mask	**kasvonaamio**	[kɑsʋo·nɑːmio]
manicure	**manikyyri**	[mɑniky:ri]
to have a manicure	**hoitaa kynsiä**	[hojtɑː kynsiæ]
pedicure	**jalkahoito**	[jɑlkɑ·hojto]
make-up bag	**meikkipussi**	[mejkki·pussi]
face powder	**puuteri**	[puːteri]
powder compact	**puuterirasia**	[puːteri·rɑsiɑ]
blusher	**poskipuna**	[poski·punɑ]
perfume (bottled)	**parfyymi**	[pɑrfy:mi]
toilet water (lotion)	**eau de toilette, hajuvesi**	[o·de·tuɑlet], [hɑju·ʋesi]
lotion	**kasvovesi**	[kɑsʋo·ʋesi]
cologne	**kölninvesi**	[kølnin·ʋesi]
eyeshadow	**luomiväri**	[luomi·ʋæri]
eyeliner	**rajauskynä**	[rɑjɑus·kynæ]
mascara	**ripsiväri**	[ripsi·ʋæri]
lipstick	**huulipuna**	[huːli·punɑ]
nail polish, enamel	**kynsilakka**	[kynsi·lɑkkɑ]
hair spray	**hiuslakka**	[hius·lɑkkɑ]
deodorant	**deodorantti**	[deodorɑntti]
cream	**voide**	[ʋojde]
face cream	**kasvovoide**	[kɑsʋo·ʋojde]

hand cream	käsivoide	[kæsi·uojde]
anti-wrinkle cream	ryppyvoide	[ryppy·uojde]
day cream	päivävoide	[pæjuæ·uojde]
night cream	yövoide	[yø·uojde]
day (as adj)	päivä-	[pæjuæ]
night (as adj)	yö-	[yø]

tampon	tamponi	[tamponi]
toilet paper (toilet roll)	vessapaperi	[uessa·paperi]
hair dryer	hiustenkuivaaja	[hiusteŋ·kujua:ja]

42. Jewelry

jewelry, jewels	korut	[korut]
precious (e.g., ~ stone)	jalo-	[jalo]
hallmark stamp	tarkastusleimaus	[tarkastus·lejmaus]

ring	sormus	[sormus]
wedding ring	vihkisormus	[uihki·sormus]
bracelet	rannerengas	[ranne·reŋas]

earrings	korvakorut	[korua·korut]
necklace (~ of pearls)	kaulakoru	[kaula·koru]
crown	kruunu	[kru:nu]
bead necklace	helmet	[helmet]

diamond	timantti	[timantti]
emerald	smaragdi	[smaragdi]
ruby	rubiini	[rubi:ni]
sapphire	safiiri	[safi:ri]
pearl	helmet	[helmet]
amber	meripihka	[meri·pihka]

43. Watches. Clocks

watch (wristwatch)	rannekello	[ranne·kello]
dial	kellotaulu	[kello·taulu]
hand (of clock, watch)	osoitin	[osojtin]
metal watch band	metalliranneke	[metalli·ranneke]
watch strap	ranneke	[ranneke]

battery	paristo	[paristo]
to be dead (battery)	olla tyhjä	[olla tyhjæ]
to change a battery	vaihtaa paristo	[uajhta: paristo]
to run fast	edistää	[edistæ:]
to run slow	jätättää	[ætættæ:]
wall clock	seinäkello	[sejnæ·kello]
hourglass	tiimalasi	[ti:malasi]

sundial	**aurinkokello**	[auriŋko·kello]
alarm clock	**herätyskello**	[herætys·kello]
watchmaker	**kelloseppä**	[kello·seppæ]
to repair (vt)	**korjata**	[korjata]

Food. Nutricion

44. Food

meat	liha	[liha]
chicken	kana	[kana]
Rock Cornish hen (poussin)	kananpoika	[kanan·pojka]
duck	ankka	[aŋkka]
goose	hanhi	[hanhi]
game	riista	[ri:sta]
turkey	kalkkuna	[kalkkuna]
pork	sianliha	[sian·liha]
veal	vasikanliha	[vasikan·liha]
lamb	lampaanliha	[lampa:n·liha]
beef	naudanliha	[naudan·liha]
rabbit	kaniini	[kani:ni]
sausage (bologna, etc.)	makkara	[makkara]
vienna sausage (frankfurter)	nakki	[nakki]
bacon	pekoni	[pekoni]
ham	kinkku	[kiŋkku]
gammon	savustettu kinkku	[savustettu kiŋkku]
pâté	patee	[pate:]
liver	maksa	[maksa]
hamburger (ground beef)	jauheliha	[jauhe·liha]
tongue	kieli	[kieli]
egg	muna	[muna]
eggs	munat	[munat]
egg white	valkuainen	[valku·ajnen]
egg yolk	keltuainen	[keltuajnen]
fish	kala	[kala]
seafood	meren antimet	[meren antimet]
crustaceans	äyriäiset	[æyriæjset]
caviar	kaviaari	[kavia:ri]
crab	kuningasrapu	[kuniŋas·rapu]
shrimp	katkarapu	[katkarapu]
oyster	osteri	[osteri]
spiny lobster	langusti	[laŋusti]
octopus	meritursas	[meri·tursas]

squid	kalmari	[kalmari]
sturgeon	sampi	[sampi]
salmon	lohi	[lohi]
halibut	pallas	[pallas]

cod	turska	[turska]
mackerel	makrilli	[makrilli]
tuna	tonnikala	[tonnikala]
eel	ankerias	[aŋkerias]

trout	taimen	[tajmen]
sardine	sardiini	[sardi:ni]
pike	hauki	[hauki]
herring	silli	[silli]

| bread | leipä | [lejpæ] |
| cheese | juusto | [ju:sto] |

| sugar | sokeri | [sokeri] |
| salt | suola | [suola] |

rice	riisi	[ri:si]
pasta (macaroni)	pasta, makaroni	[pasta], [makaroni]
noodles	nuudeli	[nu:deli]

| butter | voi | [ʋoj] |
| vegetable oil | kasviöljy | [kasʋi·øljy] |

| sunflower oil | auringonkukkaöljy | [auriŋon·kukka·øljy] |
| margarine | margariini | [margari:ni] |

| olives | oliivit | [oli:ʋit] |
| olive oil | oliiviöljy | [oli:ʋi·øljy] |

milk	maito	[majto]
condensed milk	maitotiiviste	[majto·ti:ʋiste]
yogurt	jogurtti	[jogurtti]

| sour cream | hapankerma | [hapan·kerma] |
| cream (of milk) | kerma | [kerma] |

| mayonnaise | majoneesi | [majone:si] |
| buttercream | kreemi | [kre:mi] |

groats (barley ~, etc.)	suurimot	[su:rimot]
flour	jauhot	[jauhot]
canned food	säilyke	[sæjlyke]

cornflakes	maissimurot	[majssi·murot]
honey	hunaja	[hunaja]
jam	hillo	[hillo]
chewing gum	purukumi	[puru·kumi]

45. Drinks

water	vesi	[ʋesi]
drinking water	juomavesi	[juoma·ʋesi]
mineral water	kivennäisvesi	[kiʋennæjs·ʋesi]

still (adj)	ilman hiilihappoa	[ilman hi:li·happoa]
carbonated (adj)	hiilihappovettä	[hi:li·happoʋetta]
sparkling (adj)	hiilihappoinen	[hi:li·happojnen]
ice	jää	[jæ:]
with ice	jään kanssa	[jæ:n kanssa]

non-alcoholic (adj)	alkoholiton	[alkoholiton]
soft drink	alkoholiton juoma	[alkoholiton juoma]
refreshing drink	virvoitusjuoma	[ʋirʋojtus·juoma]
lemonade	limonadi	[limonadi]

liquors	alkoholijuomat	[alkoholi·juomat]
wine	viini	[ʋi:ni]
white wine	valkoviini	[ʋalko·ʋi:ni]
red wine	punaviini	[puna·ʋi:ni]

liqueur	likööri	[likø:ri]
champagne	samppanja	[samppanja]
vermouth	vermutti	[ʋermutti]

whiskey	viski	[ʋiski]
vodka	votka, vodka	[ʋotka], [ʋodka]
gin	gini	[gini]
cognac	konjakki	[konjakki]
rum	rommi	[rommi]

coffee	kahvi	[kahʋi]
black coffee	musta kahvi	[musta kahʋi]
coffee with milk	maitokahvi	[majto·kahʋi]
cappuccino	cappuccino	[kaputʃi:no]
instant coffee	murukahvi	[muru·kahʋi]

milk	maito	[majto]
cocktail	cocktail	[koktejl]
milkshake	pirtelö	[pirtelø]

juice	mehu	[mehu]
tomato juice	tomaattimehu	[toma:tti·mehu]
orange juice	appelsiinimehu	[appelsi:ni·mehu]
freshly squeezed juice	tuoremehu	[tuore·mehu]

beer	olut	[olut]
light beer	vaalea olut	[ʋa:lea olut]
dark beer	tumma olut	[tumma olut]
tea	tee	[te:]

black tea	musta tee	[musta te:]
green tea	vihreä tee	[uihreæ te:]

46. Vegetables

vegetables	vihannekset	[uihannekset]
greens	lehtikasvikset	[lehti·kasuikset]

tomato	tomaatti	[toma:tti]
cucumber	kurkku	[kurkku]
carrot	porkkana	[porkkana]
potato	peruna	[peruna]
onion	sipuli	[sipuli]
garlic	valkosipuli	[ualko·sipuli]

cabbage	kaali	[ka:li]
cauliflower	kukkakaali	[kukka·ka:li]
Brussels sprouts	brysselinkaali	[brysselin·ka:li]
broccoli	parsakaali	[parsa·ka:li]

beet	punajuuri	[puna·ju:ri]
eggplant	munakoiso	[muna·kojso]
zucchini	kesäkurpitsa	[kesæ·kurpitsa]
pumpkin	kurpitsa	[kurpitsa]
turnip	nauris	[nauris]

parsley	persilja	[persilja]
dill	tilli	[tilli]
lettuce	lehtisalaatti	[lehti·sala:tti]
celery	selleri	[selleri]
asparagus	parsa	[parsa]
spinach	pinaatti	[pina:tti]

pea	herne	[herne]
beans	pavut	[pauut]
corn (maize)	maissi	[majssi]
kidney bean	pavut	[pauut]

bell pepper	paprika	[paprika]
radish	retiisi	[reti:si]
artichoke	artisokka	[artisokka]

47. Fruits. Nuts

fruit	hedelmä	[hedelmæ]
apple	omena	[omena]
pear	päärynä	[pæ:rynæ]
lemon	sitruuna	[sitru:na]

orange	appelsiini	[appelsi:ni]
strawberry (garden ~)	mansikka	[mansikka]

mandarin	mandariini	[mandari:ni]
plum	luumu	[lu:mu]
peach	persikka	[persikka]
apricot	aprikoosi	[apriko:si]
raspberry	vadelma	[uadelma]
pineapple	ananas	[ananas]

banana	banaani	[bana:ni]
watermelon	vesimeloni	[uesi·meloni]
grape	viinirypäleet	[ui:ni·rypæle:t]
sour cherry	hapankirsikka	[hapan·kirsikka]
sweet cherry	linnunkirsikka	[linnun·kirsikka]
melon	meloni	[meloni]

grapefruit	greippi	[grejppi]
avocado	avokado	[auokado]
papaya	papaija	[papaija]
mango	mango	[maŋo]
pomegranate	granaattiomena	[grana:tti·omena]

redcurrant	punaherukka	[puna·herukka]
blackcurrant	mustaherukka	[musta·herukka]
gooseberry	karviainen	[karuiajnen]
bilberry	mustikka	[mustikka]
blackberry	karhunvatukka	[karhun·uatukka]

raisin	rusina	[rusina]
fig	viikuna	[ui:kuna]
date	taateli	[ta:teli]

peanut	maapähkinä	[ma:pæhkinæ]
almond	manteli	[manteli]
walnut	saksanpähkinä	[saksan·pæhkinæ]
hazelnut	hasselpähkinä	[hassel·pæhkinæ]
coconut	kookospähkinä	[ko:kos·pæhkinæ]
pistachios	pistaasi	[pista:si]

48. Bread. Candy

bakers' confectionery (pastry)	konditoriatuotteet	[konditorja·tuotte:t]
bread	leipä	[lejpæ]
cookies	keksit	[keksit]

chocolate (n)	suklaa	[sukla:]
chocolate (as adj)	suklaa-	[sukla:]
candy (wrapped)	karamelli	[karamelli]

cake (e.g., cupcake)	leivos	[lejʋos]
cake (e.g., birthday ~)	kakku	[kakku]
pie (e.g., apple ~)	piirakka	[pi:rakka]
filling (for cake, pie)	täyte	[tæyte]
jam (whole fruit jam)	hillo	[hillo]
marmalade	marmeladi	[marmeladi]
wafers	vohvelit	[ʋohʋelit]
ice-cream	jäätelö	[jæ:telø]
.pudding	vanukas	[vanukas]

49. Cooked dishes

course, dish	ruokalaji	[ruoka·laji]
cuisine	keittiö	[kejttiø]
recipe	resepti	[resepti]
portion	annos	[annos]
salad	salaatti	[sala:tti]
soup	keitto	[kejtto]
clear soup (broth)	liemi	[liemi]
sandwich (bread)	voileipä	[ʋoj·lejpæ]
fried eggs	paistettu muna	[pajstettu muna]
hamburger (beefburger)	hampurilainen	[hampurilajnen]
beefsteak	pihvi	[pihʋi]
side dish	lisäke	[lisæke]
spaghetti	spagetti	[spagetti]
mashed potatoes	perunasose	[peruna·sose]
pizza	pizza	[pitsa]
porridge (oatmeal, etc.)	puuro	[pu:ro]
omelet	munakas	[munakas]
boiled (e.g., ~ beef)	keitetty	[kejtetty]
smoked (adj)	savustettu	[saʋustettu]
fried (adj)	paistettu	[pajstettu]
dried (adj)	kuivattu	[kujʋattu]
frozen (adj)	jäädytetty	[jæ:dytetty]
pickled (adj)	säilötty	[sæjløtty]
sweet (sugary)	makea	[makea]
salty (adj)	suolainen	[suolajnen]
cold (adj)	kylmä	[kylmæ]
hot (adj)	kuuma	[ku:ma]
bitter (adj)	karvas	[karʋas]
tasty (adj)	maukas	[maukas]
to cook in boiling water	keittää	[kejttæ:]

to cook (dinner)	laittaa ruokaa	[lajtta: ruoka:]
to fry (vt)	paistaa	[pajsta:]
to heat up (food)	lämmittää	[læmmittæ:]

to salt (vt)	suolata	[suolata]
to pepper (vt)	pippuroida	[pippurojda]
to grate (vt)	raastaa	[ra:sta:]
peel (n)	kuori	[kuori]
to peel (vt)	kuoria	[kuoria]

50. Spices

salt	suola	[suola]
salty (adj)	suolainen	[suolajnen]
to salt (vt)	suolata	[suolata]

black pepper	musta pippuri	[musta pippuri]
red pepper (milled ~)	kuuma pippuri	[ku:ma pippuri]
mustard	sinappi	[sinappi]
horseradish	piparjuuri	[pipar·ju:ri]

condiment	höyste	[høyste]
spice	mauste	[mauste]
sauce	kastike	[kastike]
vinegar	etikka	[etikka]

anise	anis	[anis]
basil	basilika	[basilika]
cloves	neilikka	[nejlikka]
ginger	inkivääri	[iŋkiʋæ:ri]
coriander	korianteri	[korianteri]
cinnamon	kaneli	[kaneli]

sesame	seesami	[se:sami]
bay leaf	laakerinlehti	[la:kerin·lehti]
paprika	paprika	[paprika]
caraway	kumina	[kumina]
saffron	sahrami	[sahrami]

51. Meals

| food | ruoka | [ruoka] |
| to eat (vi, vt) | syödä | [syødæ] |

breakfast	aamiainen	[a:miajnen]
to have breakfast	syödä aamiaista	[syødæ a:miajsta]
lunch	lounas	[lounas]
to have lunch	syödä lounasta	[syødæ lounasta]

dinner	illallinen	[illɑllinen]
to have dinner	syödä illallista	[syødæ illɑllistɑ]
appetite	ruokahalu	[ruokɑ·hɑlu]
Enjoy your meal!	Hyvää ruokahalua!	[hyʋæ: ruokɑhɑluɑ]

to open (~ a bottle)	avata	[ɑʋɑtɑ]
to spill (liquid)	läikyttää	[læjkyttæ:]
to spill out (vi)	läikkyä	[læjkkyæ]

to boil (vi)	kiehua	[kiehuɑ]
to boil (vt)	keittää	[kejttæ:]
boiled (~ water)	keitetty	[kejtetty]
to chill, cool down (vt)	jäähdyttää	[jæ:hdyttæ:]
to chill (vi)	jäähtyä	[jæ:htyæ]

| taste, flavor | maku | [mɑku] |
| aftertaste | sivumaku | [siʋu·mɑku] |

to slim down (lose weight)	olla dieetillä	[ollɑ die:tilæ]
diet	dieetti	[die:ti]
vitamin	vitamiini	[ʋitɑmi:ni]
calorie	kalori	[kɑlori]
vegetarian (n)	kasvissyöjä	[kɑsʋissyøjæ]
vegetarian (adj)	kasvis-	[kɑsʋis]

fats (nutrient)	rasvat	[rɑsʋɑt]
proteins	proteiinit	[protei:nit]
carbohydrates	hiilihydraatit	[hi:li·hydrɑ:tit]
slice (of lemon, ham)	viipale	[ʋi:pɑle]
piece (of cake, pie)	pala, viipale	[pɑlɑ], [ʋi:pɑle]
crumb (of bread, cake, etc.)	muru	[muru]

52. Table setting

spoon	lusikka	[lusikkɑ]
knife	veitsi	[ʋejtsi]
fork	haarukka	[hɑ:rukkɑ]
cup (e.g., coffee ~)	kuppi	[kuppi]
plate (dinner ~)	lautanen	[lɑutɑnen]
saucer	teevati	[te:ʋɑti]
napkin (on table)	lautasliina	[lɑutɑs·li:nɑ]
toothpick	hammastikku	[hɑmmɑs·tikku]

53. Restaurant

| restaurant | ravintola | [rɑʋintolɑ] |
| coffee house | kahvila | [kɑhʋilɑ] |

| pub, bar | baari | [bɑ:ri] |
| tearoom | teehuone | [te:huone] |

waiter	tarjoilija	[tɑrjoilija]
waitress	tarjoilijatar	[tɑrjoilijatar]
bartender	baarimestari	[bɑ:ri·mestɑri]

menu	ruokalista	[ruokɑ·listɑ]
wine list	viinilista	[ʋi:ni·listɑ]
to book a table	varata pöytä	[ʋɑrɑtɑ pøytæ]

course, dish	ruokalaji	[ruokɑ·lɑji]
to order (meal)	tilata	[tilɑtɑ]
to make an order	tilata	[tilɑtɑ]

aperitif	aperitiivi	[ɑperiti:ʋi]
appetizer	alkupala	[ɑlku·pɑlɑ]
dessert	jälkiruoka	[jælki·ruokɑ]

check	lasku	[lɑsku]
to pay the check	maksaa lasku	[mɑksɑ: lɑsku]
to give change	antaa vaihtorahaa	[ɑntɑ: ʋɑjhtorɑhɑ:]
tip	juomaraha	[juomɑ·rɑhɑ]

Family, relatives and friends

54. Personal information. Forms

name (first name)	**nimi**	[nimi]
surname (last name)	**sukunimi**	[suku·nimi]
date of birth	**syntymäpäivä**	[syntymæ·pæjʋæ]
place of birth	**syntymäpaikka**	[syntymæ·pajkka]
nationality	**kansallisuus**	[kansallisu:s]
place of residence	**asuinpaikka**	[asujn·pajkka]
country	**maa**	[ma:]
profession (occupation)	**ammatti**	[ammatti]
gender, sex	**sukupuoli**	[suku·puoli]
height	**pituus**	[pitu:s]
weight	**paino**	[pajno]

55. Family members. Relatives

mother	**äiti**	[æjti]
father	**isä**	[isæ]
son	**poika**	[pojka]
daughter	**tytär**	[tytær]
younger daughter	**nuorempi tytär**	[nuorempi tytær]
younger son	**nuorempi poika**	[nuorempi pojka]
eldest daughter	**vanhempi tytär**	[ʋanhempi tytær]
eldest son	**vanhempi poika**	[ʋanhempi pojka]
brother	**veli**	[ʋeli]
elder brother	**vanhempi veli**	[ʋanhempi ʋeli]
younger brother	**nuorempi veli**	[nuorempi ʋeli]
sister	**sisar**	[sisar]
elder sister	**vanhempi sisar**	[ʋanhempi sisar]
younger sister	**nuorempi sisar**	[nuorempi sisar]
cousin (masc.)	**serkku**	[serkku]
cousin (fem.)	**serkku**	[serkku]
mom, mommy	**äiti**	[æjti]
dad, daddy	**isä**	[isæ]
parents	**vanhemmat**	[ʋanhemmat]
child	**lapsi**	[lapsi]
children	**lapset**	[lapset]

grandmother	isoäiti	[iso·æjti]
grandfather	isoisä	[iso·isæ]
grandson	lapsenlapsi	[lapsen·lapsi]
granddaughter	lapsenlapsi	[lapsen·lapsi]
grandchildren	lastenlapset	[lasten·lapset]

uncle	setä	[setæ]
aunt	täti	[tæti]
nephew	veljenpoika	[ʋeljen·pojka]
niece	sisarenpoika	[sisaren·pojka]

mother-in-law (wife's mother)	anoppi	[anoppi]
father-in-law (husband's father)	appi	[appi]
son-in-law (daughter's husband)	vävy	[ʋæʋy]
stepmother	äitipuoli	[æjti·puoli]
stepfather	isäpuoli	[isæ·puoli]
infant	rintalapsi	[rinta·lapsi]
baby (infant)	vauva	[ʋauʋa]
little boy, kid	lapsi, pienokainen	[lapsi], [pienokajnen]

wife	vaimo	[ʋajmo]
husband	mies	[mies]
spouse (husband)	aviomies	[aʋiomies]
spouse (wife)	aviovaimo	[aʋioʋajmo]

married (masc.)	naimisissa	[najmisissa]
married (fem.)	naimisissa	[najmisissa]
single (unmarried)	naimaton	[najmaton]
bachelor	poikamies	[pojkamies]
divorced (masc.)	eronnut	[eronnut]
widow	leski	[leski]
widower	leski	[leski]

relative	sukulainen	[sukulajnen]
close relative	lähisukulainen	[læɦi·sukulajnen]
distant relative	kaukainen sukulainen	[kaukajnen sukulajnen]
relatives	sukulaiset	[sukulajset]

orphan (boy or girl)	orpo	[orpo]
guardian (of a minor)	holhooja	[holho:ja]
to adopt (a boy)	adoptoida	[adoptojda]
to adopt (a girl)	adoptoida	[adoptojda]

56. Friends. Coworkers

friend (masc.)	ystävä	[ystæʋæ]
friend (fem.)	ystävätär	[ystæʋætær]

friendship	ystävyys	[ystæʋy:s]
to be friends	olla ystäviä	[olla ystæʋiæ]

buddy (masc.)	kaveri	[kaʋeri]
buddy (fem.)	kaveri	[kaʋeri]
partner	partneri	[partneri]

chief (boss)	esimies	[esimies]
superior (n)	päällikkö	[pæ:llikkø]
owner, proprietor	omistaja	[omistaja]
subordinate (n)	alainen	[alajnen]
colleague	virkatoveri	[ʋirka·toʋeri]

acquaintance (person)	tuttava	[tuttaʋa]
fellow traveler	matkakumppani	[matka·kumppani]
classmate	luokkatoveri	[luokka·toʋeri]

neighbor (masc.)	naapuri	[na:puri]
neighbor (fem.)	naapuri	[na:puri]
neighbors	naapurit	[na:purit]

57. Man. Woman

woman	nainen	[najnen]
girl (young woman)	neiti	[nejti]
bride	morsian	[morsian]

beautiful (adj)	kaunis	[kaunis]
tall (adj)	pitkä	[pitkæ]
slender (adj)	solakka	[solakka]
short (adj)	pienikokoinen	[pieni·kokojnen]

blonde (n)	vaaleaverikkö	[ʋa:lea·ʋerikkø]
brunette (n)	tummaverikkö	[tumma·ʋerikkø]

ladies' (adj)	nais-	[najs]
virgin (girl)	neitsyt	[nejtsyt]
pregnant (adj)	raskaana oleva	[raska:na oleʋa]

man (adult male)	mies	[mies]
blond (n)	vaaleaverinen mies	[ʋa:lea·ʋerinen mies]
brunet (n)	tummaverinen mies	[tumma·ʋerinen mies]
tall (adj)	pitkä	[pitkæ]
short (adj)	pienikokoinen	[pieni·kokojnen]

rude (rough)	karkea	[karkea]
stocky (adj)	tanakka	[tanakka]
robust (adj)	tukeva	[tukeʋa]
strong (adj)	voimakas	[ʋojmakas]
strength	voima	[ʋojma]

stout, fat (adj)	lihava	[liɦɑʋɑ]
swarthy (adj)	tummaihoinen	[tummɑjhojnen]
slender (well-built)	solakka	[solɑkkɑ]
elegant (adj)	tyylikäs	[ty:likæs]

58. Age

age	ikä	[ikæ]
youth (young age)	nuoruus	[nuoru:s]
young (adj)	nuori	[nuori]

| younger (adj) | nuorempi | [nuorempi] |
| older (adj) | vanhempi | [ʋɑnhempi] |

young man	nuorukainen	[nuorukɑjnen]
teenager	teini-ikäinen	[tejni·ikæjnen]
guy, fellow	nuorimies	[nuorimies]

| old man | vanhus | [ʋɑnhus] |
| old woman | eukko | [eukko] |

adult (adj)	aikuinen	[ɑjkujnen]
middle-aged (adj)	keski-ikäinen	[keski·ikæjnen]
elderly (adj)	iäkäs	[jækæs]
old (adj)	vanha	[ʋɑnhɑ]

retirement	eläke	[elæke]
to retire (from job)	jäädä eläkkeelle	[jæ:dæ elække:lle]
retiree	eläkeläinen	[elækelæjnen]

59. Children

child	lapsi	[lɑpsi]
children	lapset	[lɑpset]
twins	kaksoset	[kɑksoset]

cradle	kätkyt, kehto	[kætkyt], [kehto]
rattle	helistin	[helistin]
diaper	vaippa	[ʋɑjppɑ]

pacifier	tutti	[tutti]
baby carriage	lastenvaunut	[lɑsten·ʋɑunut]
kindergarten	lastentarha	[lɑsten·tɑrhɑ]
babysitter	lastenhoitaja	[lɑsten·hojtɑjɑ]

childhood	lapsuus	[lɑpsu:s]
doll	nukke	[nukke]
toy	lelu	[lelu]

construction set (toy)	rakennussarja	[rakennus·sarja]
well-bred (adj)	hyvin kasvatettu	[hyvin kasvatettu]
ill-bred (adj)	huonosti kasvatettu	[huonosti kasvatettu]
spoiled (adj)	lellitelty	[lellitelty]

to be naughty	peuhata	[peuhata]
mischievous (adj)	vallaton	[vallaton]
mischievousness	vallattomuus	[vallattomu:s]
mischievous child	vallaton poika	[vallaton pojka]

| obedient (adj) | tottelevainen | [tottelevajnen] |
| disobedient (adj) | tottelematon | [tottelematon] |

docile (adj)	järkevä	[jærkevæ]
clever (smart)	älykäs	[ælykæs]
child prodigy	ihmelapsi	[ihme·lapsi]

60. Married couples. Family life

to kiss (vt)	suudella	[su:della]
to kiss (vi)	suudella	[su:della]
family (n)	perhe	[perhe]
family (as adj)	perheellinen	[perhe:llinen]
couple	pariskunta	[paris·kunta]
marriage (state)	avioliitto	[avio·li:tto]
hearth (home)	kotiliesi	[koti·liesi]
dynasty	hallitsijasuku	[hallitsija·suku]

| date | treffit | [treffit] |
| kiss | suudelma | [su:delma] |

love (for sb)	rakkaus	[rakkaus]
to love (sb)	rakastaa	[rakasta:]
beloved	rakas	[rakas]

tenderness	hellyys	[helly:s]
tender (affectionate)	hellä	[hellæ]
faithfulness	uskollisuus	[uskollisu:s]
faithful (adj)	uskollinen	[uskollinen]
care (attention)	huoli	[huoli]
caring (~ father)	huolehtivainen	[huolehtivajnen]

newlyweds	nuoripari	[nuori·pari]
honeymoon	kuherruskuukausi	[kuherrus·ku:kausi]
to get married (ab. woman)	mennä naimisiin	[mennæ najmisi:n]
to get married (ab. man)	mennä naimisiin	[mennæ najmisi:n]

| wedding | häät | [hæ:t] |
| golden wedding | kultahäät | [kulta·hæ:t] |

anniversary	**vuosipäivä**	[ʋuosi·pæejʋæ]
lover (masc.)	**rakastaja**	[rakastaja]
mistress (lover)	**rakastajatar**	[rakastajatar]

adultery	**petos**	[petos]
to cheat on ... (commit adultery)	**pettää**	[pettæ:]
jealous (adj)	**mustasukkainen**	[musta·sukkajnen]
to be jealous	**olla mustasukkainen**	[olla musta·sukkajnen]
divorce	**avioero**	[avio·ero]
to divorce (vi)	**erota**	[erota]

to quarrel (vi)	**riidellä**	[ri:dellæ]
to be reconciled (after an argument)	**tehdä sovinto**	[tehdæ soʋinto]
together (adv)	**yhdessä**	[yhdessæ]
sex	**seksi**	[seksi]

happiness	**onni**	[onni]
happy (adj)	**onnellinen**	[onnellinen]
misfortune (accident)	**epäonni**	[epæonni]
unhappy (adj)	**onneton**	[onneton]

Character. Feelings. Emotions

61. Feelings. Emotions

feeling (emotion)	tunne	[tunne]
feelings	tunteet	[tunte:t]
to feel (vt)	tuntea	[tuntea]

hunger	nälkä	[nælkæ]
to be hungry	olla nälkä	[olla nælkæ]
thirst	jano	[jano]
to be thirsty	olla jano	[olla jano]
sleepiness	uneliaisuus	[uneliajsu:s]
to feel sleepy	haluta nukkua	[haluta nukkua]

tiredness	väsymys	[uæsymys]
tired (adj)	väsynyt	[uæsynyt]
to get tired	väsyä	[uæsyæ]

mood (humor)	mieliala	[mieliala]
boredom	tylsyys	[tylsy:s]
to be bored	pitkästyä	[pitkæstyæ]
seclusion	yksinäisyys	[yksinæjsy:s]
to seclude oneself	eristäytyä	[eristæytyæ]

to worry (make anxious)	huolestuttaa	[huolestutta:]
to be worried	huolestua	[huolestua]
worrying (n)	huoli	[huoli]
anxiety	huolestus	[huolestus]
preoccupied (adj)	huolestunut	[huolestunut]
to be nervous	hermostua	[hermostua]
to panic (vi)	panikoida	[panikojda]

hope	toivo	[tojuo]
to hope (vi, vt)	toivoa	[tojuoa]

certainty	varmuus	[uarmu:s]
certain, sure (adj)	varma	[uarma]
uncertainty	epävarmuus	[epæuarmu:s]
uncertain (adj)	epävarma	[epæuarma]

drunk (adj)	juopunut	[juopunut]
sober (adj)	selvä	[seluæ]
weak (adj)	heikko	[hejkko]
happy (adj)	onnellinen	[onnellinen]
to scare (vt)	pelottaa	[pelotta:]

| fury (madness) | raivo | [rɑjʊo] |
| rage (fury) | raivo | [rɑjʊo] |

depression	masennus	[mɑsennus]
discomfort (unease)	epämukavuus	[epæ·mukɑʊu:s]
comfort	mukavuus	[mukɑʊu:s]
to regret (be sorry)	katua	[kɑtuɑ]
regret	katumus	[kɑtumus]
bad luck	huono onni	[huono onni]
sadness	mielipaha	[mieli·pɑhɑ]

shame (remorse)	häpeä	[hæpeæ]
gladness	iloisuus	[ilojsu:s]
enthusiasm, zeal	into	[into]
enthusiast	intoilija	[intojlijɑ]
to show enthusiasm	osoittaa innostus	[osojttɑ: innostus]

62. Character. Personality

character	luonne	[luonne]
character flaw	luonteen heikkous	[luonte:n heikkous]
mind, reason	järki	[jærki]

conscience	omatunto	[omɑtunto]
habit (custom)	tottumus	[tottumus]
ability (talent)	kyky	[kyky]
can (e.g., ~ swim)	osata	[osɑtɑ]

patient (adj)	kärsivällinen	[kærsiʊællinen]
impatient (adj)	kärsimätön	[kærsimætøn]
curious (inquisitive)	utelias	[uteliɑs]
curiosity	uteliaisuus	[uteliɑjsu:s]

modesty	vaatimattomuus	[ʊɑ:timɑttomu:s]
modest (adj)	vaatimaton	[ʊɑ:timɑton]
immodest (adj)	epähieno	[epæhieno]

laziness	laiskuus	[lɑjsku:s]
lazy (adj)	laiska	[lɑjskɑ]
lazy person (masc.)	laiskuri	[lɑjskuri]

cunning (n)	viekkaus	[ʊiekkɑus]
cunning (as adj)	viekas	[ʊiekɑs]
distrust	epäluottamus	[epæluottɑmus]
distrustful (adj)	epäluuloinen	[epælu:lojnen]

generosity	anteliaisuus	[ɑnteliɑjsu:s]
generous (adj)	antelias	[ɑnteliɑs]
talented (adj)	lahjakas	[lɑhjɑkɑs]
talent	lahja	[lɑhjɑ]

courageous (adj)	rohkea	[rohkea]
courage	rohkeus	[rohkeus]
honest (adj)	rehellinen	[rehellinen]
honesty	rehellisyys	[rehellisy:s]
careful (cautious)	varovainen	[ʋarouajnen]
brave (courageous)	uljas	[uljɑs]
serious (adj)	vakava	[ʋakaʋa]
strict (severe, stern)	ankara	[aŋkara]
decisive (adj)	päättäväinen	[pæ:ttæʋæjnen]
indecisive (adj)	epävarma	[epæʋarma]
shy, timid (adj)	arka	[arka]
shyness, timidity	arkuus	[arku:s]
confidence (trust)	luottamus	[luottamus]
to believe (trust)	uskoa	[uskoa]
trusting (credulous)	luottavainen	[luottaʋajnen]
sincerely (adv)	vilpittömästi	[ʋilpittømæsti]
sincere (adj)	vilpitön	[ʋilpitøn]
sincerity	vilpittömyys	[ʋilpittømy:s]
open (person)	avoin	[aʋojn]
calm (adj)	hiljainen	[hiljainen]
frank (sincere)	avomielinen	[aʋomielinen]
naïve (adj)	naiivi	[nai:ʋi]
absent-minded (adj)	hajamielinen	[hajamielinen]
funny (odd)	hauska	[hauska]
greed, stinginess	ahneus	[ahneus]
greedy, stingy (adj)	ahne	[ahne]
stingy (adj)	kitsas	[kitsas]
evil (adj)	vihainen	[ʋihajnen]
stubborn (adj)	itsepäinen	[itsepæjnen]
unpleasant (adj)	epämiellyttävä	[epæmiellyttæʋæ]
selfish person (masc.)	egoisti	[egoisti]
selfish (adj)	egoistinen	[egoistinen]
coward	pelkuri	[pelkuri]
cowardly (adj)	pelkurimainen	[pelkurimajnen]

63. Sleep. Dreams

to sleep (vi)	nukkua	[nukkua]
sleep, sleeping	uni	[uni]
dream	uni	[uni]
to dream (in sleep)	nähdä unta	[næhdæ unta]
sleepy (adj)	uninen	[uninen]
bed	sänky	[sæŋky]

mattress	**patja**	[patja]
blanket (comforter)	**peitto, täkki**	[pejte], [tækki]
pillow	**tyyny**	[ty:ny]
sheet	**lakana**	[lakana]

insomnia	**unettomuus**	[unettomu:s]
sleepless (adj)	**uneton**	[uneton]
sleeping pill	**unilääke**	[uni·læ:ke]
to take a sleeping pill	**ottaa unilääke**	[otta: unilæ:ke]

to feel sleepy	**haluta nukkua**	[haluta nukkua]
to yawn (vi)	**haukotella**	[haukotella]
to go to bed	**mennä nukkumaan**	[mennæ nukkuma:n]
to make up the bed	**sijata**	[sijata]
to fall asleep	**nukahtaa**	[nukahta:]

nightmare	**painajainen**	[pajnajainen]
snore, snoring	**kuorsaus**	[kuorsaus]
to snore (vi)	**kuorsata**	[kuorsata]

alarm clock	**herätyskello**	[herætys·kello]
to wake (vt)	**herättää**	[herættæ:]
to wake up	**herätä**	[herætæ]
to get up (vi)	**nousta**	[nousta]
to wash up (wash face)	**pestä kasvot**	[pestæ kasuot]

64. Humour. Laughter. Gladness

humor (wit, fun)	**huumori**	[hu:mori]
sense of humor	**huumorintaju**	[hu:morin·taju]
to enjoy oneself	**pitää hauskaa**	[pitæ: hauska:]
cheerful (merry)	**iloinen**	[ilojnen]
merriment (gaiety)	**ilo, hilpeys**	[ilo], [hilpeys]

smile	**hymy**	[hymy]
to smile (vi)	**hymyillä**	[hymyjllæ]

to start laughing	**alkaa nauraa**	[alka: naura:]
to laugh (vi)	**nauraa**	[naura:]
laugh, laughter	**nauru**	[nauru]

anecdote	**anekdootti**	[anekdo:tti]
funny (anecdote, etc.)	**hauska**	[hauska]
funny (odd)	**lystikäs**	[lystikæs]

to joke (vi)	**vitsailla**	[uitsajlla]
joke (verbal)	**vitsi**	[uitsi]
joy (emotion)	**ilo**	[ilo]
to rejoice (vi)	**iloita**	[ilojta]
joyful (adj)	**iloinen**	[ilojnen]

65. Discussion, conversation. Part 1

communication	viestintä	[ʋiestintæ]
to communicate	kommunikoida	[kommunikojda]
conversation	keskustelu	[keskustelu]
dialog	dialogi	[dialogi]
discussion (discourse)	keskustelu	[keskustelu]
dispute (debate)	väittely	[ʋæjttely]
to dispute, debate	väitellä	[ʋæjtellæ]
interlocutor	keskustelija	[keskustelija]
topic (theme)	teema	[te:ma]
point of view	näkökanta	[nækø·kanta]
opinion (point of view)	mielipide	[mielipide]
speech (talk)	puhe	[puĥe]
discussion (of report, etc.)	käsittely	[kæsittely]
to discuss (vt)	käsitellä	[kæsitellæ]
talk (conversation)	keskustelu	[keskustelu]
to talk (to chat)	keskustella	[keskustella]
meeting (encounter)	tapaaminen	[tapa:minen]
to meet (vi, vt)	tavata	[taʋata]
proverb	sananlasku	[sanan·lasku]
saying	sananparsi	[sanan·parsi]
riddle (poser)	arvoitus	[arʋojtus]
to pose a riddle	asettaa arvoitus	[asetta: arʋojtus]
password	tunnussana	[tunnus·sana]
secret	salaisuus	[salajsu:s]
oath (vow)	vala	[ʋala]
to swear (an oath)	vannoa	[ʋannoa]
promise	lupaus	[lupaus]
to promise (vt)	luvata	[luʋata]
advice (counsel)	neuvo	[neuʋo]
to advise (vt)	neuvoa	[neuʋoa]
to listen to ... (obey)	totella	[totella]
news	uutinen	[u:tinen]
sensation (news)	sensaatio	[sensa:tio]
information (report)	tiedot	[tiedot]
conclusion (decision)	johtopäätös	[johto·pæ:tøs]
voice	ääni	[æ:ni]
compliment	kohteliaisuus	[kohteliajsu:s]
kind (nice)	ystävällinen	[ystæʋællinen]
word	sana	[sana]
phrase	lause	[lause]
answer	vastaus	[ʋastaus]

truth	tosi	[tosi]
lie	vale	[ʋale]

thought	ajatus	[ajatus]
idea (inspiration)	idea	[idea]
fantasy	fantasia	[fantasia]

66. Discussion, conversation. Part 2

respected (adj)	kunnioitettava	[kunniojtettaʋa]
to respect (vt)	kunnioittaa	[kunniojtta:]
respect	kunnioitus	[kunniojtus]
Dear ... (letter)	Arvoisa ...	[arʋojsa]

to introduce (sb to sb)	tutustuttaa	[tutustutta:]
intention	aikomus	[ajkomus]
to intend (have in mind)	aikoa	[ajkoa]
wish	toivomus	[tojʋomus]
to wish (~ good luck)	toivottaa	[tojʋotta:]

surprise (astonishment)	ihmettely, ihmetys	[ihmettely], [ihmetys]
to surprise (amaze)	ihmetyttää	[ihmetyttæ:]
to be surprised	ihmetellä	[ihmetellæ]

to give (vt)	antaa	[anta:]
to take (get hold of)	ottaa	[otta:]
to give back	palauttaa	[palautta:]
to return (give back)	palauttaa	[palautta:]

to apologize (vi)	pyytää anteeksi	[py:tæ: ante:ksi]
apology	anteeksipyyntö	[ante:ksi·py:ntø]
to forgive (vt)	antaa anteeksi	[anta: ante:ksi]

to talk (speak)	puhua	[puɦua]
to listen (vi)	kuunnella	[ku:nnella]
to hear out	kuunnella loppuun	[ku:nnella loppu:n]
to understand (vt)	ymmärtää	[ymmærtæ:]

to show (to display)	näyttää	[næyttæ:]
to look at ...	katsoa	[katsoa]
to call (yell for sb)	kutsua	[kutsua]
to distract (disturb)	harhauttaa	[harhautta:]
to disturb (vt)	häiritä	[hæjritæ]
to pass (to hand sth)	antaa	[anta:]

demand (request)	pyyntö	[py:ntø]
to request (ask)	pyytää	[py:tæ:]
demand (firm request)	vaatimus	[ʋa:timus]
to demand (request firmly)	vaatia	[ʋa:tia]
to tease (call names)	härnätä	[hærnætæ]

to mock (make fun of)	pilkata	[pilkɑtɑ]
mockery, derision	pilkka	[pilkkɑ]
nickname	liikanimi	[li:kɑ·nimi]

insinuation	vihjaus	[uihjɑus]
to insinuate (imply)	vihjata	[uihjɑtɑ]
to mean (vt)	tarkoittaa	[tɑrkojttɑ:]

description	kuvaus	[kuuɑus]
to describe (vt)	kuvata	[kuuɑtɑ]
praise (compliments)	kehu	[kehu]
to praise (vt)	kehua	[kehuɑ]

disappointment	pettymys	[pettymys]
to disappoint (vt)	tuottaa pettymys	[tuottɑ: pettymys]
to be disappointed	pettyä	[pettyæ]

supposition	oletus	[oletus]
to suppose (assume)	olettaa	[olettɑ:]
warning (caution)	varoitus	[uɑrojtus]
to warn (vt)	varoittaa	[uɑrojttɑ:]

67. Discussion, conversation. Part 3

| to talk into (convince) | suostutella | [suostutellɑ:] |
| to calm down (vt) | rauhoittaa | [rauhojttɑ:] |

silence (~ is golden)	vaitiolo	[uɑjtiolo]
to be silent (not speaking)	olla vaiti	[ollɑ uɑjti]
to whisper (vi, vt)	kuiskata	[kujskɑtɑ]
whisper	kuiskaus	[kujskɑus]

| frankly, sincerely (adv) | avomielisesti | [auomielisesti] |
| in my opinion ... | minusta | [minustɑ] |

detail (of the story)	yksityiskohta	[yksityjs·kohtɑ]
detailed (adj)	yksityiskohtainen	[yksityjs·kohtɑjnen]
in detail (adv)	yksityiskohtaisesti	[yksityjs·kohtɑjsesti]

| hint, clue | vihje | [uihje] |
| to give a hint | vihjata | [uihjɑtɑ] |

look (glance)	katse	[kɑtse]
to have a look	katsahtaa	[kɑtsɑhtɑ:]
fixed (look)	liikkumaton	[li:kkumɑton]
to blink (vi)	räpyttää	[ræpyttæ:]
to wink (vi)	iskeä silmää	[iskeæ silmæ:]
to nod (in assent)	nyökätä	[nyøkætæ]
sigh	huokaus	[huokɑus]
to sigh (vi)	huokaista	[huokɑjstɑ]

to shudder (vi)	vavista	[vavista]
gesture	ele	[ele]
to touch (one's arm, etc.)	koskea	[koskea]
to seize (e.g., ~ by the arm)	tarrata	[tarrata]
to tap (on the shoulder)	taputtaa	[taputtɑ:]

Look out!	Varo!	[vɑro]
Really?	Ihanko totta?	[ihaŋko totta]
Are you sure?	Oletko varma?	[oletko vɑrmɑ]
Good luck!	Toivotan onnea!	[tojvotan onnea]
I see!	Selvä!	[seluæ]
What a pity!	Onpa ikävä!	[onpa ikæuæ]

68. Agreement. Refusal

consent	suostumus	[suostumus]
to consent (vi)	suostua	[suostua]
approval	hyväksyminen	[hyuæksyminen]
to approve (vt)	hyväksyä	[hyuæksyæ]
refusal	kielto	[kielto]
to refuse (vi, vt)	kieltäytyä	[kæltæytyæ]

Great!	Loistava!	[lojstaua]
All right!	Hyvä!	[hyuæ]
Okay! (I agree)	Hyvä on!	[hyuæ on]

forbidden (adj)	kielletty	[kielletty]
it's forbidden	on kielletty	[on kielletty]

it's impossible	mahdottoman	[mahdottoman]
incorrect (adj)	virheellinen	[uirhe:llinen]

to reject (~ a demand)	evätä	[euætæ]
to support (cause, idea)	kannattaa	[kannatta:]
to accept (~ an apology)	hyväksyä	[hyuæksyæ]

to confirm (vt)	vahvistaa	[uahuista:]
confirmation	vahvistus	[uahuistus]
permission	lupa	[lupa]
to permit (vt)	antaa lupa	[anta: lupa]

decision	ratkaisu	[ratkajsu]
to say nothing (hold one's tongue)	olla vaiti	[olla vajti]

condition (term)	ehto	[ehto]
excuse (pretext)	tekosyy	[tekosy:]
praise (compliments)	kehu	[kehu]
to praise (vt)	kehua	[kehua]

69. Success. Good luck. Failure

success	**menestys**	[menestys]
successfully (adv)	**menestyksekkäästi**	[menestyksekkæ:sti]
successful (adj)	**menestyksellinen**	[menestyksellinen]
luck (good luck)	**hyvä onni**	[hyʋæ onni]
Good luck!	**Onnea!**	[onnea]
lucky (e.g., ~ day)	**onnekas**	[onnekas]
lucky (fortunate)	**onnekas**	[onnekas]
failure	**epäonnistuminen**	[epæonnistuminen]
misfortune	**epäonni**	[epæonni]
bad luck	**huono onni**	[huono onni]
unsuccessful (adj)	**epäonnistunut**	[epæonnistunut]
catastrophe	**katastrofi**	[katastrofi]
pride	**ylpeys**	[ylpeys]
proud (adj)	**ylpeä**	[ylpeæ]
to be proud	**ylpeillä**	[ylpejllæ]
winner	**voittaja**	[ʋojttaja]
to win (vi)	**voittaa**	[ʋojtta:]
to lose (not win)	**hävitä**	[hæʋitæ]
try	**yritys**	[yritys]
to try (vi)	**yrittää**	[yrittæ:]
chance (opportunity)	**tilaisuus**	[tilajsu:s]

70. Quarrels. Negative emotions

shout (scream)	**huuto**	[hu:to]
to shout (vi)	**huutaa**	[hu:ta:]
to start to cry out	**alkaa huutaa**	[alka: hu:ta:]
quarrel	**riita**	[ri:ta]
to quarrel (vi)	**riidellä**	[ri:dellæ]
fight (squabble)	**skandaali**	[skanda:li]
to make a scene	**rähistä**	[ræɦistæ]
conflict	**konflikti**	[konflikti]
misunderstanding	**väärinkäsitys**	[ʋæ:rin·kæsitys]
insult	**loukkaus**	[loukkaus]
to insult (vt)	**loukata**	[loukata]
insulted (adj)	**loukkaantunut**	[loukka:ntunut]
resentment	**närkästys**	[nærkæstys]
to offend (vt)	**loukata**	[loukata]
to take offense	**loukkaantua**	[loukka:ntua]
indignation	**suuttumus**	[su:ttumus]
to be indignant	**olla suutuksissa**	[olla su:tuksissa]

complaint	valitus	[ualitus]
to complain (vi, vt)	valittaa	[ualitta:]

apology	anteeksipyyntö	[ante:ksi·py:ntø]
to apologize (vi)	pyytää anteeksi	[py:tæ: ante:ksi]
to beg pardon	puolustella	[puolustella]

criticism	arvostelu	[aruostelu]
to criticize (vt)	arvostella	[aruostella]
accusation (charge)	syyte	[sy:te]
to accuse (vt)	syyttää	[sy:ttæ:]

revenge	kosto	[kosto]
to avenge (get revenge)	kostaa	[kosta:]
to pay back	antaa takaisin	[anta: takajsin]

disdain	halveksinta	[halueksinta]
to despise (vt)	halveksia	[halueksia]
hatred, hate	viha	[uiha]
to hate (vt)	vihata	[uihata]

nervous (adj)	hermostunut	[hermostunut]
to be nervous	hermostua	[hermostua]
angry (mad)	vihainen	[uihajnen]
to make angry	suututtaa	[su:tutta:]

humiliation	alentaminen	[alentaminen]
to humiliate (vt)	alentaa	[alenta:]
to humiliate oneself	alentua	[alentua]

shock	sokki	[sokki]
to shock (vt)	sokeerata	[soke:rata]

trouble (e.g., serious ~)	ikävyys	[ikæuy:s]
unpleasant (adj)	epämiellyttävä	[epæmiellyttæuæ]

fear (dread)	pelko	[pelko]
terrible (storm, heat)	hirveä	[hirueæ]
scary (e.g., ~ story)	kauhea	[kauheæ]
horror	kauhu	[kauhu]
awful (crime, news)	karmea	[karmea]

to cry (weep)	itkeä	[itkeæ]
to start crying	ruveta itkemään	[ruueta itkemæ:n]
tear	kyynel	[ky:nel]

fault	vika	[uika]
guilt (feeling)	syyllisyys	[sy:llisy:s]
dishonor (disgrace)	häpeä	[hæpeæ]
protest	protesti, vastalause	[protesti], [uastalause]
stress	stressi	[stressi]
to disturb (vt)	häiritä	[hæjritæ]

to be furious	**vihastua**	[ʋihɑstuɑ]
mad, angry (adj)	**vihainen**	[ʋihɑjnen]
to end (~ a relationship)	**lopettaa**	[lopettɑ:]
to swear (at sb)	**kiroilla**	[kirojllɑ]
to scare (become afraid)	**pelästyä**	[pelæstyæ]
to hit (strike with hand)	**iskeä**	[iskeæ]
to fight (street fight, etc.)	**tapella**	[tɑpellɑ]
to settle (a conflict)	**sopia, sovitella**	[sopiɑ], [soʋitellɑ]
discontented (adj)	**tyytymätön**	[ty:tymætøn]
furious (adj)	**tuima**	[tujmɑ]
It's not good!	**Se ei ole hyvä!**	[se ej ole hyʋæ]
It's bad!	**Se on huono!**	[se on huono]

Medicine

71. Diseases

sickness	**sairaus**	[sɑjrɑus]
to be sick	**sairastaa**	[sɑjrɑstɑ:]
health	**terveys**	[terʋeys]
runny nose (coryza)	**nuha**	[nuɦɑ]
tonsillitis	**angiina**	[ɑŋi:nɑ]
cold (illness)	**vilustuminen**	[ʋilustuminen]
to catch a cold	**vilustua**	[ʋilustuɑ]
bronchitis	**keuhkokatarri**	[keuhko·kɑtɑrri]
pneumonia	**keuhkotulehdus**	[keuhko·tulehdus]
flu, influenza	**influenssa**	[influenssɑ]
nearsighted (adj)	**likinäköinen**	[likinækøjnen]
farsighted (adj)	**kaukonäköinen**	[kaukonækøjnen]
strabismus (crossed eyes)	**kierosilmäisyys**	[kiero·silmæjsy:s]
cross-eyed (adj)	**kiero**	[kiero]
cataract	**harmaakaihi**	[hɑrmɑ:kɑjhi]
glaucoma	**silmänpainetauti**	[silmæn·pɑjne·tɑuti]
stroke	**aivoinfarkti**	[ɑjʋo·infɑrkti]
heart attack	**infarkti**	[infɑrkti]
myocardial infarction	**sydäninfarkti**	[sydæn·infɑrkti]
paralysis	**halvaus**	[hɑlʋɑus]
to paralyze (vt)	**halvauttaa**	[hɑlʋɑutta:]
allergy	**allergia**	[ɑllergiɑ]
asthma	**astma**	[ɑstmɑ]
diabetes	**diabetes**	[diɑbetes]
toothache	**hammassärky**	[hɑmmɑs·særky]
caries	**hammasmätä**	[hɑmmɑs·mætæ]
diarrhea	**ripuli**	[ripuli]
constipation	**ummetus**	[ummetus]
stomach upset	**vatsavaiva**	[ʋɑtsɑ·ʋɑjʋɑ]
food poisoning	**ruokamyrkytys**	[ruokɑ·myrkytys]
to get food poisoning	**myrkyttyä**	[myrkyttyæ]
arthritis	**niveltulehdus**	[niʋel·tulehdus]
rickets	**riisitauti**	[ri:sitɑti]
rheumatism	**reuma**	[reumɑ]

atherosclerosis	ateroskleroosi	[aterosklero:si]
gastritis	mahakatarri	[maha·katarri]
appendicitis	umpilisäketulehdus	[umpilisæke·tulehdus]
cholecystitis	kolekystiitti	[kolekysti:tti]
ulcer	haavauma	[ha:ʋauma]

measles	tuhkarokko	[tuhka·rokko]
rubella (German measles)	vihurirokko	[ʋihuri·rokko]
jaundice	keltatauti	[kelta·tauti]
hepatitis	hepatiitti	[hepati:tti]

schizophrenia	jakomielisyys	[jakomielisy:s]
rabies (hydrophobia)	raivotauti	[rajʋo·tauti]
neurosis	neuroosi	[neuro:si]
concussion	aivotärähdys	[ajʋo·tæræhdys]

cancer	syöpä	[syøpæ]
sclerosis	skleroosi	[sklero:si]
multiple sclerosis	multippeliskleroosi	[multippeli·sklero:si]

alcoholism	alkoholismi	[alkoholismi]
alcoholic (n)	alkoholisti	[alkoholisti]
syphilis	kuppa, syfilis	[kuppa], [sifilis]
AIDS	AIDS	[ajds]

tumor	kasvain	[kasʋajn]
malignant (adj)	pahanlaatuinen	[pahan·la:jtunen]
benign (adj)	hyvänlaatuinen	[hyʋænla:tunen]

fever	kuume	[ku:me]
malaria	malaria	[malaria]
gangrene	kuolio	[kuolio]
seasickness	merisairaus	[meri·sajraus]
epilepsy	epilepsia	[epilepsia]

epidemic	epidemia	[epidemia]
typhus	lavantauti	[laʋan·tauti]
tuberculosis	tuberkuloosi	[tuberkulo:si]
cholera	kolera	[kolera]
plague (bubonic ~)	rutto	[rutto]

72. Symptoms. Treatments. Part 1

symptom	oire	[ojre]
temperature	kuume	[ku:me]
high temperature (fever)	korkea kuume	[korkea ku:me]
pulse (heartbeat)	pulssi, syke	[pulssi], [syke]

| dizziness (vertigo) | huimaus | [hujmaus] |
| hot (adj) | kuuma | [ku:ma] |

| shivering | vilunväristys | [ʋilun·ʋæristys] |
| pale (e.g., ~ face) | kalpea | [kɑlpeɑ] |

cough	yskä	[yskæ]
to cough (vi)	yskiä	[yskiæ]
to sneeze (vi)	aivastella	[ɑjʋɑstellɑ]
faint	pyörtyminen	[pyørtyminen]
to faint (vi)	pyörtyä	[pyørtyæ]

bruise (hématome)	mustelma	[mustelmɑ]
bump (lump)	kuhmu	[kuhmu]
to bang (bump)	loukkaantua	[loukkɑ:ntuɑ]
contusion (bruise)	ruhje	[ruhje]
to get a bruise	loukkaantua	[loukkɑ:ntuɑ]

to limp (vi)	ontua	[ontuɑ]
dislocation	sijoiltaanmeno	[sijoiltɑ:nmeno]
to dislocate (vt)	siirtää sijoiltaan	[si:rtæ: sijoiltɑ:n]
fracture	murtuma	[murtumɑ]
to have a fracture	saada murtuma	[sɑ:dɑ murtumɑ]

cut (e.g., paper ~)	leikkaushaava	[lejkkɑus·hɑ:ʋɑ]
to cut oneself	leikata	[lejkɑtɑ]
bleeding	verenvuoto	[ʋeren·ʋuoto]

| burn (injury) | palohaava | [pɑlo·hɑ:ʋɑ] |
| to get burned | polttaa itse | [polttɑ: itse] |

to prick (vt)	pistää	[pistæ:]
to prick oneself	pistää itseä	[pistæ: itseæ]
to injure (vt)	vahingoittaa	[ʋɑhiŋojttɑ:]
injury	vamma, vaurio	[ʋɑmmɑ], [ʋɑurio]
wound	haava	[hɑ:ʋɑ]
trauma	trauma, vamma	[trɑumɑ], [ʋɑmmɑ]

to be delirious	hourailla	[hourɑjllɑ]
to stutter (vi)	änkyttää	[æŋkyttæ:]
sunstroke	auringonpistos	[auriŋon·pistos]

73. Symptoms. Treatments. Part 2

| pain, ache | kipu | [kipu] |
| splinter (in foot, etc.) | tikku | [tikku] |

sweat (perspiration)	hiki	[hiki]
to sweat (perspire)	hikoilla	[hikojllɑ]
vomiting	oksennus	[oksennus]
convulsions	kouristukset	[kouristukset]
pregnant (adj)	raskaana oleva	[rɑskɑ:nɑ oleʋɑ]
to be born	syntyä	[syntyæ]

delivery, labor	synnytys	[synnytys]
to deliver (~ a baby)	synnyttää	[synnyttæ:]
abortion	raskaudenkeskeytys	[raskauden·keskeytys]

breathing, respiration	hengitys	[heŋitys]
in-breath (inhalation)	sisäänhengitys	[sisæ:n·heŋitys]
out-breath (exhalation)	uloshengitys	[ulos·heŋitys]
to exhale (breathe out)	hengittää ulos	[heŋittæ: ulos]
to inhale (vi)	hengittää sisään	[hengittæ: sisæ:n]

disabled person	invalidi	[inʋalidi]
cripple	rampa	[rampa]
drug addict	narkomaani	[narkoma:ni]

deaf (adj)	kuuro	[ku:ro]
mute (adj)	mykkä	[mykkæ]
deaf mute (adj)	kuuromykkä	[ku:ro·mykkæ]

mad, insane (adj)	mielenvikainen	[mielen·ʋikajnen]
madman (demented person)	hullu	[hullu]
madwoman	hullu	[hullu]
to go insane	tulla hulluksi	[tulla hulluksi]

gene	geeni	[ge:ni]
immunity	immuniteetti	[immunite:tti]
hereditary (adj)	perintö-	[perintø]
congenital (adj)	synnynnäinen	[synnynnæjnen]

virus	virus	[ʋirus]
microbe	mikrobi	[mikrobi]
bacterium	bakteeri	[bakte:ri]
infection	infektio, tartunta	[infektio], [tartunta]

74. Symptoms. Treatments. Part 3

| hospital | sairaala | [sajra:la] |
| patient | potilas | [potilas] |

diagnosis	diagnoosi	[diagno:si]
cure	lääkintä	[læ:kintæ]
medical treatment	hoito	[hojto]
to get treatment	saada hoitoa	[sa:da hojtoa]
to treat (~ a patient)	hoitaa	[hojta:]
to nurse (look after)	hoitaa	[hojta:]
care (nursing ~)	hoito	[hojto]

operation, surgery	leikkaus	[lejkkaus]
to bandage (head, limb)	sitoa	[sitoa]
bandaging	sidonta	[sidonta]

vaccination	rokotus	[rokotus]
to vaccinate (vt)	rokottaa	[rokotta:]
injection, shot	injektio	[injektio]
to give an injection	tehdä pisto	[tehdæ pisto]

attack	kohtaus	[kohtaus]
amputation	amputaatio	[amputa:tio]
to amputate (vt)	amputoida	[amputojda]
coma	kooma	[ko:ma]
to be in a coma	olla koomassa	[olla ko:massa]
intensive care	teho-osasto	[teho·osasto]

to recover (~ from flu)	parantua	[parantua]
condition (patient's ~)	terveydentila	[terʋeyden·tila]
consciousness	tajunta	[tajunta]
memory (faculty)	muisti	[mujsti]

to pull out (tooth)	poistaa	[pojsta:]
filling	paikka	[pajkka]
to fill (a tooth)	paikata	[pajkata]

| hypnosis | hypnoosi | [hypno:si] |
| to hypnotize (vt) | hypnotisoida | [hypnotisojda] |

75. Doctors

doctor	lääkäri	[læ:kæri]
nurse	sairaanhoitaja	[sajra:n·hojtaja]
personal doctor	omalääkäri	[oma·læ:kæri]

dentist	hammaslääkäri	[hammas·læ:kæri]
eye doctor	silmälääkäri	[silmæ·læ:kæri]
internist	sisätautilääkäri	[sisætauti·læ:kæri]
surgeon	kirurgi	[kirurgi]

psychiatrist	psykiatri	[psykiatri]
pediatrician	lastenlääkäri	[lasten·læ:kæri]
psychologist	psykologi	[psykologi]
gynecologist	naistentautilääkäri	[najstentauti·læ:kæri]
cardiologist	kardiologi	[kardiologi]

76. Medicine. Drugs. Accessories

medicine, drug	lääke	[læ:ke]
remedy	lääke	[læ:ke]
to prescribe (vt)	määrätä	[mæ:rætæ]
prescription	resepti	[resepti]
tablet, pill	tabletti	[tabletti]

ointment	voide	[vojde]
ampule	ampulli	[ampulli]
mixture, solution	liuos	[liuos]
syrup	siirappi	[si:rappi]
capsule	pilleri	[pilleri]
powder	jauhe	[jauhe]

gauze bandage	side	[side]
cotton wool	vanu	[vanu]
iodine	jodi	[jodi]

Band-Aid	laastari	[la:stari]
eyedropper	pipetti	[pipetti]
thermometer	kuumemittari	[ku:me·mittari]
syringe	ruisku	[rujsku]

wheelchair	pyörätuoli	[pyøræ·tuoli]
crutches	kainalosauvat	[kajnalo·sauvat]

painkiller	puudutusaine	[pu:dutus·ajne]
laxative	ulostuslääke	[ulostus·læ:ke]
spirits (ethanol)	sprii	[spri:]
medicinal herbs	lääkeyrtti	[læ:ke·yrtti]
herbal (~ tea)	yrtti-	[yrtti]

77. Smoking. Tobacco products

tobacco	tupakka	[tupakka]
cigarette	savuke	[savuke]
cigar	sikari	[sikari]
pipe	piippu	[pi:ppu]
pack (of cigarettes)	aski	[aski]

matches	tulitikut	[tuli·tikut]
matchbox	tulitikkurasia	[tulitikku·rasia]
lighter	sytytin	[sytytin]
ashtray	tuhkakuppi	[tuhka·kuppi]
cigarette case	savukekotelo	[savuke·kotelo]

cigarette holder	imuke	[imuke]
filter (cigarette tip)	suodatin	[suodatin]

to smoke (vi, vt)	tupakoida	[tupakojda]
to light a cigarette	sytyttää	[sytyttæ:]
smoking	tupakanpoltto	[tupakan·poltto]
smoker	tupakanpolttaja	[tupakan·polttaja]

stub, butt (of cigarette)	tumppi	[tumppi]
smoke, fumes	savu	[savu]
ash	tuhka	[tuhka]

HUMAN HABITAT

City

78. City. Life in the city

city, town	**kaupunki**	[kɑupuŋki]
capital city	**pääkaupunki**	[pæːkɑupuŋki]
village	**kylä**	[kylæ]
city map	**asemakaava**	[ɑsemɑ·kɑːʋɑ]
downtown	**keskusta**	[keskustɑ]
suburb	**esikaupunki**	[esikɑupuŋki]
suburban (adj)	**esikaupunki-**	[esikɑupuŋki]
outskirts	**laitakaupunginosa**	[lɑjtɑ·kɑupunginosɑ]
environs (suburbs)	**ympäristö**	[ympæristø]
city block	**kortteli**	[kortteli]
residential block (area)	**asuinkortteli**	[ɑsujn·kortteli]
traffic	**liikenne**	[liːkenne]
traffic lights	**liikennevalot**	[liːkenne·ʋɑlot]
public transportation	**julkiset kulkuvälineet**	[julkiset kulkuʋæːlineːt]
intersection	**risteys**	[risteys]
crosswalk	**suojatie**	[suojɑtæ]
pedestrian underpass	**alikäytävä**	[ɑli·kæytæʋæ]
to cross (~ the street)	**ylittää**	[ylittæː]
pedestrian	**jalankulkija**	[jɑlɑŋkulkijɑ]
sidewalk	**jalkakäytävä**	[jɑlkɑ·kæytæʋæ]
bridge	**silta**	[siltɑ]
embankment (river walk)	**rantakatu**	[rɑntɑ·kɑtu]
fountain	**suihkulähde**	[sujhku·læhde]
allée (garden walkway)	**lehtikuja**	[lehti·kujɑ]
park	**puisto**	[pujsto]
boulevard	**bulevardi**	[buleʋɑrdi]
square	**aukio**	[ɑukio]
avenue (wide street)	**valtakatu**	[ʋɑltɑ·kɑtu]
street	**katu**	[kɑtu]
side street	**kuja**	[kujɑ]
dead end	**umpikuja**	[umpikujɑ]
house	**talo**	[tɑlo]
building	**rakennus**	[rɑkennus]

skyscraper	pilvenpiirtäjä	[piluen·pi:rtæjæ]
facade	julkisivu	[julki·siuu]
roof	katto	[katto]
window	ikkuna	[ikkuna]
arch	kaari	[ka:ri]
column	pylväs	[pyluæs]
corner	kulma	[kulma]

store window	näyteikkuna	[næyte·ikkuna]
signboard (store sign, etc.)	kauppakyltti	[kauppa·kyltti]
poster (e.g., playbill)	juliste	[juliste]
advertising poster	mainosjuliste	[majnos·juliste]
billboard	mainoskilpi	[majnos·kilpi]

garbage, trash	jäte	[jæte]
trash can (public ~)	roskis	[roskis]
to litter (vi)	roskata	[roskata]
garbage dump	kaatopaikka	[ka:to·pajkka]

phone booth	puhelinkoppi	[puɦeliŋ·koppi]
lamppost	lyhtypylväs	[lyhty·pyluæs]
bench (park ~)	penkki	[peŋkki]

police officer	poliisi	[poli:si]
police	poliisi	[poli:si]
beggar	kerjäläinen	[kerjælæjnen]
homeless (n)	koditon	[koditon]

79. Urban institutions

store	kauppa	[kauppa]
drugstore, pharmacy	apteekki	[apte:kki]
eyeglass store	optiikka	[opti:kka]
shopping mall	kauppakeskus	[kauppa·keskus]
supermarket	supermarketti	[super·marketti]

bakery	leipäkauppa	[lejpæ·kauppa]
baker	leipuri	[lejpuri]
pastry shop	konditoria	[konditoria]
grocery store	sekatavarakauppa	[sekatauara·kauppa]
butcher shop	lihakauppa	[liɦa·kauppa]

| produce store | vihanneskauppa | [uiɦannes·kauppa] |
| market | kauppatori | [kauppa·tori] |

coffee house	kahvila	[kahuila]
restaurant	ravintola	[rauintola]
pub, bar	pubi	[pubi]
pizzeria	pizzeria	[pitseria]
hair salon	parturinliike	[parturin·li:ke]

post office	posti	[posti]
dry cleaners	kemiallinen pesu	[kemiallinen pesu]
photo studio	valokuvastudio	[ʋalokuʋɑ·studio]
shoe store	kenkäkauppa	[keŋkæ·kauppɑ]
bookstore	kirjakauppa	[kirja·kauppɑ]
sporting goods store	urheilukauppa	[urhejlu·kauppɑ]
clothes repair shop	vaatteiden korjaus	[ʋɑːttejden korjɑus]
formal wear rental	vaate vuokralle	[ʋɑːte ʋuokralle]
video rental store	elokuvien vuokra	[elokuʋien ʋuokra]
circus	sirkus	[sirkus]
zoo	eläintarha	[elæjn·tarha]
movie theater	elokuvateatteri	[elokuʋɑ·teatteri]
museum	museo	[museo]
library	kirjasto	[kirjɑsto]
theater	teatteri	[teatteri]
opera (opera house)	ooppera	[oːppera]
nightclub	yökerho	[yø·kerho]
casino	kasino	[kasino]
mosque	moskeija	[moskeja]
synagogue	synagoga	[synagoga]
cathedral	tuomiokirkko	[tuomio·kirkko]
temple	temppeli	[temppeli]
church	kirkko	[kirkko]
college	instituutti	[institu:tti]
university	yliopisto	[yli·opisto]
school	koulu	[koulu]
prefecture	prefektuuri	[prefektu:ri]
city hall	kaupunginhallitus	[kaupuŋin·hallitus]
hotel	hotelli	[hotelli]
bank	pankki	[paŋkki]
embassy	suurlähetystö	[su:r·læhetystø]
travel agency	matkatoimisto	[mɑtkɑ·tojmisto]
information office	neuvontatoimisto	[neuʋonta·tojmisto]
currency exchange	valuutanvaihtotoimisto	[ʋɑlu:tɑn·ʋɑjhto·tojmisto]
subway	metro	[metro]
hospital	sairaala	[sɑjrɑːlɑ]
gas station	bensiiniasema	[bensi:ni·ɑsemɑ]
parking lot	parkkipaikka	[pɑrkki·pɑjkkɑ]

80. Signs

signboard (store sign, etc.)	**kauppakyltti**	[kauppa·kyltti]
notice (door sign, etc.)	**kyltti**	[kyltti]
poster	**juliste, plakaatti**	[juliste], [plaka:tti]
direction sign	**osoitin**	[osojtin]
arrow (sign)	**nuoli**	[nuoli]
caution	**varoitus**	[ʋarojtus]
warning sign	**varoitus**	[ʋarojtus]
to warn (vt)	**varoittaa**	[ʋarojtta:]
rest day (weekly ~)	**vapaapäivä**	[ʋapa:pæjʋæ]
timetable (schedule)	**aikataulu**	[ajka·taulu]
opening hours	**aukioloaika**	[aukiolo·ajka]
WELCOME!	**TERVETULOA!**	[terʋetuloa]
ENTRANCE	**SISÄÄN**	[sisæ:n]
EXIT	**ULOS**	[ulos]
PUSH	**TYÖNNÄ**	[tyønnæ]
PULL	**VEDÄ**	[ʋedæ]
OPEN	**AUKI**	[auki]
CLOSED	**KIINNI**	[ki:nni]
WOMEN	**NAISET**	[najset]
MEN	**MIEHET**	[miehet]
DISCOUNTS	**ALE**	[ale]
SALE	**ALENNUSMYYNTI**	[alennus·my:nti]
NEW!	**UUTUUS!**	[u:tu:s]
FREE	**ILMAISEKSI**	[ilmajseksi]
ATTENTION!	**HUOMIO!**	[huomio]
NO VACANCIES	**EI OLE TILAA**	[ej ole tila:]
RESERVED	**VARATTU**	[ʋarattu]
ADMINISTRATION	**HALLINTO**	[hallinto]
STAFF ONLY	**VAIN HENKILÖKUNNALLE**	[ʋajn heŋkilø·kunnalle]
BEWARE OF THE DOG!	**VARO KOIRAA!**	[ʋaro kojra:]
NO SMOKING	**TUPAKOINTI KIELLETTY**	[tupakojnti kielletty]
DO NOT TOUCH!	**EI SAA KOSKEA!**	[ej sa: koskea]
DANGEROUS	**VAARA**	[ʋa:ra]
DANGER	**HENGENVAARA**	[heŋenʋa:ra]
HIGH VOLTAGE	**SUURJÄNNITE**	[su:rjænnite]
NO SWIMMING!	**UIMINEN KIELLETTY**	[ujminen kielletty]
OUT OF ORDER	**EI TOIMI**	[ej tojmi]
FLAMMABLE	**SYTTYVÄ**	[syttyʋæ]

FORBIDDEN	KIELLETTY	[kielletty]
NO TRESPASSING!	LÄPIKULKU KIELLETTY	[læpikulku kielletty]
WET PAINT	ON MAALATTU	[on ma:lattu]

81. Urban transportation

bus	bussi	[bussi]
streetcar	raitiovaunu	[rajtio·vaunu]
trolley bus	johdinauto	[johdin·auto]
route (of bus, etc.)	reitti	[rejtti]
number (e.g., bus ~)	numero	[numero]

to go by ...	mennä ...	[mennæ]
to get on (~ the bus)	nousta	[nousta]
to get off ...	astua ulos	[astua ulos]

stop (e.g., bus ~)	pysäkki	[pysækki]
next stop	seuraava pysäkki	[seura:va pysækki]
terminus	pääteasema	[pæ:teasema]
schedule	aikataulu	[ajka·taulu]
to wait (vt)	odottaa	[odotta:]

ticket	lippu	[lippu]
fare	kyytimaksu	[ky:ti·maksu]

cashier (ticket seller)	kassanhoitaja	[kassan·hojtaja]
ticket inspection	tarkastus	[tarkastus]
ticket inspector	tarkastaja	[tarkastaja]

to be late (for ...)	myöhästyä	[myøhæstyæ]
to miss (~ the train, etc.)	myöhästyä	[myøhæstyæ]
to be in a hurry	olla kiire	[olla ki:re]

taxi, cab	taksi	[taksi]
taxi driver	taksinkuljettaja	[taksiŋ·kuljettaja]
by taxi	taksilla	[taksilla]
taxi stand	taksiasema	[taksi·asema]
to call a taxi	tilata taksi	[tilata taksi]
to take a taxi	ottaa taksi	[otta: taksi]

traffic	liikenne	[li:kenne]
traffic jam	ruuhka	[ru:hka]
rush hour	ruuhka-aika	[ru:hka·ajka]
to park (vi)	pysäköidä	[pysækøjdæ]
to park (vt)	pysäköidä	[pysækøjdæ]
parking lot	parkkipaikka	[parkki·pajkka]

subway	metro	[metro]
station	asema	[asema]
to take the subway	mennä metrolla	[mennæ metrolla]

train	juna	[juna]
train station	rautatieasema	[rautatie·asema]

82. Sightseeing

monument	patsas	[patsas]
fortress	linna	[linna]
palace	palatsi	[palatsi]
castle	linna	[linna]
tower	torni	[torni]
mausoleum	mausoleumi	[mausoleumi]

architecture	arkkitehtuuri	[arkkitehtu:ri]
medieval (adj)	keskiaikainen	[keskiajkajnen]
ancient (adj)	vanha	[vanha]
national (adj)	kansallinen	[kansallinen]
famous (monument, etc.)	tunnettu	[tunnettu]

tourist	matkailija	[matkajlija]
guide (person)	opas	[opas]
excursion, sightseeing tour	ekskursio, retki	[ekskursio], [retki]
to show (vt)	näyttää	[næyttæ:]
to tell (vt)	kertoa	[kertoa]

to find (vt)	löytää	[løytæ:]
to get lost (lose one's way)	hävitä	[hævitæ]
map (e.g., subway ~)	reittikartta	[rejtti·kartta]
map (e.g., city ~)	asemakaava	[asema·ka:va]

souvenir, gift	matkamuisto	[matka·mujsto]
gift shop	matkamuistokauppa	[matka·mujsto·kauppa]
to take pictures	valokuvata	[valokuvata]
to have one's picture taken	valokuvauttaa itsensä	[valokuvautta: itsensæ]

83. Shopping

to buy (purchase)	ostaa	[osta:]
purchase	ostos	[ostos]
to go shopping	käydä ostoksilla	[kæydæ ostoksilla]
shopping	shoppailu	[ʃoppajlu]

to be open (ab. store)	toimia	[tojmia]
to be closed	olla kiinni	[olla ki:nni]

footwear, shoes	jalkineet	[jalkine:t]
clothes, clothing	vaatteet	[va:tte:t]
cosmetics	kosmetiikka	[kosmeti:kka]
food products	ruokatavarat	[ruoka·tavarat]

gift, present	lahja	[lahja]
salesman	myyjä	[my:jæ]
saleswoman	myyjätär	[my:jætær]

check out, cash desk	kassa	[kassa]
mirror	peili	[pejli]
counter (store ~)	tiski	[tiski]
fitting room	sovitushuone	[souitus·huone]

to try on	sovittaa	[souitta:]
to fit (ab. dress, etc.)	sopia	[sopia]
to like (I like ...)	pitää, tykätä	[pitæ:], [tykætæ]

price	hinta	[hinta]
price tag	hintalappu	[hinta·lappu]
to cost (vt)	maksaa	[maksa:]
How much?	Kuinka paljon?	[kujŋka paljon]
discount	alennus	[alennus]

inexpensive (adj)	halpa	[halpa]
cheap (adj)	halpa	[halpa]
expensive (adj)	kallis	[kallis]
It's expensive	Se on kallista	[se on kallista]

rental (n)	vuokra	[uuokra]
to rent (~ a tuxedo)	vuokrata	[uuokrata]
credit (trade credit)	luotto	[luotto]
on credit (adv)	luotolla	[luotolla]

84. Money

money	raha, rahat	[raha], [rahat]
currency exchange	valuutanvaihto	[ualu:tan·uajhto]
exchange rate	kurssi	[kurssi]
ATM	pankkiautomaatti	[paŋkki·automa:tti]
coin	kolikko	[kolikko]

| dollar | dollari | [dollari] |
| euro | euro | [euro] |

lira	liira	[li:ra]
Deutschmark	markka	[markka]
franc	frangi	[fraŋi]
pound sterling	punta	[punta]
yen	jeni	[jeni]

debt	velka	[uelka]
debtor	velallinen	[uelallinen]
to lend (money)	lainata jollekulle	[lajnata jolekulle]
to borrow (vi, vt)	lainata joltakulta	[lajnata joltakulta]

bank	pankki	[paŋkki]
account	tili	[tili]
to deposit (vt)	tallettaa	[talletta:]
to deposit into the account	tallettaa rahaa tilille	[talletta: raha: tilille]
to withdraw (vt)	nostaa rahaa tililtä	[nosta: raha: tililta]

credit card	luottokortti	[luotto·kortti]
cash	käteinen	[kætejnen]
check	sekki	[sekki]
to write a check	kirjoittaa shekki	[kirjoitta: ʃekki]
checkbook	sekkivihko	[sekki·ʋihko]

wallet	lompakko	[lompakko]
change purse	kukkaro	[kukkaro]
safe	kassakaappi	[kassa·ka:ppi]

heir	perillinen	[perillinen]
inheritance	perintö	[perintø]
fortune (wealth)	varallisuus	[ʋarallisu:s]

lease	vuokraus	[ʋuokraus]
rent (money)	asuntovuokra	[asunto·ʋuokra]
to rent (sth from sb)	vuokrata	[ʋuokrata]

price	hinta	[hinta]
cost	hinta	[hinta]
sum	summa	[summa]

to spend (vt)	kuluttaa	[kulutta:]
expenses	kulut	[kulut]
to economize (vi, vt)	säästäväisesti	[sæ:stæʋæjsesti]
economical	säästäväinen	[sæ:stæʋæjnen]

to pay (vi, vt)	maksaa	[maksa:]
payment	maksu	[maksu]
change (give the ~)	vaihtoraha	[ʋajhto·raha]

tax	vero	[ʋero]
fine	sakko	[sakko]
to fine (vt)	sakottaa	[sakotta:]

85. Post. Postal service

post office	posti	[posti]
mail (letters, etc.)	posti	[posti]
mailman	postinkantaja	[postiŋ·kantaja]
opening hours	virka-aika	[ʋirka·ajka]

letter	kirje	[kirje]
registered letter	kirjattu kirje	[kirjattu kirje]

postcard	postikortti	[posti·kortti]
telegram	sähke	[sæhke]
package (parcel)	paketti	[paketti]
money transfer	rahalähetys	[raɦa·læɦetys]

to receive (vt)	vastaanottaa	[ʋasta:notta:]
to send (vt)	lähettää	[læɦettæ:]
sending	lähettäminen	[læɦettæminen]

address	osoite	[osojte]
ZIP code	postinumero	[posti·numero]
sender	lähettäjä	[læɦettæjæ]
receiver	saaja, vastaanottaja	[sa:ja], [ʋasta:nottaja]

| name (first name) | nimi | [nimi] |
| surname (last name) | sukunimi | [suku·nimi] |

postage rate	hinta, tariffi	[hinta], [tariffi]
standard (adj)	tavallinen	[taʋallinen]
economical (adj)	edullinen	[edullinen]

weight	paino	[pajno]
to weigh (~ letters)	punnita	[punnita]
envelope	kirjekuori	[kirje·kuori]
postage stamp	postimerkki	[posti·merkki]
to stamp an envelope	liimata postimerkki	[li:mata posti·merkki]

Dwelling. House. Home

86. House. Dwelling

house	**koti**	[koti]
at home (adv)	**kotona**	[kotona]
yard	**piha**	[piha]
fence (iron ~)	**aita**	[ajta]
brick (n)	**tiili**	[ti:li]
brick (as adj)	**tiili-, tiilinen**	[ti:li], [ti:linen]
stone (n)	**kivi**	[kiʋi]
stone (as adj)	**kivi-, kivinen**	[kiʋi], [kiʋinen]
concrete (n)	**betoni**	[betoni]
concrete (as adj)	**betoninen**	[betoninen]
new (new-built)	**uusi**	[u:si]
old (adj)	**vanha**	[ʋanha]
ramshackle	**ränsistynyt**	[rænsistynyt]
modern (adj)	**nykyaikainen**	[nykyajkajnen]
multistory (adj)	**monikerroksinen**	[moni·kerroksinen]
tall (~ building)	**korkea**	[korkea]
floor, story	**kerros**	[kerros]
single-story (adj)	**yksikerroksinen**	[yksi·kerroksinen]
1st floor	**alakerta**	[alakerta]
top floor	**yläkerta**	[ylæ·kerta]
roof	**katto**	[katto]
chimney	**savupiippu**	[saʋu·pi:ppu]
roof tiles	**kattotiili**	[katto·ti:li]
tiled (adj)	**kattotiili-**	[katto·ti:li]
attic (storage place)	**ullakko**	[ullakko]
window	**ikkuna**	[ikkuna]
glass	**lasi**	[lasi]
window ledge	**ikkunalauta**	[ikkuna·lauta]
shutters	**ikkunaluukut**	[ikkuna·lu:kut]
wall	**seinä**	[sejnæ]
balcony	**parveke**	[parʋeke]
downspout	**syöksytorvi**	[syøksy·torʋi]
upstairs (to be ~)	**ylhäällä**	[ylhæ:llæ]
to go upstairs	**nousta**	[nousta]

| to come down (the stairs) | laskeutua | [lɑskeutuɑ] |
| to move (to new premises) | muuttaa | [mu:ttɑ:] |

87. House. Entrance. Lift

entrance	sisäänkäynti	[sisæ:n·kæynti]
stairs (stairway)	portaat	[portɑ:t]
steps	askelmat	[ɑskelmɑt]
banister	kaiteet	[kɑjte:t]
lobby (hotel ~)	halli	[hɑlli]

mailbox	postilaatikko	[postilɑ:tikko]
garbage can	roskis	[roskis]
trash chute	roskakuilu	[roskɑ·kujlu]

elevator	hissi	[hissi]
freight elevator	tavarahissi	[tɑʋɑrɑ·hissi]
elevator cage	hissikori	[hissi·kori]
to take the elevator	mennä hissillä	[mennæ hissillæ]

apartment	asunto	[ɑsunto]
residents (~ of a building)	asukkaat	[ɑsukkɑ:t]
neighbor (masc.)	naapuri	[nɑ:puri]
neighbor (fem.)	naapuri	[nɑ:puri]
neighbors	naapurit	[nɑ:purit]

88. House. Electricity

electricity	sähkö	[sæhkø]
light bulb	lamppu	[lɑmppu]
switch	kytkin	[kytkin]
fuse (plug fuse)	sulake	[sulɑke]

cable, wire (electric ~)	johto, johdin	[johto], [johdin]
wiring	johdotus	[johdotus]
electricity meter	sähkömittari	[sæhkø·mittɑri]
readings	lukema	[lukemɑ]

89. House. Doors. Locks

door	ovi	[oʋi]
gate (vehicle ~)	portti	[portti]
handle, doorknob	kahva	[kɑhʋɑ]
to unlock (unbolt)	avata lukko	[ɑʋɑtɑ lukko]
to open (vt)	avata	[ɑʋɑtɑ]
to close (vt)	sulkea	[sulkeɑ]

key	avain	[auajn]
bunch (of keys)	nippu	[nippu]
to creak (door, etc.)	narista	[narista]
creak	narina	[narina]
hinge (door ~)	sarana	[sarana]
doormat	matto	[matto]

door lock	lukko	[lukko]
keyhole	avaimenreikä	[auajmen·rejkæ]
crossbar (sliding bar)	salpa	[salpa]
door latch	työntösalpa	[tyøntø·salpa]
-padlock	munalukko	[muna·lukko]

to ring (~ the door bell)	soittaa	[sojtta:]
ringing (sound)	soitto	[sojtto]
doorbell	ovikello	[oui·kello]
doorbell button	painike	[pajnike]
knock (at the door)	koputus	[koputus]
to knock (vi)	koputtaa	[koputta:]

code	koodi	[ko:di]
combination lock	numerolukko	[numero·lukko]
intercom	ovipuhelin	[oui·puĥelin]
number (on the door)	numero	[numero]
doorplate	ovikyltti	[oui·kyltti]
peephole	ovisilmä	[oui·silmæ]

90. Country house

village	kylä	[kylæ]
vegetable garden	kasvimaa	[kasuima:]
fence	aita	[ajta]
picket fence	säleaita	[sæle·ajta]
wicket gate	portti	[portti]

granary	aitta	[ajtta]
root cellar	kellari	[kellari]
shed (garden ~)	vaja	[uaja]
water well	kaivo	[kajuo]

| stove (wood-fired ~) | uuni | [u:ni] |
| to stoke the stove | lämmittää | [læmmittæ:] |

| firewood | polttopuu | [poltto·pu:] |
| log (firewood) | halko | [halko] |

veranda	veranta	[ueranta]
deck (terrace)	terassi	[terassi]
stoop (front steps)	kuisti	[kujsti]
swing (hanging seat)	keinu	[kejnu]

91. Villa. Mansion

country house	maatalo	[ma:talo]
villa (seaside ~)	huvila	[huʋila]
wing (~ of a building)	siipi	[si:pi]

garden	puutarha	[pu:tarha]
park	puisto	[pujsto]
conservatory (greenhouse)	talvipuutarha	[talʋi·pu:tarha]
to look after (garden, etc.)	hoitaa	[hojta:]

swimming pool	uima-allas	[ujma·allas]
gym (home gym)	urheiluhalli	[urhejlu·halli]
tennis court	tenniskenttä	[tennis·kenttæ]
home theater (room)	elokuvateatteri	[elokuʋa·teatteri]
garage	autotalli	[auto·talli]

| private property | yksityisomaisuus | [yksityjs·omajsu:s] |
| private land | yksityisomistukset | [yksityjs·omistukset] |

| warning (caution) | varoitus | [ʋarojtus] |
| warning sign | varoituskirjoitus | [ʋarojtus·kirjoitus] |

security	vartio	[ʋartio]
security guard	vartija	[ʋartija]
burglar alarm	hälytyslaite	[hælytys·lajte]

92. Castle. Palace

castle	linna	[linna]
palace	palatsi	[palatsi]
fortress	linna	[linna]

wall (round castle)	muuri	[mu:ri]
tower	torni	[torni]
keep, donjon	keskustorni	[keskus·torni]

portcullis	nostoportti	[nosto·portti]
underground passage	maanalainen tunneli	[ma:nalajnen tunneli]
moat	vallihauta	[ʋalli·hauta]

| chain | ketju | [ketju] |
| arrow loop | ampuma-aukko | [ampuma·aukko] |

| magnificent (adj) | upea | [upea] |
| majestic (adj) | majesteetillinen | [majeste:tillinen] |

| impregnable (adj) | läpäisemätön | [læpæjsemætøn] |
| medieval (adj) | keskiaikainen | [keskiajkajnen] |

93. Apartment

apartment	**asunto**	[ɑsunto]
room	**huone**	[huone]
bedroom	**makuuhuone**	[mɑku:huone]
dining room	**ruokailuhuone**	[ruokɑjlu·huone]
living room	**vierashuone**	[ʋierɑs·huone]
study (home office)	**työhuone**	[tyø·huone]
entry room	**eteinen**	[etejnen]
bathroom (room with a bath or shower)	**kylpyhuone**	[kylpy·huone]
half bath	**vessa**	[ʋessɑ]
ceiling	**sisäkatto**	[sisæ·kɑtto]
floor	**lattia**	[lɑttiɑ]
corner	**nurkka**	[nurkkɑ]

94. Apartment. Cleaning

to clean (vi, vt)	**siivota**	[si:ʋotɑ]
to put away (to stow)	**korjata pois**	[korjɑtɑ pojs]
dust	**pöly**	[pøly]
dusty (adj)	**pölyinen**	[pølyjnen]
to dust (vt)	**pyyhkiä pölyt**	[py:hkiæ pølyt]
vacuum cleaner	**pölynimuri**	[pølyn·imuri]
to vacuum (vt)	**imuroida**	[imurojdɑ]
to sweep (vi, vt)	**lakaista**	[lɑkɑjstɑ]
sweepings	**roska**	[roskɑ]
order	**kunto**	[kunto]
disorder, mess	**epäjärjestys**	[epæjærjestys]
mop	**lattiaharja**	[lɑttiɑ·hɑrjɑ]
dust cloth	**rätti**	[rætti]
short broom	**luuta**	[lu:tɑ]
dustpan	**rikkalapio**	[rikkɑ·lɑpio]

95. Furniture. Interior

furniture	**huonekalut**	[huone·kɑlut]
table	**pöytä**	[pøytæ]
chair	**tuoli**	[tuoli]
bed	**sänky**	[sæŋky]
couch, sofa	**sohva**	[sohʋɑ]
armchair	**nojatuoli**	[nojɑ·tuoli]
bookcase	**kaappi**	[kɑ:ppi]

shelf	hylly	[hylly]
wardrobe	vaatekaappi	[ʋɑ:te·kɑ:ppi]
coat rack (wall-mounted ~)	ripustin	[ripustin]
coat stand	naulakko	[nɑulɑkko]

| bureau, dresser | lipasto | [lipɑsto] |
| coffee table | sohvapöytä | [sohʋɑ·pøjtæ] |

mirror	peili	[pejli]
carpet	matto	[mɑtto]
rug, small carpet	pieni matto	[pjeni mɑtto]

fireplace	takka	[tɑkkɑ]
candle	kynttilä	[kynttilæ]
candlestick	kynttilänjalka	[kynttilæn·jɑlkɑ]

drapes	kaihtimet	[kɑjhtimet]
wallpaper	tapetit	[tɑpetit]
blinds (jalousie)	rullaverhot	[rulle·ʋerhot]

table lamp	pöytälamppu	[pøytæ·lɑmppu]
wall lamp (sconce)	seinävalaisin	[sejnɑ·ʋɑlɑjsin]
floor lamp	lattialamppu	[lɑttiɑ·lɑmppu]
chandelier	kattokruunu	[kɑtto·kru:nu]

leg (of chair, table)	jalka	[jɑlkɑ]
armrest	käsinoja	[kæsi·nojɑ]
back (backrest)	selkänoja	[selkænojɑ]
drawer	vetolaatikko	[ʋeto·lɑ:tikko]

96. Bedding

bedclothes	vuodevaatteet	[ʋuode·ʋɑ:tte:t]
pillow	tyyny	[ty:ny]
pillowcase	tyynyliina	[ty:ny·li:nɑ]
duvet, comforter	peitto, täkki	[pejte], [tækki]
sheet	lakana	[lɑkɑnɑ]
bedspread	peite	[pejte]

97. Kitchen

kitchen	keittiö	[kejttiø]
gas	kaasu	[kɑ:su]
gas stove (range)	kaasuliesi	[kɑ:su·liesi]
electric stove	sähköhella	[sæhkø·hellɑ]
oven	paistinuuni	[pɑjstin·u:ni]
microwave oven	mikroaaltouuni	[mikro·ɑ:ltou·u:ni]
refrigerator	jääkaappi	[jæ:kɑ:ppi]

| freezer | pakastin | [pakastin] |
| dishwasher | astianpesukone | [astian·pesu·kone] |

meat grinder	lihamylly	[liha·mylly]
juicer	mehunpuristin	[mehun·puristin]
toaster	leivänpaahdin	[lejuæn·pa:hdin]
mixer	sekoitin	[sekojtin]

coffee machine	kahvinkeitin	[kahuiŋ·kejtin]
coffee pot	kahvipannu	[kahui·pannu]
coffee grinder	kahvimylly	[kahui·mylly]

kettle	teepannu	[te:pannu]
teapot	teekannu	[te:kannu]
lid	kansi	[kansi]
tea strainer	teesiivilä	[te:si:uilæ]

spoon	lusikka	[lusikka]
teaspoon	teelusikka	[te:lusikka]
soup spoon	ruokalusikka	[ruoka·lusikka]
fork	haarukka	[ha:rukka]
knife	veitsi	[uejtsi]
tableware (dishes)	astiat	[astiat]
plate (dinner ~)	lautanen	[lautanen]
saucer	teevati	[te:uati]

shot glass	shotti, snapsilasi	[shotti], [snapsi·lasi]
glass (tumbler)	juomalasi	[juoma·lasi]
cup	kuppi	[kuppi]

sugar bowl	sokeriastia	[sokeri·astia]
salt shaker	suola-astia	[suola·astia]
pepper shaker	pippuriastia	[pippuri·astia]
butter dish	voi astia	[uoj astia]

stock pot (soup pot)	kasari, kattila	[kasari], [kattila]
frying pan (skillet)	pannu	[pannu]
ladle	kauha	[kauha]
colander	lävikkö	[læuikkø]
tray (serving ~)	tarjotin	[tarjotin]

bottle	pullo	[pullo]
jar (glass)	lasitölkki	[lasi·tølkki]
can	purkki	[purkki]
bottle opener	pullonavaaja	[pullon·aua:ja]
can opener	purkinavaaja	[purkin·aua:ja]
corkscrew	korkkiruuvi	[korkki·ru:ui]
filter	suodatin	[suodatin]
to filter (vt)	suodattaa	[suodatta:]
trash, garbage (food waste, etc.)	roska, jäte	[roska], [jæte]
trash can (kitchen ~)	roskasanko	[roska·saŋko]

98. Bathroom

bathroom	**kylpyhuone**	[kylpy·huone]
water	**vesi**	[ʋesi]
faucet	**hana**	[hɑnɑ]
hot water	**kuuma vesi**	[kuːmɑ ʋesi]
cold water	**kylmä vesi**	[kylmæ ʋesi]
toothpaste	**hammastahna**	[hɑmmɑs·tɑhnɑ]
to brush one's teeth	**harjata hampaita**	[hɑrjɑtɑ hɑmpɑjtɑ]
toothbrush	**hammasharja**	[hɑmmɑs·hɑrjɑ]
to shave (vi)	**ajaa parta**	[ɑjɑː pɑrtɑ]
shaving foam	**partavaahto**	[pɑrtɑ·ʋɑːhto]
razor	**partahöylä**	[pɑrtɑ·høylæ]
to wash (one's hands, etc.)	**pestä**	[pestæ]
to take a bath	**peseytyä**	[peseytyæ]
shower	**suihku**	[sujhku]
to take a shower	**käydä suihkussa**	[kæydæ suihkussɑ]
bathtub	**amme, kylpyamme**	[ɑmme], [kylpyɑmme]
toilet (toilet bowl)	**vessanpönttö**	[ʋessɑn·pønttø]
sink (washbasin)	**pesuallas**	[pesu·ɑllɑs]
soap	**saippua**	[sɑjppuɑ]
soap dish	**saippuakotelo**	[sɑjppuɑ·kotelo]
sponge	**pesusieni**	[pesu·sieni]
shampoo	**sampoo**	[sɑmpoː]
towel	**pyyhe**	[pyːhe]
bathrobe	**kylpytakki**	[kylpy·tɑkki]
laundry (laundering)	**pyykkäys**	[pyːkkæys]
washing machine	**pesukone**	[pesu·kone]
to do the laundry	**pestä pyykkiä**	[pestæ pyːkkiæ]
laundry detergent	**pesujauhe**	[pesu·jɑuhe]

99. Household appliances

TV set	**televisio**	[teleʋisio]
tape recorder	**nauhuri**	[nɑuhuri]
VCR (video recorder)	**videonauhuri**	[ʋideo·nɑuhuri]
radio	**vastaanotin**	[ʋɑstɑːnotin]
player (CD, MP3, etc.)	**soitin**	[sojtin]
video projector	**projektori**	[projektori]
home movie theater	**kotiteatteri**	[koti·teɑtteri]
DVD player	**DVD-soitin**	[deʋede·sojtin]

| amplifier | vahvistin | [ʋɑhʋistin] |
| video game console | pelikonsoli | [peli·konsoli] |

video camera	videokamera	[ʋideo·kɑmerɑ]
camera (photo)	kamera	[kɑmerɑ]
digital camera	digitaalikamera	[digitɑ:li·kɑmerɑ]

vacuum cleaner	pölynimuri	[pølyn·imuri]
iron (e.g., steam ~)	silitysrauta	[silitys·rɑutɑ]
ironing board	silityslauta	[silitys·lɑutɑ]

telephone	puhelin	[puħelin]
cell phone	matkapuhelin	[mɑtkɑ·puħelin]
typewriter	kirjoituskone	[kirjoitus·kone]
sewing machine	ompelukone	[ompelu·kone]

microphone	mikrofoni	[mikrofoni]
headphones	kuulokkeet	[ku:lokke:t]
remote control (TV)	kaukosäädin	[kɑuko·sæ:din]

CD, compact disc	CD-levy	[sede·leʋy]
cassette, tape	kasetti	[kɑsetti]
vinyl record	levy, vinyylilevy	[leʋy], [ʋiny:li·leʋy]

100. Repairs. Renovation

renovations	remontointi	[remontojnti]
to renovate (vt)	remontoida	[remontojdɑ]
to repair, to fix (vt)	korjata	[korjɑtɑ]
to put in order	panna järjestykseen	[pɑnnɑ jærjestykse:n]
to redo (do again)	tehdä uudelleen	[tehdæ u:delle:n]

paint	maali	[mɑ:li]
to paint (~ a wall)	maalata	[mɑ:lɑtɑ]
house painter	maalari	[mɑ:lɑri]
paintbrush	pensseli	[pensseli]
whitewash	kalkkimaali	[kɑlkki·mɑ:li]
to whitewash (vt)	maalata kalkkimaalilla	[mɑ:lɑtɑ kɑlkkimɑ:lillɑ]

wallpaper	tapetit	[tɑpetit]
to wallpaper (vt)	tapetoida	[tɑpetojdɑ]
varnish	lakka	[lɑkkɑ]
to varnish (vt)	lakata	[lɑkɑtɑ]

101. Plumbing

| water | vesi | [ʋesi] |
| hot water | kuuma vesi | [ku:mɑ ʋesi] |

| cold water | kylmä vesi | [kylmæ ʋesi] |
| faucet | hana | [hɑnɑ] |

drop (of water)	pisara	[pisɑrɑ]
to drip (vi)	tippua	[tippuɑ]
to leak (ab. pipe)	vuotaa	[ʋuotɑ:]
leak (pipe ~)	vuoto	[ʋuoto]
puddle	lätäkkö	[lætækkø]

pipe	putki	[putki]
valve (e.g., ball ~)	venttiili	[ʋentti:li]
to be clogged up	tukkeutua	[tukkeutuɑ]

tools	työkalut	[tyø·kɑlut]
adjustable wrench	jakoavain	[jɑko·ɑʋɑjn]
to unscrew (lid, filter, etc.)	kiertää irti	[kiertæ: irti]
to screw (tighten)	kiertää	[kærtæ:]

to unclog (vt)	avata	[aʋɑtɑ]
plumber	putkimies	[putkimies]
basement	kellari	[kellɑri]
sewerage (system)	viemäri	[ʋiemæri]

102. Fire. Conflagration

fire (accident)	tulipalo	tuli·pɑlo]
flame	liekki	[liekki]
spark	kipinä	[kipinæ]
smoke (from fire)	savu	[sɑʋu]
torch (flaming stick)	soihtu	[sojhtu]
campfire	nuotio	[nuotio]

gas, gasoline	bensiini	[bensi:ni]
kerosene (type of fuel)	paloöljy	[pɑlo·øljy]
flammable (adj)	poltto-	[poltto]
explosive (adj)	räjähdysvaarallinen	[ræjæhdys·ʋɑ:rɑllinen]
NO SMOKING	TUPAKOINTI KIELLETTY	[tupɑkojnti kielletty]

safety	turvallisuus	[turʋɑllisu:s]
danger	vaara	[ʋɑ:rɑ]
dangerous (adj)	vaarallinen	[ʋɑ:rɑllinen]

to catch fire	syttyä	[syttyæ]
explosion	räjähdys	[ræjæhdys]
to set fire	sytyttää	[sytyttæ:]
arsonist	tuhopolttaja	[tuɦo·polttɑjɑ]
arson	tuhopoltto	[tuɦo·poltto]

| to blaze (vi) | liekehtiä | [liekehtiæ] |
| to burn (be on fire) | palaa | [pɑlɑ:] |

to burn down	**palaa**	[palɑ:]
firefighter, fireman	**palomies**	[palomies]
fire truck	**paloauto**	[palo·auto]
fire department	**palokunta**	[palo·kunta]
fire truck ladder	**paloauton tikkaat**	[palo·auton tikkɑ:t]
fire hose	**paloletku**	[palo·letku]
fire extinguisher	**tulensammutin**	[tulen·sammutin]
helmet	**kypärä**	[kypæræ]
siren	**sireeni**	[sire:ni]
to cry (for help)	**huutaa**	[hu:tɑ:]
to call for help	**kutsua avuksi**	[kutsua auuksi]
rescuer	**pelastaja**	[pelastaja]
to rescue (vt)	**pelastaa**	[pelastɑ:]
to arrive (vi)	**saapua**	[sɑ:pua]
to extinguish (vt)	**sammuttaa**	[sammuttɑ:]
water	**vesi**	[uesi]
sand	**hiekka**	[hiekka]
ruins (destruction)	**rauniot**	[rauniot]
to collapse (building, etc.)	**romahtaa**	[romahtɑ:]
to fall down (vi)	**luhistua**	[luhistua]
to cave in (ceiling, floor)	**luhistua**	[luhistua]
piece of debris	**pirstale**	[pirstale]
ash	**tuhka**	[tuhka]
to suffocate (die)	**tukehtua**	[tukehtua]
to be killed (perish)	**saada surmansa**	[sɑ:da surmansa]

HUMAN ACTIVITIES

Job. Business. Part 1

103. Office. Working in the office

office (company ~)	toimisto	[tojmisto]
office (of director, etc.)	työhuone	[tyø·huone]
reception desk	vastaanotto	[ʋasta:notto]
secretary	sihteeri	[sihte:ri]
director	johtaja	[johtaja]
manager	manageri	[manageri]
accountant	kirjanpitäjä	[kirjan·pitæjæ]
employee	työntekijä	[tyøn·tekijæ]
furniture	huonekalut	[huone·kalut]
desk	pöytä	[pøytæ]
desk chair	nojatuoli	[noja·tuoli]
drawer unit	laatikosto	[la:tikosto]
coat stand	naulakko	[naulakko]
computer	tietokone	[tieto·kone]
printer	tulostin	[tulostin]
fax machine	faksi	[faksi]
photocopier	kopiokone	[kopio·kone]
paper	paperi	[paperi]
office supplies	toimistotarvikkeet	[tojmisto·tarʋikke:t]
mouse pad	hiirimatto	[hi:ri·matto]
sheet (of paper)	arkki	[arkki]
binder	kansio	[kansio]
catalog	luettelo	[luettelo]
phone directory	puhelinluettelo	[puhelin·luettelo]
documentation	asiakirjat	[asia·kirjat]
brochure	brosyyri	[brosy:ri]
(e.g., 12 pages ~)		
leaflet (promotional ~)	lehtinen	[lehtinen]
sample	malli, näyte	[malli], [næyte]
training meeting	harjoittelu	[harjoittelu]
meeting (of managers)	kokous	[kokous]
lunch time	ruokatunti	[ruoka·tunti]
to make a copy	ottaa kopio	[otta: kopio]

to make multiple copies	monistaa, kopioida	[monista:], [kopiojda]
to receive a fax	saada faksi	[sa:da faksi]
to send a fax	lähettää faksilla	[læɦettæ: faksilla]

to call (by phone)	soittaa	[sojtta:]
to answer (vt)	vastata	[ʋastata]
to put through	yhdistää puhelu	[yhdistæ: puhelu]

to arrange, to set up	järjestää	[jærjestæ:]
to demonstrate (vt)	esittää	[esittæ:]
to be absent	olla poissa	[olla pojssa]
absence	poissaolo	[pojssaolo]

104. Business processes. Part 1

business	liiketoiminta	[li:ketojminta]
occupation	työ	[tyø]
firm	yritys, firma	[yritys], [firma]
company	yhtiö	[yhtiø]
corporation	korporaatio	[korpora:tio]
enterprise	yritys	[yritys]
agency	toimisto	[tojmisto]

agreement (contract)	sopimus	[sopimus]
contract	sopimus	[sopimus]
deal	kauppa	[kauppa]
order (to place an ~)	tilaus	[tilaus]
terms (of the contract)	ehto	[ehto]

wholesale (adv)	tukussa	[tukussa]
wholesale (adj)	tukku-	[tukku]
wholesale (n)	tukkumyynti	[tukku·my:nti]
retail (adj)	vähittäis-	[ʋæɦittæjs]
retail (n)	vähittäismyynti	[ʋæɦittæjs·my:nti]

competitor	kilpailija	[kilpajlija]
competition	kilpailu	[kilpajlu]
to compete (vi)	kilpailla	[kilpajlla]

partner (associate)	partneri	[partneri]
partnership	kumppanuus	[kumppanu:s]

crisis	kriisi	[kri:si]
bankruptcy	vararikko	[ʋara·rikko]
to go bankrupt	tehdä vararikko	[tehdæ ʋararikko]
difficulty	vaikeus	[ʋajkeus]
problem	ongelma	[oŋelma]
catastrophe	katastrofi	[katastrofi]
economy	taloustiede	[talous·tiede]
economic (~ growth)	taloudellinen	[taloudellinen]

economic recession	taantuma	[tɑ:ntumɑ]
goal (aim)	päämäärä	[pæ:mæ:ræ]
task	tehtävä	[tehtæʋæ]

to trade (vi)	käydä kauppaa	[kæydæ kɑuppɑ:]
network (distribution ~)	verkko	[ʋerkko]
inventory (stock)	varasto	[ʋɑrɑsto]
range (assortment)	valikoima	[ʋɑli·kojmɑ]

leader (leading company)	johtaja	[johtɑjɑ]
large (~ company)	suuri	[su:ri]
monopoly	monopoli	[monopoli]

theory	teoria	[teoriɑ]
practice	harjoittelu	[hɑrjoittelu]
experience (in my ~)	kokemus	[kokemus]
trend (tendency)	tendenssi	[tendenssi]
development	kehitys	[kehitys]

105. Business processes. Part 2

profit (foregone ~)	etu	[etu]
profitable (~ deal)	kannattava	[kɑnnɑttɑʋɑ]

delegation (group)	valtuuskunta	[ʋɑltu:s·kuntɑ]
salary	palkka	[pɑlkkɑ]
to correct (an error)	korjata	[korjɑtɑ]
business trip	työmatka	[tyø·mɑtkɑ]
commission	provisio	[proʋisio]

to control (vt)	tarkastaa	[tɑrkɑstɑ:]
conference	konferenssi	[konferenssi]
license	lisenssi	[lisenssi]
reliable (~ partner)	luotettava	[luotettɑʋɑ]

initiative (undertaking)	aloite	[ɑlojte]
norm (standard)	normi	[normi]
circumstance	seikka	[sejkkɑ]
duty (of employee)	velvollisuus	[ʋelʋollisu:s]

organization (company)	järjestö	[jærjestø]
organization (process)	järjestely	[jærjestely]
organized (adj)	järjestynyt	[jærjestynyt]
cancellation	peruutus	[peru:tus]
to cancel (call off)	peruuttaa	[peru:ttɑ:]
report (official ~)	raportti	[rɑportti]

patent	patentti	[pɑtentti]
to patent (obtain patent)	patentoida	[pɑtentojdɑ]
to plan (vt)	suunnitella	[su:nnitellɑ]

bonus (money)	**bonus**	[bonus]
professional (adj)	**ammatti-**	[amatti]
procedure	**menettely**	[menettely]

to examine (contract, etc.)	**tarkastella**	[tarkastella]
calculation	**laskelma**	[laskelma]
reputation	**maine**	[majne]
risk	**riski**	[riski]

to manage, to run	**johtaa**	[johta:]
information (report)	**tiedot**	[tiedot]
property	**omaisuus**	[omajsu:s]
union	**liitto**	[li:tto]

life insurance	**hengen vakuutus**	[heŋen vaku:tus]
to insure (vt)	**vakuuttaa**	[vaku:tta:]
insurance	**vakuutus**	[vaku:tus]

auction (~ sale)	**huutokauppa**	[hu:to·kauppa]
to notify (inform)	**tiedottaa**	[tiedotta:]
management (process)	**johtaminen**	[johtaminen]
service (~ industry)	**palvelus**	[paluelus]

forum	**foorumi**	[fo:rumi]
to function (vi)	**toimia**	[tojmia]
stage (phase)	**vaihe**	[uajhe]
legal (~ services)	**oikeustieteellinen**	[ojkeus·tiete:llinen]
lawyer (legal advisor)	**lakimies**	[lakimies]

106. Production. Works

plant	**tehdas**	[tehdas]
factory	**tehdas**	[tehdas]
workshop	**työpaja**	[tyøpaja]
works, production site	**tehdas**	[tehdas]

industry (manufacturing)	**teollisuus**	[teollisu:s]
industrial (adj)	**teollinen**	[teollinen]
heavy industry	**raskas teollisuus**	[raskas teollisu:s]
light industry	**kevyt teollisuus**	[keuyt teollisu:s]

products	**tuotanto**	[tuotanto]
•to produce (vt)	**tuottaa**	[tuotta:]
raw materials	**raaka-aine**	[ra:ka·ajne]

foreman (construction ~)	**työnjohtaja**	[tyøn·johtaja]
workers team (crew)	**työprikaati**	[tyø·prika:ti]
worker	**työläinen**	[tyølæjnen]
working day	**työpäivä**	[tyø·pæjuæ]
pause (rest break)	**seisaus**	[seisaus]

| meeting | kokous | [kokous] |
| to discuss (vt) | käsitellä | [kæsitellæ] |

plan	suunnitelma	[su:nnitelma]
to fulfill the plan	täyttää suunnitelma	[tæjttæ: su:nnitelma]
rate of output	ulostulonopeus	ulostulo·nopeus
quality	laatu, kvaliteetti	[la:tu], [kʋalite:tti]
control (checking)	tarkastus	[tarkastus]
quality control	laadunvalvonta	[la:dun·ʋalʋonta]

workplace safety	työturvallisuus	[tyø·turʋallisu:s]
discipline	kuri	[kuri]
violation	rikkomus	[rikkomus]
(of safety rules, etc.)		
to violate (rules)	rikkoa	[rikkoa]

| strike | lakko | [lakko] |
| striker | lakkolainen | [lakkolajnen] |

| to be on strike | lakkoilla | [lakkojlla] |
| labor union | ammattiliitto | [ammatti·li:tto] |

to invent (machine, etc.)	keksiä	[keksiæ]
invention	keksintö	[keksintø]
research	tutkimus	[tutkimus]
to improve (make better)	parantaa	[paranta:]

| technology | teknologia | [teknologia] |
| technical drawing | piirustus | [pi:rustus] |

load, cargo	lasti	[lasti]
loader (person)	lastaaja	[lasta:ja]
to load (vehicle, etc.)	kuormata	[kuormata]
loading (process)	kuormaamista	[kuorma:mista]

| to unload (vi, vt) | purkaa lasti | [purka: lasti] |
| unloading | purkamista | [purkamista] |

transportation	kulkuneuvot	[kulku·neuʋot]
transportation company	kuljetusyhtiö	[kuljetus·yhtiø]
to transport (vt)	kuljettaa	[kuljetta:]

freight car	tavaravaunu	[taʋara·ʋaunu]
tank (e.g., oil ~)	säiliö	[sæjliø]
truck	kuorma-auto	[kuorma·auto]

| machine tool | työstökone | [tyøstø·kone] |
| mechanism | koneisto | [konejsto] |

industrial waste	teollisuusjäte	[teollisu:s·jæte]
packing (process)	pakkaaminen	[pakka:minen]
to pack (vt)	pakata	[pakata]

107. Contract. Agreement

contract	**sopimus**	[sopimus]
agreement	**sopimus**	[sopimus]
addendum	**liite**	[li:te]
to sign a contract	**tehdä sopimus**	[tehdæ sopimus]
signature	**allekirjoitus**	[alle·kirjoitus]
to sign (vt)	**allekirjoittaa**	[allekirjoitta:]
seal (stamp)	**leima**	[lejma]
subject of the contract	**sopimuksen kohde**	[sopimuksen kohde]
clause	**klausuuli**	[klausu:li]
parties (in contract)	**asianosaiset**	[asian·osajset]
legal address	**juridinen osoite**	[juridinen osojte]
to violate the contract	**rikkoa sopimus**	[rikkoa sopimus]
commitment (obligation)	**sitoumus**	[sitoumus]
responsibility	**vastuu**	[vastu:]
force majeure	**ylivoimainen este**	[ylivojmajnen este]
dispute	**kiista, väittely**	[ki:sta], [væjttely]
penalties	**sakkosanktiot**	[sakko·saŋktiot]

108. Import & Export

import	**tuonti**	[tuonti]
importer	**maahantuoja**	[ma:han·tuoja]
to import (vt)	**tuoda maahan**	[tuoda ma:han]
import (as adj.)	**tuonti-**	[tuonti]
export (exportation)	**vienti**	[vienti]
exporter	**maastaviejä**	[ma:staviejæ]
to export (vi, vt)	**viedä maasta**	[viedæ ma:sta]
export (as adj.)	**vienti-**	[vienti]
goods (merchandise)	**tavara**	[tavara]
consignment, lot	**erä**	[eræ]
weight	**paino**	[pajno]
volume	**tilavuus**	[tilavu:s]
cubic meter	**kuutiometri**	[ku:tio·metri]
manufacturer	**tuottaja**	[tuottaja]
transportation company	**liikenneyhtiö**	[li:kenne·yhtiø]
container	**kontti**	[kontti]
border	**raja**	[raja]
customs	**tulli**	[tulli]
customs duty	**tullimaksu**	[tulli·maksu]

customs officer	tullimies	[tullimies]
smuggling	salakuljetus	[sala·kuljetus]
contraband	salakuljetustavara	[sala·kuljetus·tavara]
(smuggled goods)		

109. Finances

stock (share)	osake	[osake]
bond (certificate)	obligaatio	[obliga:tio]
promissory note	vekseli	[vekseli]

stock exchange	pörssi	[pørssi]
stock price	osakekurssi	[osake·kurssi]

to go down	halventua	[halventua]
(become cheaper)		
to go up (become	kallistua	[kallistua]
more expensive)		

share	osuus	[osu:s]
controlling interest	osake-enemmistö	[osake·enemmistø]

investment	investointi	[investojnti]
to invest (vt)	investoida	[investojda]
percent	prosentti	[prosentti]
interest (on investment)	korko	[korko]

profit	voitto	[vojtto]
profitable (adj)	kannattava	[kannattava]
tax	vero	[vero]

currency (foreign ~)	valuutta	[valu:tta]
national (adj)	kansallinen	[kansallinen]
exchange (currency ~)	vaihto	[vajhto]

accountant	kirjanpitäjä	[kirjan·pitæjæ]
accounting	kirjanpito	[kirjan·pito]

bankruptcy	vararikko	[vara·rikko]
collapse, crash	romahdus	[romahdus]
ruin	perikato	[perikato]
to be ruined (financially)	joutua perikatoon	[joutua perikato:n]
inflation	inflaatio	[infla:tio]
devaluation	devalvaatio	[devalva:tio]

capital	pääoma	[pæ:oma]
income	ansio, tulo	[ansio], [tulo]
turnover	kierto	[kierto]
resources	varat	[varat]
monetary resources	rahavarat	[raha·varat]

overhead	yleiskulut	[ylejskulut]
to reduce (expenses)	supistaa	[supista:]

110. Marketing

marketing	markkinointi	[markkinojnti]
market	markkinat	[markkinat]
market segment	markkinoiden segmentti	[markkinojden segmentti]
product	tuote	[tuote]
goods (merchandise)	tavara	[tavara]

brand	brändi	[brændi]
trademark	tavaramerkki	[tavara·merkki]
logotype	logo, liikemerkki	[logo], [li:ke·merkki]
logo	logotyyppi	[logoty:ppi]

demand	kysyntä	[kysyntæ]
supply	tarjous	[tarjous]
need	tarve	[tarve]
consumer	kuluttaja	[kuluttaja]

analysis	analyysi	[analy:si]
to analyze (vt)	analysoida	[analysojda]
positioning	asemointi	[asemojnti]
to position (vt)	asemoida	[asemojda]

price	hinta	[hinta]
pricing policy	hintapolitiikka	[hinta·politi:kka]
price formation	hinnanmuodostus	[hinnan·muodostus]

111. Advertising

advertising	mainos	[majnos]
to advertise (vt)	mainostaa	[majnosta:]
budget	budjetti	[budjetti]

ad, advertisement	mainos	[majnos]
TV advertising	televisiomainos	[televisio·majnos]
radio advertising	radiomainos	[radio·majnos]
outdoor advertising	ulkomainos	[ulko·majnos]

mass media	joukkotiedotusvälineet	[joukko·tiedotus·væline:t]
periodical (n)	aikakausjulkaisu	[ajkakaus·julkajsu]
image (public appearance)	imago	[imago]

slogan	iskulause	[isku·lause]
motto (maxim)	tunnuslause	[tunnus·lause]
campaign	kampanja	[kampanja]

advertising campaign	mainoskampanja	[majnos·kampanja]
target group	kohderyhmä	[kohde·ryhmæ]

business card	nimikortti	[nimi·kortti]
leaflet (promotional ~)	lehtinen	[lehtinen]
brochure	brosyyri	[brosy:ri]
(e.g., 12 pages ~)		
pamphlet	kirjanen	[kirjanen]
newsletter	uutiskirje	[u:tis·kirje]

signboard (store sign, etc.)	kauppakyltti	[kauppa·kyltti]
poster	juliste, plakaatti	[juliste], [plaka:tti]
billboard	mainoskilpi	[majnos·kilpi]

112. Banking

bank	pankki	[paŋkki]
branch (of bank, etc.)	osasto	[osasto]

bank clerk, consultant	neuvoja	[neuʋoja]
manager (director)	johtaja	[johtaja]

bank account	tili	[tili]
account number	tilinumero	[tili·numero]
checking account	käyttötili	[kæyttø·tili]
savings account	säästötili	[sæ:stø·tili]

to open an account	avata tili	[aʋata tili]
to close the account	kuolettaa tili	[kuoletta: tili]
to deposit into the account	tallettaa rahaa tilille	[talletta: raɦa: tilille]
to withdraw (vt)	nostaa rahaa tililtä	[nosta: raɦa: tililta]

deposit	talletus	[talletus]
to make a deposit	tallettaa	[talletta:]
wire transfer	rahansiirto	[raɦan·si:rto]
to wire, to transfer	siirtää	[si:rtæ:]

sum	summa	[summa]
How much?	paljonko	[paljoŋko]

signature	allekirjoitus	[alle·kirjoitus]
to sign (vt)	allekirjoittaa	[allekirjoitta:]

credit card	luottokortti	[luotto·kortti]
code (PIN code)	koodi	[ko:di]
credit card number	luottokortin numero	[luotto·kortin numero]
ATM	pankkiautomaatti	[paŋkki·automa:tti]

check	sekki	[sekki]
to write a check	kirjoittaa sekki	[kirjoitta: sekki]

checkbook	**sekkivihko**	[sekki·ʋihko]
loan (bank ~)	**laina**	[lɑjnɑ]
to apply for a loan	**hakea lainaa**	[hɑkeɑ lɑjnɑ:]
to get a loan	**saada lainaa**	[sɑ:dɑ lɑjnɑ:]
to give a loan	**antaa lainaa**	[ɑntɑ: lɑjnɑ:]
guarantee	**takuu**	[tɑku:]

113. Telephone. Phone conversation

telephone	**puhelin**	[puɦelin]
cell phone	**matkapuhelin**	[mɑtkɑ·puɦelin]
answering machine	**puhelinvastaaja**	[puɦelin·ʋɑstɑ:jɑ]
to call (by phone)	**soittaa**	[sojttɑ:]
phone call	**soitto, puhelu**	[sojtto], [puɦelu]
to dial a number	**valita numero**	[ʋɑlitɑ numero]
Hello!	**Hei!**	[hej]
to ask (vt)	**kysyä**	[kysyæ]
to answer (vi, vt)	**vastata**	[ʋɑstɑtɑ]
to hear (vt)	**kuulla**	[ku:llɑ]
well (adv)	**hyvin**	[hyʋin]
not well (adv)	**huonosti**	[huonosti]
noises (interference)	**häiriöt**	[hæjriøt]
receiver	**kuuloke**	[ku:loke]
to pick up (~ the phone)	**nostaa luuri**	[nostɑ: lu:ri]
to hang up (~ the phone)	**lopettaa puhelu**	[lopettɑ: puɦelu]
busy (engaged)	**varattu**	[ʋɑrɑttu]
to ring (ab. phone)	**soittaa**	[sojttɑ:]
telephone book	**puhelinluettelo**	[puɦelin·luettelo]
local (adj)	**paikallis-**	[pɑjkɑllis]
local call	**paikallispuhelu**	[pɑjkɑllis·puɦelu]
long distance (~ call)	**kauko-**	[kɑuko]
long-distance call	**kaukopuhelu**	[kɑuko·puɦelu]
international (adj)	**ulkomaa**	[ulkomɑ:]
international call	**ulkomaanpuhelu**	[ulkomɑ:n·puɦelu]

114. Cell phone

cell phone	**matkapuhelin**	[mɑtkɑ·puɦelin]
display	**näyttö**	[næyttø]
button	**näppäin**	[næppæjn]
SIM card	**SIM-kortti**	[sim·kortti]
battery	**paristo**	[pɑristo]

| to be dead (battery) | olla tyhjä | [olla tyhjæ] |
| charger | laturi | [loturi] |

menu	valikko	[ualikko]
settings	asetukset	[asetukset]
tune (melody)	melodia	[melodia]
to select (vt)	valita	[ualita]

calculator	laskin	[loskin]
voice mail	puhelinvastaaja	[puhelin·uasta:ja]
alarm clock	herätyskello	[herætys·kello]
contacts	puhelinluettelo	[puhelin·luettelo]

| SMS (text message) | tekstiviesti | [teksti·uiesti] |
| subscriber | tilaaja | [tila:ja] |

115. Stationery

| ballpoint pen | täytekynä | [tæyte·kynæ] |
| fountain pen | sulkakynä | [sulka·kynæ] |

pencil	lyijykynä	[lyjy·kynæ]
highlighter	korostuskynä	[korostus·kynæ]
felt-tip pen	huopakynä	[huopa·kynæ]

| notepad | lehtiö | [lehtiø] |
| agenda (diary) | päiväkirja | [pæjuæ·kirja] |

ruler	viivoitin	[ui:uojtin]
calculator	laskin	[loskin]
eraser	kumi	[kumi]
thumbtack	nasta	[nasta]
paper clip	paperiliitin	[paperi·li:tin]

glue	liima	[li:ma]
stapler	nitoja	[nitoja]
hole punch	rei'itin	[rej·itin]
pencil sharpener	teroitin	[terojtin]

116. Various kinds of documents

account (report)	selostus, raportti	[selostus], [raportti]
agreement	sopimus	[sopimus]
application form	tilaus	[tilaus]
authentic (adj)	alkuperäinen	[alkuperæjnen]
badge (identity tag)	nimikortti	[nimi·kortti]
business card	nimikortti	[nimi·kortti]
certificate (~ of quality)	sertifikaatti	[sertifika:tti]

check (e.g., draw a ~)	sekki	[sekki]
check (in restaurant)	lasku	[lasku]
constitution	perustuslaki	[perustus·laki]

contract (agreement)	sopimus	[sopimus]
copy	kopio	[kopio]
copy (of contract, etc.)	kopio, kappale	[kopio], [kappale]

customs declaration	tullausilmoitus	[tullaus·ilmojtus]
document	asiakirja	[asia·kirja]
driver's license	ajokortti	[ajo·kortti]
addendum	liite	[li:te]
form	lomake	[lomake]

| ID card (e.g., FBI ~) | virkamerkki | [virka·merkki] |
| inquiry (request) | kysely | [kysely] |

| invitation card | kutsulippu | [kutsu·lippu] |
| invoice | lasku | [lasku] |

law	laki	[laki]
letter (mail)	kirje	[kirje]
letterhead	kirjelomake	[kirje·lomake]
list (of names, etc.)	lista	[lista]
manuscript	käsikirjoitus	[kæsi·kirjoitus]

| newsletter | uutiskirje | [u:tis·kirje] |
| note (short letter) | kirjelappu | [kirje·lappu] |

pass (for worker, visitor)	kulkulupa	[kulku·lupa]
passport	passi	[passi]
permit	lupa	[lupa]
résumé	ansioluettelo	[ansio·luettelo]
debt note, IOU	velkakirja	[velka·kirja]
receipt (for purchase)	kuitti	[kuitti]

| sales slip, receipt | kuitti | [kuitti] |
| report (mil.) | raportti | [raportti] |

to show (ID, etc.)	esittää	[esittæ:]
to sign (vt)	allekirjoittaa	[allekirjoitta:]
signature	allekirjoitus	[alle·kirjoitus]
seal (stamp)	leima	[lejma]

| text | teksti | [teksti] |
| ticket (for entry) | lippu | [lippu] |

| to cross out | yliviivata | [ylivi:vata] |
| to fill out (~ a form) | täyttää | [tæyttæ:] |

| waybill (shipping invoice) | rahtikirja | [rahti·kirja] |
| will (testament) | testamentti | [testamentti] |

117. Kinds of business

accounting services	kirjanpitopalvelut	[kirjan·pito·paluelut]
advertising	mainos	[majnos]
advertising agency	mainostoimisto	[majnos·tojmisto]
air-conditioners	ilmastointilaitteet	[ilmastojnti·lajtte:t]
airline	lentoyhtiö	[lento·yhtiø]
alcoholic beverages	alkoholijuomat	[alkoholi·juomat]
antiques (antique dealers)	antikvariaatti	[antikuaria:tti]
art gallery	taidegalleria	[taide·galleria]
(contemporary ~)		
audit services	tilintarkastuspalvelut	[tilin·tarkastus·paluelut]
banking industry	pankkitoiminta	[paŋkki·tojminta]
bar	baari	[ba:ri]
beauty parlor	kauneushoitola	[kauneus·hojtola]
bookstore	kirjakauppa	[kirja·kauppa]
brewery	olutpanimo	[olut·panimo]
business center	liiketoimisto	[li:ke·tojmisto]
business school	liikekoulu	[li:ke·koulu]
casino	kasino	[kasino]
construction	rakennusala	[rakennus·ala]
consulting	neuvola	[neuuola]
dental clinic	hammashoito	[hammas·hojto]
design	muotoilu	[muotojlu]
drugstore, pharmacy	apteekki	[apte:kki]
dry cleaners	kemiallinen pesu	[kemiallinen pesu]
employment agency	henkilöstön valintatoimisto	[heŋkiløstøn ualinta·tojmisto]
financial services	rahoituspalvelut	[rahojtus·paluelut]
food products	ruokatavarat	[ruoka·tauarat]
funeral home	hautaustoimisto	[hautaus·tojmisto]
furniture (e.g., house ~)	huonekalut	[huone·kalut]
clothing, garment	vaatteet	[ua:tte:t]
hotel	hotelli	[hotelli]
ice-cream	jäätelö	[jæ:telø]
industry (manufacturing)	teollisuus	[teollisu:s]
insurance	vakuutus	[uaku:tus]
Internet	internet, netti	[internet], [netti]
investments (finance)	investointi	[inuestojnti]
jeweler	kultaseppä	[kulta·seppæ]
jewelry	koruesineet	[koruesine:t]
laundry (shop)	pesula	[pesula]
legal advisor	oikeudelliset palvelut	[ojkeudelliset paluelut]
light industry	kevyt teollisuus	[keuyt teollisu:s]

magazine	aikakauslehti	[ajkakaus·lehti]
mail order selling	postiluettelokauppa	[posti·luettelo·kauppa]
medicine	lääketiede	[læ:ke·tiede]
movie theater	elokuvateatteri	[elokuva·teatteri]
museum	museo	[museo]
news agency	tietotoimisto	[tieto·tojmisto]
newspaper	lehti	[lehti]
nightclub	yökerho	[yø·kerho]
oil (petroleum)	öljy	[øljy]
courier services	lähetintoimisto	[læhetin·tojmisto]
pharmaceutics	farmasia	[farmasia]
printing (industry)	kirjapainoala	[kirja·pajno·ala]
publishing house	kustantamo	[kustantamo]
radio (~ station)	radio	[radio]
real estate	kiinteistö	[ki:ntejstø]
restaurant	ravintola	[ravintola]
security company	vartioimisliike	[vartiojmis·li:ke]
sports	urheilu	[urhejlu]
stock exchange	pörssi	[børssi]
store	kauppa	[kauppa]
supermarket	supermarketti	[super·marketti]
swimming pool (public ~)	uima-allas	[ujma·allas]
tailor shop	ateljee	[atelje:]
television	televisio	[televisio]
theater	teatteri	[teatteri]
trade (commerce)	kauppa	[kauppa]
transportation	kuljetukset	[kuljetukset]
travel	matkailu	[matkajlu]
veterinarian	eläinlääkäri	[elæjn·læ:kari]
warehouse	varasto	[varasto]
waste collection	roskien vienti	[roskien vienti]

Job. Business. Part 2

118. Show. Exhibition

exhibition, show	näyttely	[næyttely]
trade show	kauppanäyttely	[kauppa·næyttely]
participation	osallistuminen	[osallistuminen]
to participate (vi)	osallistua	[osallistua]
participant (exhibitor)	näytteilleasettajalle	[næyttelle·asettajalle]
director	johtaja	[johtaja]
organizers' office	näyttelytoimikunta	[næyttely·tojmikunta]
organizer	järjestäjä	[jærjestæjæ]
to organize (vt)	järjestää	[jærjestæ:]
participation form	ilmoittautumis lomake	[ilmojttautumis lomake]
to fill out (vt)	täyttää	[tæyttæ:]
details	yksityiskohdat	[yksityjs·kohdat]
information	tiedot	[tiedot]
price (cost, rate)	hinta	[hinta]
including	sisältäen	[sisæltæen]
to include (vt)	sisältää	[sisæltæ:]
to pay (vi, vt)	maksaa	[maksa:]
registration fee	rekisteröintimaksu	[rekisterøjnti·maksu]
entrance	sisäänkäynti	[sisæ:n·kæynti]
pavilion, hall	näyttelysali, paviljonki	[næyttely·sali], [pauiljoŋki]
to register (vt)	rekisteröidä	[rekisterøjdæ]
badge (identity tag)	nimikortti	[nimi·kortti]
booth, stand	osasto	[osasto]
to reserve, to book	varata	[uarata]
display case	lasikko	[lasikko]
spotlight	valo, valaisin	[ualo], [ualajsin]
design	muotoilu	[muotojlu]
to place (put, set)	sijoittaa	[sijoitta:]
distributor	jakelija	[jakelija]
supplier	toimittaja	[tojmittaja]
to supply (vt)	toimittaa	[tojmitta:]
country	maa	[ma:]
foreign (adj)	ulkomainen	[ulkomajnen]

product	**tuote**	[tuote]
association	**yhdistys**	[yhdistys]
conference hall	**kokoussali**	[kokous·sɑli]
congress	**kongressi**	[koŋressi]
contest (competition)	**kilpailu**	[kilpɑjlu]
visitor (attendee)	**kävijä**	[kæʋijæ]
to visit (attend)	**käydä**	[kæydæ]
customer	**asiakas**	[ɑsiɑkɑs]

119. Mass Media

newspaper	**lehti**	[lehti]
magazine	**aikakauslehti**	[ɑjkɑkɑus·lehti]
press (printed media)	**lehdistö**	[lehdistø]
radio	**radio**	[rɑdio]
radio station	**radioasema**	[rɑdio·ɑsemɑ]
television	**televisio**	[teleʋisio]
presenter, host	**juontaja**	[juontɑjɑ]
newscaster	**uutistenlukija**	[uːtistenlukijɑ]
commentator	**kommentoija**	[kommentojɑ]
journalist	**lehtimies**	[lehtimies]
correspondent (reporter)	**kirjeenvaihtaja**	[kirjeːn·ʋɑjhtɑjɑ]
press photographer	**lehtivalokuvaaja**	[lehti·ʋɑlokuʋɑːjɑ]
reporter	**reportteri**	[reportteri]
editor	**toimittaja**	[tojmittɑjɑ]
editor-in-chief	**päätoimittaja**	[pæːtojmittɑjɑ]
to subscribe (to ...)	**tilata**	[tilɑtɑ]
subscription	**tilaus**	[tilɑus]
subscriber	**tilaaja**	[tilɑːjɑ]
to read (vi, vt)	**lukea**	[lukeɑ]
reader	**lukija**	[lukijɑ]
circulation (of newspaper)	**levikki**	[leʋikke]
monthly (adj)	**kuukautinen**	[kuːkɑutinen]
weekly (adj)	**viikoittainen**	[ʋiːkojttɑjnen]
issue (edition)	**numero**	[numero]
new (~ issue)	**tuore**	[tuore]
headline	**otsikko**	[otsikko]
short article	**pieni artikkeli**	[pieni ɑrtikkeli]
column (regular article)	**palsta**	[pɑlstɑ]
article	**artikkeli**	[ɑrtikkeli]
page	**sivu**	[siʋu]
reportage, report	**reportaasi**	[reportɑːsi]
event (happening)	**tapahtuma**	[tɑpɑhtumɑ]

sensation (news)	sensaatio	[sensɑ:tio]
scandal	skandaali	[skɑndɑ:li]
scandalous (adj)	skandaalimainen	[skɑndɑ:limɑjnen]
great (~ scandal)	suuri	[su:ri]

show (e.g., cooking ~)	ohjelma	[ohjelmɑ]
interview	haastattelu	[hɑ:stɑttelu]
live broadcast	suora lähetys	[suorɑ læɦetys]
channel	kanava	[kɑnɑʋɑ]

120. Agriculture

agriculture	maatalous	[mɑ:tɑlous]
peasant (masc.)	talonpoika	[tɑlon·pojkɑ]
peasant (fem.)	talonpoikaisnainen	[tɑlon·pojkɑjs·nɑjnen]
farmer	farmari	[fɑrmɑri]

| tractor (farm ~) | traktori | [trɑktori] |
| combine, harvester | leikkuupuimuri | [lejkku:pujmuri] |

plow	aura	[ɑurɑ]
to plow (vi, vt)	kyntää	[kyntæ:]
plowland	kynnös	[kynnøs]
furrow (in field)	vako	[ʋɑko]

to sow (vi, vt)	kylvää	[kylʋæ:]
seeder	kylvökone	[kylʋø·kone]
sowing (process)	kylvö	[kylʋø]

| scythe | viikate | [ʋi:kɑte] |
| to mow, to scythe | niittää | [ni:ttæ:] |

| spade (tool) | lapio | [lɑpio] |
| to till (vt) | kyntää | [kyntæ:] |

hoe	kuokka	[kuokkɑ]
to hoe, to weed	kitkeä	[kitkeɑ]
weed (plant)	rikkaruoho	[rikkɑ·ruoɦo]

watering can	kastelukannu	[kɑstelu·kɑnnu]
to water (plants)	kastella	[kɑstellɑ]
watering (act)	kastelu	[kɑstelu]

| pitchfork | hanko | [hɑŋko] |
| rake | harava | [hɑrɑʋɑ] |

fertilizer	lannoite	[lɑnnojte]
to fertilize (vt)	lannoittaa	[lɑnnojttɑ:]
manure (fertilizer)	lanta	[lɑntɑ]
field	pelto	[pelto]

meadow	niitty	[ni:tty]
vegetable garden	kasvimaa	[kasʋima:]
orchard (e.g., apple ~)	puutarha	[pu:tarha]

to graze (vt)	laiduntaa	[lajdunta:]
herder (herdsman)	paimen	[pajmen]
pasture	laidun	[lajdun]

| cattle breeding | karjanhoito | [karjan·hojto] |
| sheep farming | lampaanhoito | [lampa:n·hojto] |

plantation	viljelys	[ʋiljelys]
row (garden bed ~s)	rivi	[riʋi]
hothouse	kasvihuone	[kasʋi·huone]

| drought (lack of rain) | kuivuus | [kujʋu:s] |
| dry (~ summer) | kuiva | [kujʋa] |

grain	vilja	[ʋilja]
cereal crops	viljat	[ʋiljat]
to harvest, to gather	korjata	[korjata]

miller (person)	mylläri	[myllæri]
mill (e.g., gristmill)	mylly	[mylly]
to grind (grain)	jauhaa	[jauɦa:]
flour	jauhot	[jauɦot]
straw	olki	[olki]

121. Building. Building process

construction site	rakennustyömaa	[rakennus·tyø·ma:]
to build (vt)	rakentaa	[rakenta:]
construction worker	rakentaja	[rakentaja]

project	hanke	[haŋke]
architect	arkkitehti	[arkkitehti]
worker	työläinen	[tyølæjnen]

foundation (of a building)	perusta, perustus	[perusta], [perustus]
roof	katto	[katto]
foundation pile	paalu	[pa:lu]
wall	seinä	[sejnæ]

| reinforcing bars | raudoitus | [raudojtus] |
| scaffolding | rakennustelineet | [rakennus·teline:t] |

concrete	betoni	[betoni]
granite	graniitti	[grani:tti]
stone	kivi	[kiʋi]
brick	tiili	[ti:li]

sand	hiekka	[hiekkɑ]
cement	sementti	[sementti]
plaster (for walls)	rappauslaasti	[rɑppɑus·lɑ:sti]
to plaster (vt)	rapata	[rɑpɑtɑ]

paint	maali	[mɑ:li]
to paint (~ a wall)	maalata	[mɑ:lɑtɑ]
barrel	tynnyri	[tynnyri]

crane	nosturi	[nosturi]
to lift, to hoist (vt)	nostaa	[nostɑ:]
to lower (vt)	laskea	[lɑskeɑ]

bulldozer	raivaustraktori	[rɑjʋɑus·trɑktori]
excavator	kaivuri	[kɑjʋuri]
scoop, bucket	kauha	[kɑuɦɑ]
to dig (excavate)	kaivaa	[kɑjʋɑ:]
hard hat	suojakypärä	[suojɑ·kypæræ]

122. Science. Research. Scientists

science	tiede	[tiede]
scientific (adj)	tieteellinen	[tiete:llinen]
scientist	tiedemies	[tiedemies]
theory	teoria	[teoriɑ]

axiom	aksiomi	[ɑksiomi]
analysis	analyysi	[ɑnɑly:si]
to analyze (vt)	analysoida	[ɑnɑlysojdɑ]
argument (strong ~)	argumentti	[ɑrgumentti]
substance (matter)	aine	[ɑjne]

hypothesis	hypoteesi	[hypote:si]
dilemma	dilemma	[dilemmɑ]
dissertation	väitöskirja	[ʋæjtøs·kirjɑ]
dogma	dogmi	[dogmi]

doctrine	doktriini, oppi	[doktri:ni], [oppi]
research	tutkimus	[tutkimus]
to research (vt)	tutkia	[tutkiɑ]
tests (laboratory ~)	tarkastus	[tɑrkɑstus]
laboratory	laboratorio	[lɑborɑtorio]

method	metodi	[metodi]
molecule	molekyyli	[moleky:li]
monitoring	valvonta	[ʋɑlʋontɑ]
discovery (act, event)	löytö	[løytø]

| postulate | olettamus | [olettɑmus] |
| principle | periaate | [periɑ:te] |

| forecast | **ennustus** | [ennustus] |
| to forecast (vt) | **ennustaa** | [ennustɑ:] |

synthesis	**synteesi**	[synte:si]
trend (tendency)	**tendenssi**	[tendenssi]
theorem	**lause, teoreema**	[lɑuse], [teore:mɑ]

teachings	**opetukset**	[opetukset]
fact	**tosiasia**	[tosiɑsiɑ]
expedition	**löytöretki**	[løytø·retki]
experiment	**koe**	[koe]

academician	**akateemikko**	[ɑkɑte:mikko]
bachelor (e.g., ~ of Arts)	**kandidaatti**	[kɑndidɑ:tti]
doctor (PhD)	**tohtori**	[tohtori]
Associate Professor	**dosentti**	[dosentti]
Master (e.g., ~ of Arts)	**maisteri**	[mɑjsteri]
professor	**professori**	[professori]

Professions and occupations

123. Job search. Dismissal

job	työ	[tyø]
staff (work force)	henkilökunta	[heŋkilø·kunta]
personnel	henkilöstö	[heŋkiløstø]
career	ura	[ura]
prospects (chances)	mahdollisuudet	[mahdollisu:det]
skills (mastery)	mestaruus	[mestaru:s]
selection (screening)	valinta	[ualinta]
employment agency	työvoimatoimisto	[tyøuojma·tojmisto]
résumé	ansioluettelo	[ansio·luettelo]
job interview	työhaastattelu	[tyø·ha:stattelu]
vacancy, opening	vakanssi	[uakanssi]
salary, pay	palkka	[palkka]
fixed salary	kiinteä palkka	[ki:nteæ palkka]
pay, compensation	maksu	[maksu]
position (job)	virka	[uirka]
duty (of employee)	velvollisuus	[ueluollisu:s]
range of duties	velvollisuudet	[ueluollisu:det]
busy (I'm ~)	varattu	[uarattu]
to fire (dismiss)	antaa potkut	[anta: potkut]
dismissal	irtisanominen	[irtisanominen]
unemployment	työttömyys	[tyøttømy:s]
unemployed (n)	työtön	[tyøtøn]
retirement	eläke	[elæke]
to retire (from job)	jäädä eläkkeelle	[jæ:dæ elække:lle]

124. Business people

director	johtaja	[johtaja]
manager (director)	johtaja	[johtaja]
boss	esimies	[esimies]
superior	päällikkö	[pæ:llikkø]
superiors	esimiehet	[esimiehet]
president	presidentti	[presidentti]

chairman	puheenjohtaja	[puɦe:n·johtaja]
deputy (substitute)	sijainen	[sijainen]
assistant	apulainen	[apulajnen]
secretary	sihteeri	[sihte:ri]
personal assistant	henkilökohtainen avustaja	[heŋkylø·kohtajnen auustaja]

businessman	liikemies	[li:kemies]
entrepreneur	yrittäjä	[yrittæjæ]
founder	perustaja	[perustaja]
to found (vt)	perustaa	[perusta:]

incorporator	perustaja	[perustaja]
partner	partneri	[partneri]
stockholder	osakkeenomistaja	[osakke:n·omistaja]

millionaire	miljonääri	[miljonæ:ri]
billionaire	miljardööri	[miljardø:ri]
owner, proprietor	omistaja	[omistaja]
landowner	maanomistaja	[ma:n·omistaja]

client	asiakas	[asiakas]
regular client	vakituinen asiakas	[uakitujnen asiakas]
buyer (customer)	ostaja	[ostaja]
visitor	kävijä	[kæuijæ]
professional (n)	ammattilainen	[ammattilajnen]
expert	asiantuntija	[asiantuntija]
specialist	asiantuntija	[asiantuntija]

| banker | pankkiiri | [paŋkki:ri] |
| broker | pörssimeklari | [pørssi·meklari] |

cashier, teller	kassanhoitaja	[kassan·hojtaja]
accountant	kirjanpitäjä	[kirjan·pitæjæ]
security guard	vartija	[uartija]

investor	sijoittaja	[sijoittaja]
debtor	velallinen	[uelallinen]
creditor	luotonantaja	[luoton·antaja]
borrower	lainanottaja	[lajnan·ottaja]

| importer | maahantuoja | [ma:han·tuoja] |
| exporter | maastaviejä | [ma:stauiejæ] |

manufacturer	tuottaja	[tuottaja]
distributor	jakelija	[jakelija]
middleman	välittäjä	[uælittæjæ]

consultant	neuvoja	[neuuoja]
sales representative	edustaja	[edustaja]
agent	asiamies	[asiamies]
insurance agent	vakuutusasiamies	[uaku:tus·asiamies]

125. Service professions

cook	**kokki**	[kokki]
chef (kitchen chef)	**keittiömestari**	[kejttiø·mestɑri]
baker	**leipuri**	[lejpuri]
bartender	**baarimestari**	[bɑ:ri·mestɑri]
waiter	**tarjoilija**	[tɑrjoilijɑ]
waitress	**tarjoilijatar**	[tɑrjoilijɑtɑr]
lawyer, attorney	**asianajaja**	[ɑsiɑnɑjɑjɑ]
lawyer (legal expert)	**lakimies**	[lɑkimies]
notary public	**notaari**	[notɑ:ri]
electrician	**sähkömies**	[sæhkømies]
plumber	**putkimies**	[putkimies]
carpenter	**kirvesmies**	[kirʋesmies]
masseur	**hieroja**	[hierojɑ]
masseuse	**naishieroja**	[nɑjs·hierojɑ]
doctor	**lääkäri**	[læ:kæri]
taxi driver	**taksinkuljettaja**	[tɑksiŋ·kuljettɑjɑ]
driver	**kuljettaja**	[kuljettɑjɑ]
delivery man	**kuriiri**	[kuri:ri]
chambermaid	**huonesiivooja**	[huone·si:ʋo:jɑ]
security guard	**vartija**	[ʋɑrtijɑ]
flight attendant (fem.)	**lentoemäntä**	[lento·emæntæ]
schoolteacher	**opettaja**	[opettɑjɑ]
librarian	**kirjastonhoitaja**	[kirjɑston·hojtɑjɑ]
translator	**kääntäjä**	[kæ:ntæjæ]
interpreter	**tulkki**	[tulkki]
guide	**opas**	[opɑs]
hairdresser	**parturi**	[pɑrturi]
mailman	**postinkantaja**	[postiŋ·kɑntɑjɑ]
salesman (store staff)	**myyjä**	[my:jæ]
gardener	**puutarhuri**	[pu:tɑrhuri]
domestic servant	**palvelija**	[pɑlʋelijɑ]
maid (female servant)	**sisäkkö**	[sisækkø]
cleaner (cleaning lady)	**siivooja**	[si:ʋo:jɑ]

126. Military professions and ranks

private	**sotamies**	[sotɑmies]
sergeant	**kersantti**	[kersɑntti]

| lieutenant | luutnantti | [lu:tnantti] |
| captain | kapteeni | [kapte:ni] |

major	majuri	[majuri]
colonel	eversti	[eʋersti]
general	kenraali	[kenra:li]
marshal	marsalkka	[marsalkka]
admiral	amiraali	[amira:li]

military (n)	sotilashenkilö	[sotilas·heŋkilø]
soldier	sotilas	[sotilas]
officer	upseeri	[upse:ri]
commander	komentaja	[komentaja]

border guard	rajavartija	[raja·ʋartija]
radio operator	radisti	[radisti]
scout (searcher)	tiedustelija	[tiedustelija]
pioneer (sapper)	pioneeri	[pione:ri]
marksman	ampuja	[ampuja]
navigator	perämies	[peræmies]

127. Officials. Priests

| king | kuningas | [kuniŋas] |
| queen | kuningatar | [kuniŋatar] |

| prince | prinssi | [prinssi] |
| princess | prinsessa | [prinsessa] |

| czar | tsaari | [tsa:ri] |
| czarina | tsaaritar | [tsa:ritar] |

president	presidentti	[presidentti]
Secretary (minister)	ministeri	[ministeri]
prime minister	pääministeri	[pæ:ministeri]
senator	senaattori	[sena:ttori]

diplomat	diplomaatti	[diploma:tti]
consul	konsuli	[konsuli]
ambassador	suurlähettiläs	[su:r·læɦettilæs]
counselor (diplomatic officer)	neuvos	[neuʋos]

official, functionary (civil servant)	virkamies	[ʋirkamies]
prefect	prefekti	[prefekti]
mayor	kaupunginjohtaja	[kaupuŋin·johtaja]
judge	tuomari	[tuomari]
prosecutor (e.g., district attorney)	syyttäjä	[sy:ttæjæ]

missionary	lähetystyöntekijä	[læɦetys·tyøntekija]
monk	munkki	[muŋkki]
abbot	apotti	[apotti]
rabbi	rabbi	[rabbi]

vizier	visiiri	[ʋisi:ri]
shah	šaahi	[ʃa:hi]
sheikh	šeikki	[ʃejkki]

128. Agricultural professions

beekeeper	mehiläishoitaja	[meɦilæjs·hojtaja]
herder, shepherd	paimen	[pajmen]
agronomist	agronomi	[agronomi]
cattle breeder	karjanhoitaja	[karjan·hojtaja]
veterinarian	eläinlääkäri	[elæjn·læ:kari]

farmer	farmari	[farmari]
winemaker	viininvalmistaja	[ʋi:nin·ʋalmistaja]
zoologist	eläintieteilijä	[elæjn·tietejlijæ]
cowboy	cowboy	[kauboj]

129. Art professions

actor	näyttelijä	[næyttelijæ]
actress	näyttelijätär	[næyttelijætær]

singer (masc.)	laulaja	[laulaja]
singer (fem.)	laulaja	[laulaja]

dancer (masc.)	tanssija	[tanssija]
dancer (fem.)	tanssijatar	[tanssijatar]

performer (masc.)	näyttelijä	[næyttelijæ]
performer (fem.)	näyttelijätär	[næyttelijætær]

musician	muusikko	[mu:sikko]
pianist	pianisti	[pianisti]
guitar player	kitaransoittaja	[kitaran·sojttaja]

conductor (orchestra ~)	kapellimestari	[kapelli·mestari]
composer	säveltäjä	[sæʋeltæjæ]
impresario	impressaari	[impressa:ri]

film director	ohjaaja	[ohja:ja]
producer	elokuvatuottaja	[elokuʋa·tuottaja]
scriptwriter	käsikirjoittaja	[kæsi·kirjoittaja]
critic	arvostelija	[arʋostelija]

writer	kirjailija	[kirjailija]
poet	runoilija	[runojlija]
sculptor	kuvanveistäjä	[kuʋɑn·ʋejstæjæ]
artist (painter)	taiteilija	[tɑjtejlija]

juggler	jonglööri	[joŋlø:ri]
clown	klovni	[kloʋni]
acrobat	akrobaatti	[ɑkrobɑ:tti]
magician	taikuri	[tɑjkuri]

130. Various professions

doctor	lääkäri	[læ:kæri]
nurse	sairaanhoitaja	[sɑjrɑ:n·hojtɑjɑ]
psychiatrist	psykiatri	[psykiatri]
dentist	hammaslääkäri	[hɑmmɑs·læ:kæri]
surgeon	kirurgi	[kirurgi]

astronaut	astronautti	[ɑstronɑutti]
astronomer	tähtitieteilijä	[tæhti·tietejlijæ]
pilot	lentäjä	[lentæjæ]

driver (of taxi, etc.)	kuljettaja	[kuljettɑjɑ]
engineer (train driver)	junankuljettaja	[yneŋ·kuljettɑjɑ]
mechanic	mekaanikko	[mekɑ:nikko]

miner	kaivosmies	[kɑjʋosmies]
worker	työläinen	[tyølæjnen]
locksmith	lukkoseppä	[lukko·seppæ]
joiner (carpenter)	puuseppä	[pu:seppæ]
turner (lathe operator)	sorvari	[sorʋari]
construction worker	rakentaja	[rɑkentɑjɑ]
welder	hitsari	[hitsɑri]

professor (title)	professori	[professori]
architect	arkkitehti	[ɑrkkitehti]
historian	historioitsija	[historiojtsija]
scientist	tiedemies	[tiedemies]
physicist	fyysikko	[fy:sikko]
chemist (scientist)	kemisti	[kemisti]

archeologist	arkeologi	[ɑrkeologi]
geologist	geologi	[geologi]
researcher (scientist)	tutkija	[tutkijɑ]

babysitter	lastenhoitaja	[lɑsten·hojtɑjɑ]
teacher, educator	pedagogi	[pedɑgogi]

editor	toimittaja	[tojmittɑjɑ]
editor-in-chief	päätoimittaja	[pæ:tojmittɑjɑ]

| correspondent | kirjeenvaihtaja | [kirje:n·ʋɑjhtɑjɑ] |
| typist (fem.) | konekirjoittaja | [kone·kirjoittɑjɑ] |

designer	muotoilija	[muotojlijɑ]
computer expert	tietokoneasiantuntija	[tietokone·ɑsiɑntuntijɑ]
programmer	ohjelmoija	[ohjelmojɑ]
engineer (designer)	insinööri	[insinø:ri]

sailor	merimies	[merimies]
seaman	matruusi	[mɑtru:si]
rescuer	pelastaja	[pelɑstɑjɑ]

fireman	palomies	[pɑlomies]
police officer	poliisi	[poli:si]
watchman	vahti	[ʋɑhti]
detective	etsivä	[etsiʋæ]

customs officer	tullimies	[tullimies]
bodyguard	henkivartija	[heŋki·ʋɑrtijɑ]
prison guard	vanginvartija	[ʋɑŋin·ʋɑrtijɑ]
inspector	tarkastaja	[tɑrkɑstɑjɑ]

sportsman	urheilija	[urhejlijɑ]
trainer, coach	valmentaja	[ʋɑlmentɑjɑ]
butcher	lihanleikkaaja	[lihɑn·lejkkɑ:jɑ]
cobbler (shoe repairer)	suutari	[su:tɑri]
merchant	kauppias	[kɑuppjɑs]
loader (person)	lastaaja	[lɑstɑ:jɑ]

| fashion designer | muotisuunnittelija | [muoti·su:nnittelijɑ] |
| model (fem.) | malli | [mɑlli] |

131. Occupations. Social status

| schoolboy | koululainen | [koululɑjnen] |
| student (college ~) | ylioppilas | [yli·oppilɑs] |

philosopher	filosofi	[filosofi]
economist	taloustieteilijä	[tɑlous·tietejlijæ]
inventor	keksijä	[keksijæ]

unemployed (n)	työtön	[tyøtøn]
retiree	eläkeläinen	[elækelæjnen]
spy, secret agent	vakoilija	[ʋɑkojlijɑ]

prisoner	vanki	[ʋɑŋki]
striker	lakkolainen	[lɑkkolɑjnen]
bureaucrat	byrokraatti	[byrokrɑ:tti]
traveler (globetrotter)	matkailija	[mɑtkɑjlijɑ]
gay, homosexual (n)	homoseksuaali	[homoseksuɑ:li]

| hacker | **hakkeri** | [hɑkkeri] |
| hippie | **hippi** | [hippi] |

bandit	**rosvo**	[rosʋo]
hit man, killer	**salamurhaaja**	[sɑlɑ·murhɑːjɑ]
drug addict	**narkomaani**	[nɑrkomɑːni]
drug dealer	**huumekauppias**	[huːme·kɑuppiɑs]
prostitute (fem.)	**prostituoitu**	[prostituojtu]
pimp	**sutenööri**	[sutenøːri]

sorcerer	**noita**	[nojtɑ]
sorceress (evil ~)	**noita**	[nojtɑ]
pirate	**merirosvo**	[meri·rosʋo]
slave	**orja**	[orjɑ]
samurai	**samurai**	[sɑmurɑj]
savage (primitive)	**villi-ihminen**	[ʋilli·ihminen]

Sports

132. Kinds of sports. Sportspersons

sportsman	**urheilija**	[urhejlija]
kind of sports	**urheilulaji**	[urhejlu·lajı]
basketball	**koripallo**	[koripallo]
basketball player	**koripalloilija**	[koripallojlija]
baseball	**baseball**	[bejseboll]
baseball player	**baseball pelaaja**	[bejseboll pela:ja]
soccer	**jalkapallo**	[jalka·pallo]
soccer player	**jalkapalloilija**	[jalka·pallojlija]
goalkeeper	**maalivahti**	[ma:li·uahti]
hockey	**jääkiekko**	[jæ:kækko]
hockey player	**jääkiekkoilija**	[jæ:kiekkojlija]
volleyball	**lentopallo**	[lento·pallo]
volleyball player	**lentopalloilija**	[lento·pallojlija]
boxing	**nyrkkeily**	[nyrkkejly]
boxer	**nyrkkeilijä**	[nyrkkejlijæ]
wrestling	**paini**	[pajni]
wrestler	**painija**	[pajnija]
karate	**karate**	[karate]
karate fighter	**karateka**	[karateka]
judo	**judo**	[judo]
judo athlete	**judoka**	[judoka]
tennis	**tennis**	[tennis]
tennis player	**tennispelaaja**	[tennis·pela:ja]
swimming	**uinti**	[ujnti]
swimmer	**uimari**	[ujmari]
fencing	**miekkailu**	[miekkajlu]
fencer	**miekkailija**	[miekkajlija]
chess	**šakki**	[ʃakki]
chess player	**šakinpelaaja**	[ʃakin·pela:ja]

alpinism	**vuorikiipeily**	[ʋuori·ki:pejly]
alpinist	**vuorikiipeilijä**	[ʋuori·ki:pejlijæ]
running	**juoksu**	[juoksu]
runner	**juoksija**	[juoksija]
athletics	**yleisurheilu**	[ylejsurhejlu]
athlete	**yleisurheilija**	[ylejsurhejlija]
horseback riding	**ratsastusurheilu**	[ratsastus·urhejlu]
horse rider	**ratsastaja**	[ratsastaja]
˙figure skating	**taitoluistelu**	[tajto·lujstelu]
figure skater (masc.)	**taitoluistelija**	[tajto·lujstelija]
figure skater (fem.)	**taitoluistelija**	[tajto·lujstelija]
powerlifting	**painonnosto**	[pajnon·nosto]
powerlifter	**painonnostaja**	[pajnon·nostaja]
car racing	**kilpa-autoilu**	[kilpa·autojlu]
racer (driver)	**kilpa-ajaja**	[kilpa·ajaja]
cycling	**pyöräily**	[pyøræjly]
cyclist	**pyöräilijä**	[pyøræjlijæ]
broad jump	**pituushyppy**	[pitu:s·hyppy]
pole vault	**seiväshyppy**	[sejuæs·hyppy]
jumper	**hyppääjä**	[hyppæ:jæ]

133. Kinds of sports. Miscellaneous

football	**Amerikkalainen jalkapallo**	[amerikkalajnen jalkapallo]
badminton	**sulkapallo**	[sulka·pallo]
biathlon	**ampumahiihto**	[ampuma·hi:hto]
billiards	**biljardi**	[biljardi]
bobsled	**rattikelkka**	[ratti·kelkka]
bodybuilding	**kehonrakennus**	[keɦon·rakennus]
water polo	**vesipallo**	[uesi·pallo]
handball	**käsipallo**	[kæsi·pallo]
golf	**golf**	[golf]
rowing, crew	**soutu**	[soutu]
scuba diving	**sukellus**	[sukellus]
cross-country skiing	**murtomaahiihto**	[murtoma:hi:hto]
table tennis (ping-pong)	**pöytätennis**	[pøytæ·tennis]
sailing	**purjehdus**	[purjehdus]
rally racing	**ralli**	[ralli]

rugby	rugby	[rɑgbi]
snowboarding	lumilautailu	[lumi·lɑutɑjlu]
archery	jousiammunta	[jousiɑm·muntɑ]

134. Gym

| barbell | painonnostotanko | [pɑjnonnosto·tɑŋko] |
| dumbbells | käsipainot | [kæsi·pɑjnot] |

training machine	kuntolaite	[kunto·lɑjte]
exercise bicycle	kuntopyörä	[kunto·pyøræ]
treadmill	juoksumatto	[juoksu·mɑtto]

horizontal bar	rekki	[rekki]
parallel bars	nojapuut	[nojɑ·puːt]
vault (vaulting horse)	hevonen	[heʋonen]
mat (exercise ~)	matto	[mɑtto]

jump rope	hyppynaru	[hyppynɑru]
aerobics	aerobic	[ɑerobik]
yoga	jooga	[joːgɑ]

135. Hockey

hockey	jääkiekko	[jæːkækko]
hockey player	jääkiekkoilija	[jæː:kiekkojlijɑ]
to play hockey	pelata jääkiekkoa	[pelɑtɑ jæː:kjekkoɑ]
ice	jää	[jæː]

puck	kiekko	[kækko]
hockey stick	maila	[mɑjlɑ]
ice skates	luistimet	[lujstimet]
board (ice hockey rink ~)	laita	[lɑjtɑ]
shot	laukaus	[lɑukɑus]
goaltender	maalivahti	[mɑːli·ʋɑhti]
goal (score)	maali	[mɑːli]
to score a goal	tehdä maali	[tehdæ mɑːli]

period	erä	[eræ]
second period	toinen erä	[tojnen eræ]
substitutes bench	varamiespenkki	[ʋɑrɑmies·peŋkki]

136. Soccer

| soccer | jalkapallo | [jɑlkɑ·pɑllo] |
| soccer player | jalkapalloilija | [jɑlkɑ·pɑllojlijɑ] |

to play soccer	pelata jalkapalloa	[pelɑta jalkɑpɑlloɑ]
major league	korkein liiga	[korkejn liːgɑ]
soccer club	jalkapallokerho	[jɑlkɑ·pɑllo·kerho]
coach	valmentaja	[ʋɑlmentɑjɑ]
owner, proprietor	omistaja	[omistɑjɑ]

team	joukkue	[joukkue]
team captain	joukkueen kapteeni	[joukkue:n kɑpte:ni]
player	pelaaja	[pelɑːjɑ]
substitute	vaihtopelaaja	[ʋɑjhto·pelɑːjɑ]

forward	hyökkääjä	[hyøkkæ:jæ]
center forward	keskushyökkääjä	[keskus·hyøkkæ:jæ]
scorer	maalintekijä	[mɑːlin·tekijæ]
defender, back	puolustaja	[puolustɑjɑ]
midfielder, halfback	keskikenttäpelaaja	[keski·kenttæ·pelɑ:jɑ]

match	ottelu, matsi	[ottelu], [mɑtsi]
to meet (vi, vt)	tavata	[tɑʋɑtɑ]
final	finaali	[finɑ:li]
semi-final	välierä	[ʋæli·eræ]
championship	mestaruuskilpailut	[mestɑru:s·kilpɑjlut]

period, half	puoliaika	[puoli·ɑjkɑ]
first period	ensimmäinen puoliaika	[ensimmæjnen puoli·ɑjkɑ]
half-time	väliaika, puoliaika	[ʋæli·ɑjkɑ], [puoli·ɑjkɑ]

goal	maali	[mɑ:li]
goalkeeper	maalivahti	[mɑ:li·ʋɑhti]
goalpost	poikkihirsi	[pojkki·hirsi]
crossbar	poikkipuu	[pojkki·pu:]
net	verkko	[ʋerkko]
to concede a goal	ohita pallo maaliin	[ohitɑ pɑllo mɑ:li:n]

ball	pallo	[pɑllo]
pass	syöttö	[syøttø]
kick	isku	[isku]
to kick (~ the ball)	iskeä	[iskeæ]
free kick (direct ~)	rangaistuspotku	[rɑŋɑjstus·potku]
corner kick	kulmuri	[kulmuri]

attack	hyökkäys	[hyøkkæys]
counterattack	vastahyökkäys	[ʋɑstɑ·hyøkkæys]
combination	yhdistelmä	[yhdistelmæ]

referee	erotuomari	[erotuomɑri]
to blow the whistle	viheltää	[ʋiheltæ:]
whistle (sound)	pilli	[pilli]
foul, misconduct	rike, sääntörikkomus	[rike], [sæ:ntø·rikkomus]
to commit a foul	rikkoa	[rikkoɑ]
to send off	poistaa kentältä	[pojstɑ: kentæltæ]
yellow card	keltainen kortti	[keltɑjnen kortti]

red card	punainen kortti	[punɑjnen kortti]
disqualification	esteellisyys	[esteːlːisyːs]
to disqualify (vt)	diskvalifioida	[diskʋɑlifiojdɑ]

penalty kick	rangaistuspotku	[rɑŋɑjstusˑpotku]
wall	muuri	[muːri]
to score (vi, vt)	tehdä maali	[tehdæ mɑːli]
goal (score)	maali	[mɑːli]
to score a goal	tehdä maali	[tehdæ mɑːli]

substitution	vaihto	[ʋɑjhto]
to replace (a player)	vaihtaa	[ʋɑjhtɑː]
rules	säännöt	[sæːnːøt]
tactics	taktiikka	[tɑktiːkkɑ]

stadium	urheilukenttä	[urhejluˑkenttæ]
stand (bleachers)	katsomo	[kɑtsomo]
fan, supporter	fani	[fɑni]
to shout (vi)	huutaa	[huːtɑː]

scoreboard	tulostaulu	[tulosˑtaulu]
score	tilanne, tulos	[tilɑnne], [tulos]

defeat	häviö	[hæʋiø]
to lose (not win)	hävitä	[hæʋitæ]
tie	tasapeli	[tɑsɑˑpeli]
to tie (vi)	pelata tasan	[pelɑtɑ tɑsɑn]

victory	voitto	[ʋojtto]
to win (vi, vt)	voittaa	[ʋojttɑː]

champion	mestari	[mestɑri]
best (adj)	paras	[pɑrɑs]
to congratulate (vt)	onnitella	[onnitellɑ]

commentator	kommentoija	[kommentojɑ]
to commentate (vt)	kommentoida	[kommentojdɑ]
broadcast	lähetys	[læɦetys]

137. Alpine skiing

skis	sukset	[sukset]
to ski (vi)	hiihdellä	[hiːhdellæ]

mountain-ski resort	hiihtokeskus	[hiːhtoˑkeskus]
ski lift	hiihtohissi	[hiːhtoˑhissi]

ski poles	suksisauvat	[suksiˑsɑuʋɑt]
slope	rinne	[rinne]
slalom	pujottelu	[pujottelu]

138. Tennis. Golf

golf	golf	[golf]
golf club	golfkerho	[golf·kerho]
golfer	golfaaja, golfin pelaaja	[golfɑːjɑ], [golfin pelɑːjɑ]
hole	reikä	[rejkæ]
club	maila	[mɑjlɑ]
golf trolley	golfkärryt	[golf·karryt]
tennis	tennis	[tennis]
tennis court	tenniskenttä	[tennis·kenttæ]
serve	syöttö	[syøttø]
to serve (vt)	tarjoilla	[tɑrjoollɑ]
racket	maila	[mɑjlɑ]
net	verkko	[ʋerkko]
ball	pallo	[pɑllo]

139. Chess

chess	šakki	[ʃɑkki]
chessmen	šakkinappulat	[ʃɑkki·nɑppulɑt]
chess player	šakinpelaaja	[ʃɑkin·pelɑːjɑ]
chessboard	šakkilauta	[ʃɑkki·lɑutɑ]
chessman	nappula	[nɑppulɑ]
White (white pieces)	valkeat	[ʋɑlkeɑt]
Black (black pieces)	mustat	[mustɑt]
pawn	sotilas	[sotilɑs]
bishop	norsu	[norsu]
knight	ratsu	[rɑtsu]
rook	torni	[torni]
queen	kuningatar	[kuniŋɑtɑr]
king	kuningas	[kuniŋɑs]
move	siirto, vuoro	[siːrto], [ʋuoro]
to move (vi, vt)	siirtää	[siːrtæː]
to sacrifice (vt)	uhrata	[uhrɑtɑ]
castling	linnoitus	[linnojtus]
check	šakki	[ʃɑkki]
checkmate	matti	[mɑtti]
chess tournament	šakkiturnaus	[ʃɑkki·turnɑus]
Grand Master	suurmestari	[suːr·mestɑri]
combination	yhdistelmä	[yhdistelmæ]
game (in chess)	peli	[peli]
checkers	tammi	[tɑmmi]

140. Boxing

boxing	nyrkkeily	[nyrkkejly]
fight (bout)	ottelu	[ottelu]
boxing match	nyrkkeilyottelu	[nyrkkejly·ottelu]
round (in boxing)	erä	[eræ]
ring	kehä	[kehæ]
gong	gongi	[goŋi]
punch	isku	[isku]
knockdown	knockdown	[nokdaun]
knockout	tyrmäys	[tyrmæys]
to knock out	tyrmätä	[tyrmætæ]
boxing glove	nyrkkeilyhansikas	[nyrkkejly·hansikas]
referee	kehätuomari	[kehæ·tuomari]
lightweight	kevyt sarja	[keʋyt sarja]
middleweight	keskisarja	[keski·sarja]
heavyweight	raskassarja	[raskas·sarja]

141. Sports. Miscellaneous

Olympic Games	Olympiakisat	[olympia·kisat]
winner	voittaja	[ʋojttaja]
to be winning	voittaa	[ʋojtta:]
to win (vi)	voittaa	[ʋojtta:]
leader	johtaja	[johtaja]
to lead (vi)	johtaa	[johta:]
first place	ensimmäinen sija	[ensimmæjnen sija]
second place	toinen sija	[tojnen sija]
third place	kolmas sija	[kolmas sija]
medal	mitali	[mitali]
trophy	saalis	[sa:lis]
prize cup (trophy)	pokaali	[poka:li]
prize (in game)	palkinto	[palkinto]
main prize	pääpalkinto	[pæ:palkinto]
record	ennätys	[ennætys]
to set a record	saavuttaa ennätys	[sa:ʋutta: ennætys]
final	finaali, loppuottelu	[fina:li], [loppu·ottelu]
final (adj)	finaali-	[fina:li]
champion	mestari	[mestari]
championship	mestaruuskilpailut	[mestaru:s·kilpajlut]

stadium	**stadion**	[stɑdion]
stand (bleachers)	**katsomo**	[kɑtsomo]
fan, supporter	**penkkiurheilija**	[peŋkki·urhejlijɑ]
opponent, rival	**vastustaja**	[ʋɑstustɑjɑ]
start (start line)	**lähtö**	[læhtø]
finish line	**maali**	[mɑːli]
defeat	**häviö**	[hæʋiø]
to lose (not win)	**hävitä**	[hæʋitæ]
referee	**erotuomari**	[erotuomɑri]
jury (judges)	**tuomaristo**	[tuomɑristo]
score	**tilanne, tulos**	[tilɑnne], [tulos]
tie	**tasapeli**	[tɑsɑ·peli]
to tie (vi)	**pelata tasan**	[pelɑtɑ tɑsɑn]
point	**piste**	[piste]
result (final score)	**tulos**	[tulos]
half-time	**väliaika, puoliaika**	[ʋæli·ɑjkɑ], [puoli·ɑjkɑ]
doping	**doping**	[dopiŋ]
to penalize (vt)	**rangaista**	[rɑŋɑjstɑ]
to disqualify (vt)	**diskvalifioida**	[diskʋɑlifiojdɑ]
apparatus	**teline**	[teline]
javelin	**keihäs**	[kejhæs]
shot (metal ball)	**kuula**	[kuːlɑ]
ball (snooker, etc.)	**pallo**	[pɑllo]
aim (target)	**maali**	[mɑːli]
target	**maali**	[mɑːli]
to shoot (vi)	**ampua**	[ɑmpuɑ]
accurate (~ shot)	**tarkka**	[tɑrkkɑ]
trainer, coach	**valmentaja**	[ʋɑlmentɑjɑ]
to train (sb)	**valmentaa**	[ʋɑlmentɑː]
to train (vi)	**valmentautua**	[ʋɑlmentɑutuɑ]
training	**valmennus**	[ʋɑlmennus]
gym	**voimistelusali**	[ʋojmistelu·sɑli]
exercise (physical)	**liikunta, harjoittelu**	liːkuntɑ, hɑrjoittelu
warm-up (athlete ~)	**lämmittely**	[læmmittely]

Education

142. School

school	**koulu**	[koulu]
principal (headmaster)	**rehtori**	[rehtori]
pupil (boy)	**oppilas**	[oppilɑs]
pupil (girl)	**tyttöoppilas**	[tyttø·oppilɑs]
schoolboy	**koululainen**	[koululɑjnen]
schoolgirl	**koululainen**	[koululɑjnen]
to teach (sb)	**opettaa**	[opettɑ:]
to learn (language, etc.)	**opetella**	[opetellɑ]
to learn by heart	**opetella ulkoa**	[opetellɑ ulkoɑ]
to learn (~ to count, etc.)	**opiskella**	[opiskellɑ]
to be in school	**käydä koulua**	[kæydæ kouluɑ]
to go to school	**mennä kouluun**	[mennæ koulu:n]
alphabet	**aakkoset**	[ɑ:kkoset]
subject (at school)	**oppiaine**	[oppiɑjne]
classroom	**luokka**	[luokkɑ]
lesson	**tunti**	[tunti]
recess	**välitunti**	[ʋæli·tunti]
school bell	**soitto**	[sojtto]
school desk	**pulpetti**	[pulpetti]
chalkboard	**liitutaulu**	[li:tu·tɑulu]
grade	**arvosana**	[ɑrʋosɑnɑ]
good grade	**hyvä arvosana**	[hyʋæ ɑrʋosɑnɑ]
bad grade	**huono arvosana**	[huono ɑrʋosɑnɑ]
to give a grade	**merkitä arvosana**	[merkitæ ɑrʋosɑnɑ]
mistake, error	**virhe**	[ʋirhe]
to make mistakes	**tehdä virheet**	[tehdæ ʋirhe:t]
to correct (an error)	**korjata**	[korjɑtɑ]
cheat sheet	**lunttilappu**	[luntti·lɑppu]
homework	**kotitehtävä**	[koti·tehtæʋæ]
exercise (in education)	**harjoitus**	[hɑrjoitus]
to be present	**olla läsnä**	[ollɑ læsnæ]
to be absent	**olla poissa**	[ollɑ pojssɑ]
to punish (vt)	**rangaista**	[rɑŋɑjstɑ]

punishment	rangaistus	[raŋɑjstus]
conduct (behavior)	käytös	[kæytøs]

report card	oppilaan päiväkirja	[oppilɑːn pæjʋæ·kirjɑ]
pencil	lyijykynä	[lyjy·kynæ]
eraser	kumi	[kumi]
chalk	liitu	[liːtu]
pencil case	kynäkotelo	[kynæ·kotelo]

schoolbag	salkku	[sɑlkku]
pen	kynä	[kynæ]
school notebook	vihko	[ʋihko]
textbook	oppikirja	[oppi·kirjɑ]
drafting compass	harppi	[hɑrppi]

to make technical drawings	piirtää	[piːrtæː]
technical drawing	piirustus	[piːrustus]

poem	runo	[runo]
by heart (adv)	ulkoa	[ulkoɑ]
to learn by heart	opetella ulkoa	[opetellɑ ulkoɑ]

school vacation	loma	[lomɑ]
to be on vacation	olla lomalla	[ollɑ lomɑllɑ]

test (written math ~)	kirjallinen koe	[kirjɑllinen koe]
essay (composition)	ainekirjoitus	[ɑjne·kirjoitus]
dictation	sanelu	[sɑnelu]
exam (examination)	koe	[koe]
to take an exam	tenttiä	[tenttiæ]
experiment (e.g., chemistry ~)	koe	[koe]

143. College. University

academy	akatemia	[ɑkɑtemiɑ]
university	yliopisto	[yli·opisto]
faculty (e.g., ~ of Medicine)	tiedekunta	[tiedo·kuntɑ]

student (masc.)	opiskelija	[opiskelijɑ]
student (fem.)	opiskelija	[opiskelijɑ]
lecturer (teacher)	opettaja	[opettɑjɑ]

lecture hall, room	luentosali	[luento·sɑli]
graduate	valmistunut	[ʋɑlmistunut]
diploma	diplomi	[diplomi]
dissertation	väitöskirja	[ʋæjtøs·kirjɑ]
study (report)	tutkimus	[tutkimus]

laboratory	laboratorio	[laboratorio]
lecture	luento	[luento]
coursemate	kurssitoveri	[kurssi·toʋeri]
scholarship	opintotuki	[opinto·tuki]
academic degree	oppiarvo	[oppi·arʋo]

144. Sciences. Disciplines

mathematics	matematiikka	[matemati:kka]
algebra	algebra	[algebra]
geometry	geometria	[geometria]

astronomy	tähtitiede	[tæhti·tiede]
biology	biologia	[biologia]
geography	maantiede	[ma:n·tiede]
geology	geologia	[geologia]
history	historia	[historia]

medicine	lääketiede	[læ:ke·tiede]
pedagogy	pedagogiikka	[pedagogi:kka]
law	oikeustiede	[ojkeus·tiede]

physics	fysiikka	[fysi:kka]
chemistry	kemia	[kemia]
philosophy	filosofia	[filosofia]
psychology	psykologia	[psykologia]

145. Writing system. Orthography

grammar	kielioppi	[kieli·oppi]
vocabulary	sanasto	[sanasto]
phonetics	fonetiikka	[foneti:kka]

noun	substantiivi	[substanti:ʋi]
adjective	adjektiivi	[adjekti:ʋi]
verb	verbi	[ʋerbi]
adverb	adverbi	[adʋerbi]

pronoun	pronomini	[pronomini]
interjection	interjektio	[interjektio]
preposition	prepositio	[prepositio]

root	sanan vartalo	[sanan ʋartalo]
ending	pääte	[pæ:te]
prefix	etuliite	[etuli:te]
syllable	tavu	[taʋu]
suffix	suffiksi, jälkiliite	[suffiksi], [jælkili:te]
stress mark	paino	[pajno]

apostrophe	heittomerkki	[hejtto·merkki]
period, dot	piste	[piste]
comma	pilkku	[pilkku]
semicolon	puolipiste	[puoli·piste]
colon	kaksoispiste	[kaksojs·piste]
ellipsis	pisteryhmä	[piste·ryhmæ]
question mark	kysymysmerkki	[kysymys·merkki]
exclamation point	huutomerkki	[hu:to·merkki]
quotation marks	lainausmerkit	[lajnaus·merkit]
in quotation marks	lainausmerkeissä	[lajnaus·merkejssæ]
parenthesis	sulkumerkit	[sulku·merkit]
in parenthesis	sulkumerkeissä	[sulku·merkejssæ]
hyphen	tavuviiva	[tavu·vi:va]
dash	ajatusviiva	[ajatus·vi:va]
space (between words)	väli	[væli]
letter	kirjain	[kirjain]
capital letter	iso kirjain	[iso kirjain]
vowel (n)	vokaali	[voka:li]
consonant (n)	konsonantti	[konsonantti]
sentence	lause	[lause]
subject	subjekti	[subjekti]
predicate	predikaatti	[predika:tti]
line	rivi	[rivi]
on a new line	uudella rivillä	[u:dela rivilla]
paragraph	kappale	[kappale]
word	sana	[sana]
group of words	sanaliitto	[sana·li:tto]
expression	sanonta	[sanonta]
synonym	synonyymi	[synony:mi]
antonym	antonyymi	[antony:mi]
rule	sääntö	[sæ:ntø]
exception	poikkeus	[pojkkeus]
correct (adj)	oikea	[ojkea]
conjugation	verbien taivutus	[verbien tajvutus]
declension	nominien taivutus	[nominien tajvutus]
nominal case	sija	[sija]
question	kysymys	[kysymys]
to underline (vt)	alleviivata	[allevi:vata]
dotted line	pisteviiva	[piste·vi:va]

146. Foreign languages

language	**kieli**	[kieli]
foreign (adj)	**vieras**	[vieras]
foreign language	**vieras kieli**	[vieras kieli]
to study (vt)	**opiskella**	[opiskella]
to learn (language, etc.)	**opetella**	[opetella]
to read (vi, vt)	**lukea**	[lukea]
to speak (vi, vt)	**puhua**	[puɦua]
to understand (vt)	**ymmärtää**	[ymmærtæ:]
to write (vt)	**kirjoittaa**	[kirjoitta:]
fast (adv)	**nopeasti**	[nopeasti]
slowly (adv)	**hitaasti**	[hita:sti]
fluently (adv)	**sujuvasti**	[sujuʋasti]
rules	**säännöt**	[sæ:nnøt]
grammar	**kielioppi**	[kieli·oppi]
vocabulary	**sanasto**	[sanasto]
phonetics	**fonetiikka**	[foneti:kka]
textbook	**oppikirja**	[oppi·kirja]
dictionary	**sanakirja**	[sana·kirja]
teach-yourself book	**itseopiskeluopas**	[itseopiskelu·opas]
phrasebook	**fraasisanakirja**	[fra:si·sana·kirja]
cassette, tape	**kasetti**	[kasetti]
videotape	**videokasetti**	[ʋideo·kasetti]
CD, compact disc	**CD-levy**	[sede·leʋy]
DVD	**DVD-levy**	[deʋede·leʋy]
alphabet	**aakkoset**	[a:kkoset]
to spell (vt)	**kirjoittaa**	[kirjoitta:]
pronunciation	**artikulaatio**	[artikula:tio]
accent	**korostus**	[korostus]
with an accent	**vieraasti korostaen**	[ʋiera:sti korostaen]
without an accent	**ilman korostusta**	[ilman korostusta]
word	**sana**	[sana]
meaning	**merkitys**	[merkitys]
course (e.g., a French ~)	**kurssi**	[kurssi]
to sign up	**ilmoittautua**	[ilmojttautua]
teacher	**opettaja**	[opettaja]
translation (process)	**kääntäminen**	[kæ:ntæminen]
translation (text, etc.)	**käännös**	[kæ:nnøs]
translator	**kääntäjä**	[kæ:ntæjæ]
interpreter	**tulkki**	[tulkki]

polyglot	monikielinen	[moni·kielinen]
memory	muisti	[mujsti]

147. Fairy tale characters

Santa Claus	Joulupukki	[joulu·pukki]
Cinderella	Tuhkimo	[tuhkimo]
mermaid	merenneito	[meren·nejto]
Neptune	Neptunus	[neptunus]

magician, wizard	taikuri	[tɑjkuri]
fairy	hyvä noita	[hyʋɑ nojtɑ]
magic (adj)	taika-	[tɑjkɑ]
magic wand	taikasauva	[tɑjkɑ·sɑuʋɑ]

fairy tale	satu	[sɑtu]
miracle	ihme	[ihme]
dwarf	tonttu	[tonttu]
to turn into ...	muuttua ...	[mu:ttuɑ]

ghost	kummitus	[kummitus]
phantom	haamu	[hɑ:mu]
monster	hirviö	[hirʋiø]
dragon	lohikäärme	[lohi·kæ:rme]
giant	jättiläinen	[jættilæjnen]

148. Zodiac Signs

Aries	Oinas	[ojnɑs]
Taurus	Härkä	[hærkæ]
Gemini	Kaksoset	[kɑksoset]
Cancer	Krapu	[krɑpu]
Leo	Leijona	[leijonɑ]
Virgo	Neitsyt	[nejtsyt]

Libra	Vaaka	[ʋɑ:kɑ]
Scorpio	Skorpioni	[skorpioni]
Sagittarius	Jousimies	[jousimies]
Capricorn	Kauris	[kɑuris]
Aquarius	Vesimies	[ʋesimies]
Pisces	Kalat	[kɑlɑt]

character	luonne	[luonne]
character traits	luonteenpiirteet	[luonte:n·pi:rte:t]
behavior	käytös	[kæytøs]
to tell fortunes	ennustaa	[ennustɑ:]
fortune-teller	ennustaja	[ennustɑjɑ]
horoscope	horoskooppi	[horosko:ppi]

Arts

149. Theater

theater	teatteri	[teatteri]
opera	ooppera	[o:ppera]
operetta	operetti	[operetti]
ballet	baletti	[baletti]

theater poster	juliste	[juliste]
troupe (theatrical company)	seurue	[seurue]
tour	kiertue	[kjertue]
to be on tour	mennä kiertueelle	[mennæ kiertue:lle]
to rehearse (vi, vt)	harjoitella	[harjoitella]
rehearsal	harjoitus	[harjoitus]
repertoire	ohjelmisto	[ohjelmisto]

performance	esitys	[esitys]
theatrical show	näytelmä	[næytelmæ]
play	näytelmä	[næytelmæ]

ticket	lippu	[lippu]
box office (ticket booth)	lippukassa	[lippu·kassa]
lobby, foyer	aula	[aula]
coat check (cloakroom)	narikka	[narikka]
coat check tag	vaatelappu	[ʋɑ:te·lappu]
binoculars	kiikari	[ki:kari]
usher	tarkastaja	[tarkastaja]

orchestra seats	permanto	[permanto]
balcony	parveke	[parʋeke]
dress circle	ensi parvi	[ensi parʋi]
box	aitio	[ajtio]
row	rivi	[riʋi]
seat	paikka	[pajkka]

audience	yleisö	[ylejsø]
spectator	katsoja	[katsoja]
to clap (vi, vt)	taputtaa	[taputta:]
applause	aplodit	[aplodit]
ovation	suosionosoitukset	[suosion·osojtukset]

stage	näyttämö	[næyttæmø]
curtain	esirippu	[esirippu]
scenery	lavastus	[laʋastus]

backstage	kulissit	[kulissit]
scene (e.g., the last ~)	kohtaus	[kohtaus]
act	näytös	[næutøs]
intermission	väliaika	[ʋæliɑjkɑ]

150. Cinema

actor	näyttelijä	[næyttelijæ]
actress	näyttelijätär	[næyttelijætær]

movies (industry)	elokuvat	[elokuʋɑt]
movie	elokuva	[elokuʋɑ]
episode	episodi	[episodi]

detective movie	dekkari	[dekkɑri]
action movie	toimintaelokuva	[tojmintɑ·elokuʋɑ]
adventure movie	seikkailuelokuva	[sejkkɑjlu·elokuʋɑ]
sci-fi movie	tieteisfiktioelokuva	[tjetesfiktio·elokuʋɑ]
horror movie	kauhuelokuva	[kɑuhu·elokuʋɑ]

comedy movie	komedia	[komediɑ]
melodrama	melodraama	[melodrɑːmɑ]
drama	draama	[drɑːmɑ]

fictional movie	näytelmäelokuva	[næytelmæ·elokuʋɑ]
documentary	dokumenttielokuva	[dokumentti·elokuʋɑ]
cartoon	piirrosfilmi	[piːrros·filmi]
silent movies	mykkäelokuva	[mykkæ·elokuʋɑ]

role (part)	osa, rooli	[osɑ], [roːli]
leading role	päärooli	[pæːroːli]
to play (vi, vt)	näytellä	[næytellæ]

movie star	filmitähti	[filmi·tæhti]
well-known (adj)	tunnettu	[tunnettu]
famous (adj)	kuulu	[kuːlu]
popular (adj)	suosittu	[suosittu]

script (screenplay)	käsikirjoitus	[kæsi·kirjoitus]
scriptwriter	käsikirjoittaja	[kæsi·kirjoittɑjɑ]
movie director	ohjaaja	[ohjɑːjɑ]
producer	elokuvatuottaja	[elokuʋɑ·tuottɑjɑ]
assistant	avustaja	[ɑʋustɑjɑ]
cameraman	kameramies	[kɑmerɑmies]
stuntman	stuntti	[stuntti]
double (stand-in)	sijaisnäyttelijä	[sijɑjs·næyttelijæ]

to shoot a movie	elokuvata	[elokuʋɑtɑ]
audition, screen test	koe-esiintyminen	[koe·esiːntyminen]
shooting	filmaaminen	[filmɑːminen]

movie crew	filmausryhmä	[filmaus·ryhmæ]
movie set	filmauskenttä	[filmaus·kenttæ]
camera	elokuvakamera	[elokuʋa·kamera]

movie theater	elokuvateatteri	[elokuʋa·teatteri]
screen (e.g., big ~)	valkokangas	[ʋalko·kaŋas]
to show a movie	esittää elokuvaa	[esittæ: elokuʋa:]

soundtrack	ääniraita	[æ:ni·rajta]
special effects	erikoistehosteet	[erikojs·tehoste:t]
subtitles	tekstitykset	[tekstitykset]
credits	lopputekstit	[loppu·tekstit]
translation	käännös	[kæ:nnøs]

151. Painting

art	taide	[tajde]
fine arts	kaunotaiteet	[kauno·tajte:t]
art gallery	taidegalleria	[taide·galleria]
art exhibition	taidenäyttely	[tajde·næyttely]

painting (art)	maalaustaide	[ma:laus·tajde]
graphic art	taidegrafiikka	[tajde·grafi:kka]
abstract art	abstrakti taide	[abstrakti tajde]
impressionism	impressionismi	[impressionismi]

picture (painting)	taulu	[taulu]
drawing	piirros	[pi:rros]
poster	juliste	[juliste]

illustration (picture)	kuva	[kuʋa]
miniature	miniatyyri	[miniaty:ri]
copy (of painting, etc.)	kopio	[kopio]
reproduction	jäljennös	[jæljennøs]

mosaic	mosaiikki	[mosai:kki]
stained glass window	lasimaalaus	[lasi·ma:laus]
fresco	fresko	[fresko]
engraving	kaiverrus	[kajʋerrus]

bust (sculpture)	rintakuva	[rinta·kuʋa]
sculpture	kuvanveisto	[kuʋan·ʋejsto]
statue	kuvapatsas	[kuʋa·patsas]
plaster of Paris	kipsi	[kipsi]
plaster (as adj)	kipsinen	[kipsinen]

portrait	muotokuva	[muoto·kuʋa]
self-portrait	omakuva	[oma·kuʋa]
landscape painting	maisemakuva	[majsema·kuʋa]
still life	asetelma	[asetelma]

| caricature | pilakuva | [pilɑ·kuʋɑ] |
| sketch | hahmotelma | [hɑhmotelmɑ] |

paint	maali	[mɑːli]
watercolor paint	akvarelliväri	[ɑkʋɑrelli·ʋæri]
oil (paint)	öljyväri	[øljy·ʋæri]
pencil	lyijykynä	[lyjy·kynæ]
India ink	tussi	[tussi]
charcoal	hiili	[hiːli]

| to draw (vi, vt) | piirtää | [piːrtæː] |
| to paint (vi, vt) | maalata | [mɑːlɑtɑ] |

to pose (vi)	poseerata	[poseːrɑtɑ]
artist's model (masc.)	malli	[mɑlli]
artist's model (fem.)	malli	[mɑlli]

artist (painter)	taiteilija	[tɑjtejlijɑ]
work of art	teos	[teos]
masterpiece	mestariteos	[mestɑri·teos]
studio (artist's workroom)	verstas	[ʋerstɑs]

canvas (cloth)	kangas, kanvaasi	[kɑŋɑs], [kɑnʋɑːsi]
easel	maalausteline	[mɑːlɑus·teline]
palette	paletti	[pɑletti]

frame (picture ~, etc.)	kehys	[kehys]
restoration	entistys	[entistys]
to restore (vt)	entistää	[entistæː]

152. Literature & Poetry

literature	kirjallisuus	[kirjɑllisuːs]
author (writer)	tekijä	[tekijæ]
pseudonym	salanimi	[sɑlɑ·nimi]

book	kirja	[kirjɑ]
volume	nide	[nide]
table of contents	sisällysluettelo	[sisællys·luettelo]
page	sivu	[siʋu]
main character	päähenkilö	[pæːheŋkilø]
autograph	nimikirjoitus	[nimi·kirjoitus]

short story	kertomus	[kertomus]
story (novella)	novelli	[noʋelli]
novel	romaani	[romɑːni]
work (writing)	teos	[teos]
fable	satu	[sɑtu]
detective novel	salapoliisiromaani	[sɑlɑ·poliːsi·romɑːni]
poem (verse)	runo	[runo]

poetry	runous	[runous]
poem (epic, ballad)	runoelma	[runoelma]
poet	runoilija	[runojlija]

fiction	kaunokirjallisuus	[kauno·kirjallisu:s]
science fiction	tieteiskirjallisuus	[tietejs·kirjallisu:s]
adventures	seikkailut	[sejkkajlut]
educational literature	oppikirjallisuus	[oppi·kirjallisu:s]
children's literature	lastenkirjallisuus	[lasten·kirjallisu:s]

153. Circus

circus	sirkus	[sirkus]
traveling circus	kiertävä sirkus	[kiertæʋæ sirkus]
program	ohjelma	[ohjelma]
performance	esitys	[esitys]

| act (circus ~) | numero | [numero] |
| circus ring | areena | [are:na] |

| pantomime (act) | pantomiimi | [pantomi:mi] |
| clown | klovni | [kloʋni] |

acrobat	akrobaatti	[akroba:tti]
acrobatics	voimistelutaito	[ʋojmistelu·tajto]
gymnast	voimistelija	[ʋojmistelija]
acrobatic gymnastics	voimistelu	[ʋojmistelu]
somersault	voltti	[ʋoltti]

athlete (strongman)	voimamies	[ʋojmamies]
tamer (e.g., lion ~)	kesyttäjä	[kesyttæjæ]
rider (circus horse ~)	ratsastaja	[ratsastaja]
assistant	avustaja	[aʋustaja]

stunt	trikki	[trikki]
magic trick	taikatemppu	[tajka·temppu]
conjurer, magician	taikuri	[tajkuri]

juggler	jonglööri	[joŋlø:ri]
to juggle (vi, vt)	jongleerata	[joŋle:rata]
animal trainer	kouluttaja	[kouluttaja]
animal training	koulutus	[koulutus]
to train (animals)	kouluttaa	[koulutta:]

154. Music. Pop music

| music | musiikki | [musi:kki] |
| musician | muusikko | [mu:sikko] |

| musical instrument | soitin | [sojtin] |
| to play ... | soittaa | [sojttɑ:] |

guitar	kitara	[kitɑrɑ]
violin	viulu	[ʋiulu]
cello	sello	[sello]
double bass	bassoviulu	[bɑsso·ʋiulu]
harp	harppu	[hɑrppu]

piano	piano	[piɑno]
grand piano	flyygeli	[fly:geli]
organ	urut	[urut]

wind instruments	puhallussoitimet	[puhɑllus·sojtimet]
oboe	oboe	[oboj]
saxophone	saksofoni	[sɑksofoni]
clarinet	klarinetti	[klɑrinetti]
flute	huilu	[hujlu]
trumpet	torvi	[torʋi]

accordion	pianoharmonikka	[piɑno·hɑrmonikkɑ]
drum	rumpu	[rumpu]
duo	duo	[duo]
trio	trio	[trio]
quartet	kvartetti	[kʋɑrtetti]
choir	kuoro	[kuoro]
orchestra	orkesteri	[orkesteri]

pop music	pop musiikki	[pop musi:kki]
rock music	rokki	[rokki]
rock group	rokkiyhtye	[rokki·yhtye]
jazz	jatsi	[jɑtsi]

| idol | idoli | [idoli] |
| admirer, fan | ihailija | [ihɑjlijɑ] |

concert	konsertti	[konsertti]
symphony	sinfonia	[sinfoniɑ]
composition	sävellys	[sæʋellys]
to compose (write)	säveltää	[sæʋeltæ:]

singing (n)	laulaminen	[lɑuluminen]
song	laulu	[lɑulu]
tune (melody)	melodia	[melodiɑ]
rhythm	rytmi	[rytmi]
blues	blues	[blys]

sheet music	nuotit	[nuotit]
baton	tahtipuikko	[tɑhti·pujkko]
bow	jousi	[jousi]
string	kieli	[kieli]
case (e.g., guitar ~)	kotelo	[kotelo]

Rest. Entertainment. Travel

155. Trip. Travel

tourism, travel	**matkailu**	[mɑtkɑjlu]
tourist	**matkailija**	[mɑtkɑjlijɑ]
trip, voyage	**matka**	[mɑtkɑ]
adventure	**seikkailu**	[sejkkɑjlu]
trip, journey	**matka**	[mɑtkɑ]
vacation	**loma**	[lomɑ]
to be on vacation	**olla lomalla**	[ollɑ lomɑllɑ]
rest	**lepo**	[lepo]
train	**juna**	[junɑ]
by train	**junalla**	[junɑllɑ]
airplane	**lentokone**	[lento·kone]
by airplane	**lentokoneella**	[lentokone:llɑ]
by car	**autolla**	[ɑutollɑ]
by ship	**laivalla**	[lɑjuɑllɑ]
luggage	**matkatavara**	[mɑtkɑ·tɑuɑrɑ]
suitcase	**matkalaukku**	[mɑtkɑ·lɑukku]
luggage cart	**matkatavarakärryt**	[mɑtkɑ·tɑuɑrɑt·kærryt]
passport	**passi**	[pɑssi]
visa	**viisumi**	[ui:sumi]
ticket	**lippu**	[lippu]
air ticket	**lentolippu**	[lento·lippu]
guidebook	**opaskirja**	[opɑs·kirjɑ]
map (tourist ~)	**kartta**	[kɑrttɑ]
area (rural ~)	**seutu**	[seutu]
place, site	**paikka**	[pɑjkkɑ]
exotica (n)	**eksoottisuus**	[ekso:ttisu:s]
exotic (adj)	**eksoottinen**	[ekso:ttinen]
amazing (adj)	**ihmeellinen**	[ihme:llinen]
group	**ryhmä**	[ryhmæ]
excursion, sightseeing tour	**ekskursio, retki**	[ekskursio], [retki]
guide (person)	**opas**	[opɑs]

156. Hotel

hotel	**hotelli**	[hotelli]
motel	**motelli**	[motelli]
three-star (~ hotel)	**kolme tähteä**	[kolme tæhteæ]
five-star	**viisi tähteä**	[ʋiːsi tæhteæ]
to stay (in a hotel, etc.)	**oleskella**	[oleskellɑ]
room	**huone**	[huone]
single room	**yhden hengen huone**	[yhden heŋen huone]
double room	**kahden hengen huone**	[kɑhden heŋen huone]
to book a room	**varata huone**	[ʋɑrɑtɑ huone]
half board	**puolihoito**	[puoli·hojto]
full board	**täysihoito**	[tæysi·hojto]
with bath	**jossa on kylpyamme**	[jossɑ on kylpyɑmme]
with shower	**on suihku**	[on sujhku]
satellite television	**satelliittitelevisio**	[sɑtelliːtti·teleʋisio]
air-conditioner	**ilmastointilaite**	[ilmɑstojnti·lɑjte]
towel	**pyyhe**	[pyːhe]
key	**avain**	[ɑʋɑjn]
administrator	**hallintovirkamies**	[hɑllinto·ʋirkɑ·mies]
chambermaid	**huonesiivooja**	[huone·siːʋoːjɑ]
porter, bellboy	**kantaja**	[kɑntɑjɑ]
doorman	**vahtimestari**	[ʋɑhti·mestɑri]
restaurant	**ravintola**	[rɑʋintolɑ]
pub, bar	**baari**	[bɑːri]
breakfast	**aamiainen**	[ɑːmiɑjnen]
dinner	**illallinen**	[illɑllinen]
buffet	**noutopöytä**	[nouto·pøytæ]
lobby	**eteishalli**	[etejs·hɑlli]
elevator	**hissi**	[hissi]
DO NOT DISTURB	**ÄLKÄÄ HÄIRITKÖ**	[ælkæː hæjritkø]
NO SMOKING	**TUPAKOINTI KIELLETTY**	[tupɑkojnti kielletty]

157. Books. Reading

book	**kirja**	[kirjɑ]
author	**tekijä**	[tekijæ]
writer	**kirjailija**	[kirjɑilijɑ]
to write (~ a book)	**kirjoittaa**	[kirjoittɑː]
reader	**lukija**	[lukijɑ]
to read (vi, vt)	**lukea**	[lukeɑ]

reading (activity)	lukeminen	[lukeminen]
silently (to oneself)	itsekseen	[itsekse:n]
aloud (adv)	ääneen	[æ:ne:n]

to publish (vt)	julkaista	[julkajsta]
publishing (process)	julkaisu	[julkajsu]
publisher	julkaisija	[julkajsija]
publishing house	kustantamo	[kustantamo]

to come out (be released)	ilmestyä	[ilmestyæ]
release (of a book)	julkaisu	[julkajsu]
print run	painosmäärä	[pajnos·mæ:ræ]

| bookstore | kirjakauppa | [kirja·kauppa] |
| library | kirjasto | [kirjasto] |

story (novella)	novelli	[novelli]
short story	kertomus	[kertomus]
novel	romaani	[roma:ni]
detective novel	salapoliisiromaani	[sala·poli:si·roma:ni]

memoirs	muistelmat	[mujstelmat]
legend	legenda	[legenda]
myth	myytti	[my:tti]

poetry, poems	runot	[runot]
autobiography	omaelämäkerta	[oma·elæmækerta]
selected works	valitut teokset	[valitut teokset]
science fiction	tieteiskirjallisuus	[tietejs·kirjallisu:s]

title	nimi	[nimi]
introduction	johdanto	[johdanto]
title page	nimiölehti	[nimiø·lehti]

chapter	luku	[luku]
extract	katkelma	[katkelma]
episode	episodi	[episodi]

plot (storyline)	juoni	[juoni]
contents	sisältö	[sisæltø]
table of contents	sisällysluettelo	[sisællys·luettelo]
main character	pääsankari	[pæ:saŋkari]

volume	nide	[nide]
cover	kansi	[kansi]
binding	sidonta	[sidonta]
bookmark	kirjanmerkki	[kirjan·merkki]
page	sivu	[sivu]
to page through	selailla	[selajlla]
margins	marginaalit	[margina:lit]
annotation	merkintä	[merkintæ]
(marginal note, etc.)		

footnote	huomautus	[huomautus]
text	teksti	[teksti]
type, font	fontti, kirjasinlaji	[fontti], [kirjasin·laji]
misprint, typo	painovirhe	[pajno·virhe]

translation	käännös	[kæ:nnøs]
to translate (vt)	kääntää	[kæ:ntæ:]
original (n)	alkuperäiskappale	[alkuperæjs·kappale]

famous (adj)	kuulu	[ku:lu]
unknown (not famous)	tuntematon	[tuntematon]
interesting (adj)	mielenkiintoinen	[mielen·ki:ntojnen]
bestseller	bestseller	[bestseller]

dictionary	sanakirja	[sana·kirja]
textbook	oppikirja	[oppi·kirja]
encyclopedia	tietosanakirja	[tieto·sana·kirja]

158. Hunting. Fishing

hunting	metsästys	[metsæstys]
to hunt (vi, vt)	metsästää	[metsæstæ:]
hunter	metsästäjä	[metsæstæjæ]

to shoot (vi)	ampua	[ampua]
rifle	kivääri	[kiuæ:ri]
bullet (shell)	patruuna	[patru:na]
shot (lead balls)	haulit	[haulit]

steel trap	raudat	[raudat]
snare (for birds, etc.)	ansa	[ansa]
to lay a steel trap	asettaa raudat	[asetta: raudat]

poacher	salametsästäjä	[sala·metsæstæjæ]
game (in hunting)	riista	[ri:sta]
hound dog	metsästyskoira	[metsæstys·kojra]
safari	safari	[safari]
mounted animal	täytetty eläin	[tæytetty elæjn]

fisherman, angler	kalastaja	[kalastaja]
fishing (angling)	kalastus	[kalastus]
to fish (vi)	kalastaa	[kalasta:]

fishing rod	onki	[oŋki]
fishing line	siima	[si:ma]
hook	koukku	[koukku]
float, bobber	koho	[koĥo]
bait	syötti	[syøtti]
to cast a line	heittää onki	[hejttæ: oŋki]
to bite (ab. fish)	käydä onkeen	[kæydæ oŋke:n]

| catch (of fish) | saalis | [sɑːlis] |
| ice-hole | avanto | [ɑʋɑnto] |

fishing net	kalaverkko	[kɑlɑ·ʋerkko]
boat	vene	[ʋene]
to net (to fish with a net)	kalastaa verkoilla	[kɑlɑstɑː ʋerkojllɑ]
to cast[throw] the net	heittää verkko	[hejttæ· ʋerkko]
to haul the net in	vetää verkko	[ʋetæ· ʋerkko]

whaler (person)	valaanpyytäjä	[ʋɑlɑːn·pyːtæjæ]
whaleboat	valaanpyyntialus	[ʋɑlɑːn·pyːntiɑlus]
harpoon	harppuuna	[hɑrppuːnɑ]

159. Games. Billiards

billiards	biljardi	[biljɑrdi]
billiard room, hall	biljardisali	[biljɑrdi·sɑli]
ball (snooker, etc.)	biljardipallo	[biljɑrdi·pɑllo]

to pocket a ball	pussittaa	[pussittɑː]
cue	biljardikeppi	[biljɑrdi·keppi]
pocket	pussi	[pussi]

160. Games. Playing cards

| diamonds | ruutu | [ruːtu] |
| spades | pata | [pɑtɑ] |

| hearts | hertta | [herttɑ] |
| clubs | risti | [risti] |

| ace | ässä | [æssæ] |
| king | kuningas | [kuniŋɑs] |

| queen | kuningatar | [kuniŋɑtɑr] |
| jack, knave | sotamies | [sotɑmies] |

| playing card | pelikortti | [peli·kortti] |
| cards | kortit | [kortit] |

| trump | valtti | [ʋɑltti] |
| deck of cards | korttipakka | [kortti·pɑkkɑ] |

point	piste	[piste]
to deal (vi, vt)	jakaa	[jɑkɑː]
to shuffle (cards)	sekoittaa	[sekojttɑː]
lead, turn (n)	siirto	[siːrto]
cardsharp	korttihuijari	[kortti·huijɑri]

161. Casino. Roulette

casino	kasino	[kɑsino]
roulette (game)	ruletti	[ruletti]
bet	panos	[pɑnos]
to place bets	lyödä vetoa	[lyødæ ʋetoɑ]
red	punainen	[punɑjnen]
black	musta	[mustɑ]
to bet on red	lyödä vetoa punaisesta	[lyødæ ʋetoɑ punɑjsestɑ]
to bet on black	lyödä vetoa mustasta	[lyødæ ʋetoɑ mustɑstɑ]
croupier (dealer)	krupieeri	[krupjeːri]
to spin the wheel	pyörittää rulettipyörää	[pyørittæː ruletti·pyøræː]
rules (of game)	pelisäännöt	[peli·sæːnnøt]
chip	pelimerkki	[peli·merkki]
to win (vi, vt)	voittaa	[ʋojttaː]
win (winnings)	voitto	[ʋojtto]
to lose (~ 100 dollars)	hävitä	[hæʋitæ]
loss (losses)	häviö	[hæʋiø]
player	pelaaja	[pelɑːjɑ]
blackjack (card game)	Black Jack	[blek dʒek]
craps (dice game)	noppapeli	[noppɑpeli]
dice (a pair of ~)	nopat	[nopɑt]
slot machine	peliautomaatti	[peli·automɑːtti]

162. Rest. Games. Miscellaneous

to stroll (vi, vt)	kävellä	[kæʋellæ]
stroll (leisurely walk)	kävely	[kæʋely]
car ride	retki	[retki]
adventure	seikkailu	[sejkkɑjlu]
picnic	piknikki	[pɪknɪkki]
game (chess, etc.)	peli	[peli]
player	pelaaja	[pelɑːjɑ]
game (one ~ of chess)	erä	[eræ]
collector (e.g., philatelist)	keräilijä	[keræjlijæ]
to collect (stamps, etc.)	keräillä	[keræjllæ]
collection	kokoelma	[kokoelmɑ]
crossword puzzle	sanaristikko	[sɑnɑ·ristikko]
racetrack (horse racing venue)	ravirata	[rɑʋi·rɑtɑ]

disco (discotheque)	disko	[disko]
sauna	sauna	[souna]
lottery	arpajaiset	[arpajaiset]
camping trip	vaellus	[vaellus]
camp	leiri	[lejri]
tent (for camping)	teltta	[teltta]
compass	kompassi	[kompassi]
camper	telttailija	[telttajlija]
to watch (movie, etc.)	katsoa	[katsoa]
viewer	katsoja	[katsoja]
TV show (TV program)	televisiolähetys	[televisio·læɦetys]

163. Photography

camera (photo)	kamera	[kamera]
photo, picture	valokuva	[valokuva]
photographer	valokuvaaja	[valokuva:ja]
photo studio	valokuvaamo	[valokuva:mo]
photo album	valokuvakansio	[valokuva·kansio]
camera lens	objektiivi	[objekti:vi]
telephoto lens	teleobjektiivi	[tele·objekti:vi]
filter	suodatin	[suodatin]
lens	linssi	[linssi]
optics (high-quality ~)	optiikka	[opti:kka]
diaphragm (aperture)	himmennin	[himmennin]
exposure time (shutter speed)	valotus	[valotus]
viewfinder	etsin	[etsin]
digital camera	digitaalikamera	[digita:li·kamera]
tripod	jalusta	[jalusta]
flash	salamalaite	[salama·lajte]
to photograph (vt)	valokuvata	[valokuvata]
to take pictures	kuvata	[kuvata]
to have one's picture taken	käydä valokuvassa	[kæydæ valokuvassa]
focus	fokus, focus	[fokus]
to focus	tarkentaa	[tarkenta:]
sharp, in focus (adj)	terävä	[teræʋæ]
sharpness	terävyys	[teræʋy:s]
contrast	kontrasti	[kontrasti]
contrast (as adj)	kontrasti-	[kontrasti]
picture (photo)	kuva	[kuva]

negative (n)	negatiivi	[negati:ʋi]
film (a roll of ~)	filmi	[filmi]
frame (still)	otos	[otos]
to print (photos)	tulostaa	[tulosta:]

164. Beach. Swimming

beach	uimaranta	[ujma·ranta]
sand	hiekka	[hiekka]
deserted (beach)	autio	[autio]

suntan	rusketus	[rusketus]
to get a tan	ruskettua	[ruskettua]
tan (adj)	ruskettunut	[ruskettunut]
sunscreen	aurinkovoide	[auriŋko·ʋojde]

bikini	bikinit	[bikinit]
bathing suit	uimapuku	[ujma·puku]
swim trunks	uimahousut	[ujma·housut]

swimming pool	uima-allas	[ujma·allas]
to swim (vi)	uida	[ujda]
shower	suihku	[sujhku]
to change (one's clothes)	vaihtaa vaatteet	[ʋajhta: ʋa:tte:t]
towel	pyyhe	[py:he]

| boat | vene | [ʋene] |
| motorboat | moottorivene | [mo:ttori·ʋene] |

water ski	vesihiihto	[ʋesi·hi:hto]
paddle boat	vesipolkupyörä	[ʋesi·polkupyøræ]
surfing	surffaus	[surffaus]
surfer	surffaaja	[surffa:ja]

scuba set	happilaite	[happi·lajte]
flippers (swim fins)	räpylät	[ræpylæt]
mask (diving ~)	naamari	[na:mari]
diver	sukeltaja	[sukeltaja]
to dive (vi)	sukeltaa	[sukelta:]
underwater (adv)	veden alla	[ʋeden alla]

beach umbrella	sateenvarjo	[sate:n·ʋarjo]
sunbed (lounger)	telttatuoli	[teltta·tuoli]
sunglasses	aurinkolasit	[auriŋko·lasit]
air mattress	uimapatja	[ujma·patja]

to play (amuse oneself)	leikkiä	[lejkkiæ]
to go for a swim	uida	[ujda]
beach ball	rantapallo	[ranta·pallo]
to inflate (vt)	puhaltaa	[puhalta:]

inflatable, air (adj)	**puhallettava**	[puɦɑllettɑʋɑ]
wave	**aalto**	[ɑːlto]
buoy (line of ~s)	**poiju**	[poiju]
to drown (ab. person)	**hukkua**	[hukkuɑ]
to save, to rescue	**pelastaa**	[pelɑstɑː]
life vest	**pelastusliivi**	[pelɑstus·liːʋi]
to observe, to watch	**tarkkailla**	[tɑrkkɑjllɑ]
lifeguard	**pelastaja**	[pelɑstɑjɑ]

TECHNICAL EQUIPMENT. TRANSPORTATION

Technical equipment

165. Computer

computer	tietokone	[tieto·kone]
notebook, laptop	kannettava tietokone	[kannettaʋa tietokone]
to turn on	avata	[aʋata]
to turn off	sammuttaa	[sammutta:]
keyboard	näppäimistö	[næppæjmistø]
key	näppäin	[næppæjn]
mouse	hiiri	[hi:ri]
mouse pad	hiirimatto	[hi:ri·matto]
button	painike	[pajnike]
cursor	kursori	[kursori]
monitor	monitori	[monitori]
screen	näyttö	[næyttø]
hard disk	kiintolevy, kovalevy	[ki:nto·leʋy], [koʋa·leʋy]
hard disk capacity	kiintolevyn kapasiteetti	[ki:ntoleʋyn kapasite:tti]
memory	muisti	[mujsti]
random access memory	keskusmuisti	[keskus·mujsti]
file	tiedosto	[tædosto]
folder	kansio	[kansio]
to open (vt)	avata	[aʋata]
to close (vt)	sulkea	[sulkea]
to save (vt)	tallentaa	[tallɒnta:]
to delete (vt)	poistaa	[pojsta:]
to copy (vt)	kopioida	[kopiojda]
to sort (vt)	lajitella	[lajɪtella]
to transfer (copy)	siirtää	[si:rtæ:]
program	ohjelma	[ohjelma]
software	ohjelmisto	[ohjelmisto]
programmer	ohjelmoija	[ohjelmoja]
to program (vt)	ohjelmoida	[ohjelmojda]
hacker	hakkeri	[hakkeri]
password	tunnussana	[tunnus·sana]

| virus | virus | [ʋirus] |
| to find, to detect | löytää | [løytæ:] |

| byte | tavu | [taʋu] |
| megabyte | megatavu | [mega·taʋu] |

| data | tiedot | [tiedot] |
| database | tietokanta | [tieto·kanta] |

cable (USB, etc.)	kaapeli	[ka:peli]
to disconnect (vt)	kytkeä irti	[kytkeæ irti]
to connect (sth to sth)	yhdistää, liittää	[yhdistæ:], [li:ttæ:]

166. Internet. E-mail

Internet	internet, netti	[internet], [netti]
browser	verkkoselain	[ʋerkko·selajn]
search engine	hakukone	[haku·kone]
provider	internet-palveluntarjoaja	[internet·palʋelun·tarjoaja]

webmaster	webmaster	[ʋeb·master]
website	nettisivusto	[netti·siʋusto]
webpage	nettisivu	[netti·siʋu]

| address (e-mail ~) | email-osoite | [imejl·osojte] |
| address book | osoitekirja | [osojte·kirja] |

mailbox	postilaatikko	[postila:tikko]
mail	posti	[posti]
full (adj)	täysi	[tæysi]

message	viesti	[ʋiesti]
incoming messages	saapuneet viestit	[sa:pune:t ʋiestit]
outgoing messages	lähetetyt viestit	[læhetetyt ʋiestit]
sender	lähettäjä	[læhettæjæ]
to send (vt)	lähettää	[læhettæ:]
sending (of mail)	lähettäminen	[læhettæminen]

| receiver | saaja | [sa:ja] |
| to receive (vt) | saada | [sa:da] |

| correspondence | kirjeenvaihto | [kirje:n·ʋajhto] |
| to correspond (vi) | olla kirjeenvaihdossa | [olla kirje:n·ʋajhdossa] |

file	tiedosto	[tædosto]
to download (vt)	tallentaa	[tallenta:]
to create (vt)	luoda	[luoda]
to delete (vt)	poistaa	[pojsta:]
deleted (adj)	poistettu	[pojstettu]
connection (ADSL, etc.)	yhteys	[yhteys]

speed	nopeus	[nopeus]
modem	modeemi	[mode:mi]
access	pääsy	[pæ:sy]
port (e.g., input ~)	portti	[portti]

| connection (make a ~) | liittymä | [li:ttymæ] |
| to connect to ... (vi) | liittyä | [li:ttyæ] |

| to select (vt) | valita | [ʋɑlitɑ] |
| to search (for ...) | etsiä | [etsiæ] |

167. Electricity

electricity	sähkö	[sæhkø]
electric, electrical (adj)	sähkö-	[sæhkø]
electric power plant	voimala	[ʋojmɑlɑ]
energy	energia	[energiɑ]
electric power	sähköenergia	[sæhkø·energiɑ]

light bulb	lamppu	[lɑmppu]
flashlight	taskulamppu	[tɑsku·lɑmppu]
street light	lyhty	[lyhty]

light	valo	[ʋɑlo]
to turn on	sytyttää	[sytyttæ:]
to turn off	katkaista	[kɑtkɑjstɑ]
to turn off the light	sammuttaa valo	[sɑmmuttɑ: ʋɑlo]

to burn out (vi)	olla palanut	[ollɑ pɑlɑnut]
short circuit	oikosulku	[ojko·sulku]
broken wire	katkeama	[kɑtkeɑmɑ]
contact (electrical ~)	kontakti	[kontɑkti]

light switch	katkaisin	[kɑtkɑjsin]
wall socket	pistorasia	[pisto·rɑsiɑ]
plug	pistoke	[pistoke]
extension cord	jatkojohto	[jɑtko·johto]

fuse	suojalaite	[suojɑ·lɑjte]
cable, wire	johto, johdin	[johto], [johdin]
wiring	johdotus	[johdotus]

ampere	ampeeri	[ɑmpe:ri]
amperage	ampeeriluku	[ɑmpe:ri·luku]
volt	voltti	[ʋoltti]
voltage	jännite	[jænnite]

electrical device	sähkölaite	[sæhkø·lɑjte]
indicator	indikaattori	[indikɑ:ttori]
electrician	sähkömies	[sæhkømies]

to solder (vt)	juottaa	[juotta:]
soldering iron	juotin	[juotin]
electric current	virta	[virta]

168. Tools

tool, instrument	työkalu	[työ·kalu]
tools	työkalut	[työ·kalut]
equipment (factory ~)	laitteet	[lajtte:t]

hammer	vasara	[vasara]
screwdriver	ruuvitaltta	[ru:vi·taltta]
ax	kirves	[kirves]

saw	saha	[saha]
to saw (vt)	sahata	[sahata]
plane (tool)	höylä	[høylæ]
to plane (vt)	höylätä	[høylætæ]
soldering iron	juotin	[juotin]
to solder (vt)	juottaa	[juotta:]

file (tool)	viila	[vi:la]
carpenter pincers	hohtimet	[hohtimet]
lineman's pliers	laakapihdit	[la:ka·pihdit]
chisel	taltta	[taltta]

drill bit	pora	[pora]
electric drill	porakone	[pora·kone]
to drill (vi, vt)	porata	[porata]

knife	veitsi	[vejtsi]
pocket knife	taskuveitsi	[tasku·vejtsi]
blade	terä	[teræ]

sharp (blade, etc.)	terävä	[teræuæ]
dull, blunt (adj)	tylsä	[tylsæ]
to get blunt (dull)	tylsistyä	[tylsistyæ]
to sharpen (vt)	teroittaa	[terojtta:]

bolt	pultti	[pultti]
nut	mutteri	[mutteri]
thread (of a screw)	kierre	[kierre]
wood screw	ruuvi	[ru:vi]

| nail | naula | [naula] |
| nailhead | kanta | [kanta] |

ruler (for measuring)	viivoitin	[vi:vojtin]
tape measure	mittanauha	[mitta·nauha]
spirit level	vesivaaka	[vesi·va:ka]

magnifying glass	suurennuslasi	[su:rennus·lasi]
measuring instrument	mittauslaite	[mittaus·lajte]
to measure (vt)	mitata	[mitata]
scale	asteikko	[astejkko]
(of thermometer, etc.)		
readings	lukema	[lukema]
compressor	kompressori	[kompressori]
microscope	mikroskooppi	[mikrosko:ppi]
pump (e.g., water ~)	pumppu	[pumppu]
robot	robotti	[robotti]
laser	laser	[laser]
wrench	kiintoavain	[ki:nto·avajn]
adhesive tape	teippi	[tejppi]
glue	liima	[li:ma]
sandpaper	hiomapaperi	[hioma·paperi]
spring	jousi	[jousi]
magnet	magneetti	[magne:tti]
gloves	käsineet	[kæsine:t]
rope	nuora	[nuora]
cord	nuora	[nuora]
wire (e.g., telephone ~)	johto, johdin	[johto], [johdin]
cable	kaapeli	[ka:peli]
sledgehammer	leka, moukari	[leka], [moukari]
prybar	rautakanki	[rauta·kaŋki]
ladder	tikapuut	[tika·pu:t]
stepladder	tikkaat	[tikka:t]
to screw (tighten)	kiertää	[kærtæ:]
to unscrew (lid, filter, etc.)	kiertää auki	[kiertæ: auki]
to tighten	kiristää	[kiristæ:]
(e.g., with a clamp)		
to glue, to stick	liimata	[li:mata]
to cut (vt)	leikata	[lejkata]
malfunction (fault)	vika	[vika]
repair (mending)	korjaus	[korjaus]
to repair, to fix (vt)	korjata	[korjata]
to adjust (machine, etc.)	säädellä	[sæ:dellæ]
to check (to examine)	tarkastaa	[tarkasta:]
checking	tarkastus	[tarkastus]
readings	lukema	[lukema]
reliable, solid (machine)	luotettava	[luotettava]
complex (adj)	monimutkainen	[monimutkajnen]
to rust (get rusted)	ruostua	[ruostua]

| rusty, rusted (adj) | **ruosteinen** | [ruostejnen] |
| rust | **ruoste** | [ruoste] |

Transportation

169. Airplane

airplane	lentokone	[lento·kone]
air ticket	lentolippu	[lento·lippu]
airline	lentoyhtiö	[lento·yhtiø]
airport	lentoasema	[lento·asema]
supersonic (adj)	yliääni-	[yliæ:ni-]

captain	lentokoneen päällikkö	[lento·kone:n pæ:llikkø]
crew	miehistö	[mæhistø]
pilot	lentäjä	[lentæjæ]
flight attendant (fem.)	lentoemäntä	[lento·emæntæ]
navigator	perämies	[peræmies]

wings	siivet	[si:ʋet]
tail	pyrstö	[pyrstø]
cockpit	ohjaamo	[ohja·mo]
engine	moottori	[mo:ttori]
undercarriage (landing gear)	laskuteline	[lasku·teline]
turbine	turbiini	[turbi:ni]

propeller	propelli	[propelli]
black box	musta laatikko	[musta la:tikko]
yoke (control column)	ohjaussauva	[ohjaus·sauʋa]
fuel	polttoaine	[poltto·ajne]

safety card	turvaohje	[turʋa·ohje]
oxygen mask	happinaamari	[happina:mari]
uniform	univormu	[uniʋormu]
life vest	pelastusliivi	[pelastus·li:ʋi]
parachute	laskuvarjo	[lasku·ʋarjo]

takeoff	ilmaannousu	[ilma:n·nousu]
to take off (vi)	nousta ilmaan	[nousta ilma:n]
runway	kiitorata	[ki:to·rata]

visibility	näkyvyys	[nækyʋy:s]
flight (act of flying)	lento	[lento]
altitude	korkeus	[korkeus]
air pocket	ilmakuoppa	[ilma·kuoppa]

| seat | paikka | [pajkka] |
| headphones | kuulokkeet | [ku:lokke:t] |

folding tray (tray table)	tarjotin	[tarjotin]
airplane window	ikkuna	[ikkuna]
aisle	käytävä	[kæytæʊæ]

170. Train

train	juna	[juna]
commuter train	sähköjuna	[sæhkø·juna]
express train	pikajuna	[pika·juna]
diesel locomotive	moottoriveturi	[moːttori·ʋeturi]
steam locomotive	höyryveturi	[høyry·ʋeturi]

| passenger car | vaunu | [ʋaunu] |
| dining car | ravintolavaunu | [raʋintola·ʋaunu] |

rails	ratakiskot	[rata·kiskot]
railroad	rautatie	[rauta·tie]
railway tie	ratapölkky	[rata·pølkky]

platform (railway ~)	asemalaituri	[asema·lajturi]
track (~ 1, 2, etc.)	raide	[rajde]
semaphore	siipiopastin	[siːpi·opastin]
station	asema	[asema]

engineer (train driver)	junankuljettaja	[yneŋ·kuljettaja]
porter (of luggage)	kantaja	[kantaja]
car attendant	vaununhoitaja	[ʋaunun·hojtaja]
passenger	matkustaja	[matkustaja]
conductor (ticket inspector)	tarkastaja	[tarkastaja]

| corridor (in train) | käytävä | [kæytæʊæ] |
| emergency brake | hätäjarru | [hætæ·jarru] |

compartment	vaununosasto	[ʋaunun·osasto]
berth	vuode	[ʋuode]
upper berth	ylävuode	[ylæ·ʋuode]
lower berth	alavuode	[ala·ʋuode]
bed linen, bedding	vuodevaatteet	[ʋuode·ʋaːtteːt]

ticket	lippu	[lippu]
schedule	aikataulu	[ajka·taulu]
information display	aikataulu	[ajka·taulu]

to leave, to depart	lähteä	[læhteæ]
departure (of train)	lähtö	[læhtø]
to arrive (ab. train)	saapua	[saːpua]
arrival	saapuminen	[saːpuminen]
to arrive by train	tulla junalla	[tulla junalla]
to get on the train	nousta junaan	[nousta junaːn]

to get off the train	nousta junasta	[nousta junasta]
train wreck	junaturma	[juna·turma]
to derail (vi)	suistua raiteilta	[sujstua rajtejlta]
steam locomotive	höyryveturi	[høyry·ʋeturi]
stoker, fireman	lämmittäjä	[læmmittæjæ]
firebox	tulipesä	[tulipesæ]
coal	hiili	[hiːli]

171. Ship

ship	laiva	[lajʋa]
vessel	alus	[alus]

steamship	höyrylaiva	[højry·lajʋa]
riverboat	jokilaiva	[joki·lajʋa]
cruise ship	risteilijä	[ristejlijæ]
cruiser	risteilijä	[ristejlijæ]

yacht	jahti	[jɑhti]
tugboat	hinausköysi	[hinaus·køysi]
barge	proomu	[proːmu]
ferry	lautta	[lautta]

sailing ship	purjealus	[purje·alus]
brigantine	brigantiini	[briganti:ni]

ice breaker	jäänmurtaja	[jæːn·murtaja]
submarine	sukellusvene	[sukellus·ʋene]

boat (flat-bottomed ~)	jolla	[jolla]
dinghy (lifeboat)	pelastusvene	[pelastus·ʋene]
lifeboat	pelastusvene	[pelastus·ʋene]
motorboat	moottorivene	[moːttori·ʋene]

captain	kapteeni	[kapteːni]
seaman	matruusi	[matruːsi]
sailor	merimies	[merimies]
crew	miehistö	[mæɦistø]

boatswain	pursimies	[pursimies]
ship's boy	laivapoika	[lajʋa·pojka]
cook	kokki	[kokki]
ship's doctor	laivalääkäri	[lajʋa·læːkæri]

deck	kansi	[kansi]
mast	masto	[masto]
sail	purje	[purje]

hold	ruuma	[ruːma]
bow (prow)	keula	[keula]

stern	perä	[peræ]
oar	airo	[ajro]
screw propeller	potkuri	[potkuri]

cabin	hytti	[hytti]
wardroom	upseerimessi	[upse:ri·messi]
engine room	konehuone	[kone·huone]
bridge	komentosilta	[komento·silta]
radio room	radiohuone	[radio·huone]

wave (radio)	aalto	[a:lto]
logbook	laivapäiväkirja	[lajua·pæjuæ·kirja]

spyglass	kaukoputki	[kauko·putki]
bell	kello	[kello]
flag	lippu	[lippu]

hawser (mooring ~)	köysi	[køysi]
knot (bowline, etc.)	solmu	[solmu]

deckrails	käsipuu	[kæsipu:]
gangway	laskusilta	[lasku·silta]

anchor	ankkuri	[aŋkkuri]
to weigh anchor	nostaa ankkuri	[nosta: aŋkkuri]

to drop anchor	heittää ankkuri	[hejttæ: aŋkkuri]
anchor chain	ankkuriketju	[aŋkkuri·ketju]

port (harbor)	satama	[satama]
quay, wharf	laituri	[lajturi]

to berth (moor)	kiinnittyä	[ki:nnittyæ]
to cast off	lähteä	[læhteæ]

trip, voyage	matka	[matka]
cruise (sea trip)	laivamatka	[lajua·matka]

course (route)	kurssi	[kurssi]
route (itinerary)	reitti	[rejtti]

fairway	väylä	[uæylæ]
(safe water channel)		
shallows	matalikko	[matalikko]
to run aground	ajautua matalikolle	[ajautua matalikolle]

storm	myrsky	[myrsky]
signal	merkki	[merkki]
to sink (vi)	upota	[upota]
Man overboard!	Mies yli laidan!	[mies yli lajdan]
SOS (distress signal)	SOS	[sos]
ring buoy	pelastusrengas	[pelastus·reŋas]

172. Airport

airport	lentoasema	[lento·asema]
airplane	lentokone	[lento·kone]
airline	lentoyhtiö	[lento·yhtiø]
air traffic controller	lennonjohtaja	[lennon·johtaja]
departure	lähtö	[læhtø]
arrival	saapuvat	[sa:puvat]
to arrive (by plane)	lentää	[lentæ:]
departure time	lähtöaika	[læhtø·ajka]
arrival time	saapumisaika	[sa:pumis·ajka]
to be delayed	myöhästyä	[myøhæstyæ]
flight delay	lennon viivästyminen	[lennon ʋi:ʋæstyminen]
information board	tiedotustaulu	[tiedotus·taulu]
information	tiedotus	[tiedotus]
to announce (vt)	ilmoittaa	[ilmojtta:]
flight (e.g., next ~)	lento	[lento]
customs	tulli	[tulli]
customs officer	tullimies	[tullimies]
customs declaration	tullausilmoitus	[tullaus·ilmojtus]
to fill out (vt)	täyttää	[tæyttæ:]
to fill out the declaration	täyttää tullausilmoitus	[tæyttæ: tullaus ilmojtus]
passport control	passintarkastus	[passin·tarkastus]
luggage	matkatavara	[matka·tauara]
hand luggage	käsimatkatavara	[kæsi·matka·tauara]
luggage cart	matkatavarakärryt	[matka·tauarat·kærryt]
landing	lasku	[lasku]
landing strip	laskurata	[lasku·rata]
to land (vi)	laskeutua	[laskeutua]
airstair (passenger stair)	laskuportaat	[lasku·porta:t]
check-in	lähtöselvitys	[læhtø·selʋitys]
check-in counter	rekisteröintitiski	[rekisterøinti·tiski]
to check-in (vi)	ilmoittautua	[ilmojttautua]
boarding pass	koneeseennousukortti	[kone:se:n·nousu·kortti]
departure gate	lentokoneen pääsy	[lento·kone:n pæ:sy]
transit	kauttakulku	[kautta·kulku]
to wait (vt)	odottaa	[odotta:]
departure lounge	odotussali	[odotus·sali]
to see off	saattaa ulos	[sa:tta: ulos]
to say goodbye	hyvästellä	[hyʋæstellæ]

173. Bicycle. Motorcycle

bicycle	**polkupyörä**	[polku·pyøræ]
scooter	**skootteri**	[sko:tteri]
motorcycle, bike	**moottoripyörä**	[mo:ttori·pyøræ]
to go by bicycle	**pyöräillä**	[pyøræjllæ]
handlebars	**ohjaustanko**	[ohjɑus·tɑŋko]
pedal	**poljin**	[poljɪn]
brakes	**jarrut**	[jɑrrut]
bicycle seat (saddle)	**satula**	[sɑtulɑ]
pump	**pumppu**	[pumppu]
luggage rack	**tavarateline**	[tɑvɑrɑ·teline]
front lamp	**valo, ajovalo**	[vɑlo], [ɑjovɑlo]
helmet	**kypärä**	[kypæræ]
wheel	**pyörä**	[pyøræ]
fender	**siipi**	[si:pi]
rim	**vanne**	[vɑnne]
spoke	**pinna**	[pinnɑ]

Cars

174. Types of cars

automobile, car	auto	[auto]
sports car	urheiluauto	[urhejlu·auto]
limousine	limusiini	[limousi:ni]
off-road vehicle	maastoauto	[ma:sto·auto]
convertible (n)	avoauto	[auo·auto]
minibus	pikkubussi	[pikku·bussi]
ambulance	ambulanssi	[ambulanssi]
snowplow	lumiaura	[lumi·aura]
truck	kuorma-auto	[kuorma·auto]
tanker truck	bensiinisäiliöauto	[bensi:ni·sæjliø·auto]
van (small truck)	kuomuauto	[kuomu·auto]
road tractor (trailer truck)	vetoauto	[ueto·auto
trailer	perävaunu	[peræ·uaunu]
comfortable (adj)	mukava	[mukaua]
used (adj)	käytetty	[kæutetty]

175. Cars. Bodywork

hood	konepelti	[kone·pelti]
fender	lokasuoja	[loka·suoja]
roof	katto	[katto]
windshield	tuulilasi	[tu:li·lasi]
rear-view mirror	taustapeili	[tausta·pejli]
windshield washer	tuulilasinpesin	[tu:lilasin·pesin]
windshield wipers	tuulilasinpyyhkimet	[tu:lilasin·py:hkimet]
side window	sivulasi	[siuu·lasi]
window lift (power window)	lasinnostin	[lasin·nostin]
antenna	antenni	[antenni]
sunroof	kattoluukku	[katto·lu:kku]
bumper	puskuri	[puskuri]
trunk	tavaratila	[tauara·tila]
roof luggage rack	takräcke, kattoteline	[takræcke], [kattoteline]
door	ovi	[oui]

door handle	**kahva**	[kɑhʋɑ]
door lock	**lukko**	[lukko]
license plate	**numero**	[numero]
muffler	**vaimennin**	[ʋɑjmennin]
gas tank	**bensiinitankki**	[bensi:ni·tɑŋkki]
tailpipe	**pakoputki**	[pɑko·putki]
gas, accelerator	**kaasu**	[kɑ:su]
pedal	**poljin**	[poljın]
gas pedal	**kaasupoljin**	[kɑ:su·poljın]
brake	**jarru**	[jɑrru]
brake pedal	**jarrupoljin**	[jɑrru·poljın]
to brake (use the brake)	**jarruttaa**	[jɑrruttɑ:]
parking brake	**käsijarru**	[kæsi·jɑrru]
clutch	**kytkin**	[kytkin]
clutch pedal	**kytkinpoljin**	[kytkin·poljın]
clutch disc	**kytkinlevy**	[kytkin·leʋy]
shock absorber	**iskari**	[iskɑri]
wheel	**rengas**	[reŋɑs]
spare tire	**vararengas**	[ʋɑrɑ·reŋɑs]
tire	**rengas**	[reŋɑs]
hubcap	**pölykapseli**	[pøly·kɑpseli]
driving wheels	**vetävät pyörät**	[ʋetæʋæt pyøræt]
front-wheel drive (as adj)	**etuveto-**	[etuʋeto]
rear-wheel drive (as adj)	**takaveto-**	[tɑkɑʋeto]
all-wheel drive (as adj)	**neliveto-**	[neliʋeto]
gearbox	**vaihdelaatikko**	[ʋɑjhde·lɑ:tikko]
automatic (adj)	**automaattinen**	[automɑ:ttinen]
mechanical (adj)	**käsivalintainen**	[kæsiʋɑlintɑjnen]
gear shift	**vaihdetanko**	[ʋɑjhde·tɑŋko]
headlight	**etulyhty**	[etulyhty]
headlights	**ajovalot**	[ɑjo·ʋɑlot]
low beam	**lähivalot**	[læɦi·ʋɑlot]
high beam	**kaukovalot**	[kɑuko·ʋɑlot]
brake light	**jarruvalo**	[jɑrru·ʋɑlo]
parking lights	**pysäköintivalot**	[pysækøjnti·ʋɑlot]
hazard lights	**hätävilkut**	[hætæ·ʋilkut]
fog lights	**sumuvalot**	[sumu·ʋɑlot]
turn signal	**kääntymisvalo**	[kæ:ntymis·ʋɑlo]
back-up light	**peruutusvalo**	[peru:tus·ʋɑlo]

176. Cars. Passenger compartment

car inside (interior)	sisätila	[sisæ·tilɑ]
leather (as adj)	nahka-	[nɑhkɑ]
velour (as adj)	veluuri-	[ʋelu:ri]
upholstery	verhoilu	[ʋerhojlu]

instrument (gage)	koje	[koje]
dashboard	kojelauta	[koje·lɑutɑ]
speedometer	nopeusmittari	[nopeus·mittɑri]
needle (pointer)	osoitin	[osojtin]

odometer	matkamittari	[mɑtkɑ·mittɑri]
indicator (sensor)	indikaattori	[indikɑ:ttori]
level	taso	[tɑso]
warning light	varoitusvalo	[ʋɑroitus·ʋɑlo]

steering wheel	ratti	[rɑtti]
horn	torvi	[torʋi]
button	painike	[pɑjnike]
switch	kytkin	[kytkin]

seat	istuin	[istujn]
backrest	selkänoja	[selkænojɑ]
headrest	päänalunen	[pæ:n·ɑlunen]
seat belt	turvavyö	[turʋɑ·ʋyø]
to fasten the belt	kiinnittää turvavyö	[ki:nnittæ: turʋɑ·ʋyø]
adjustment (of seats)	säätö	[sæ:tø]

| airbag | turvatyyny | [turʋɑ·ty:ny] |
| air-conditioner | ilmastointilaite | [ilmɑstojnti·lɑjte] |

radio	radio	[rɑdio]
CD player	CD-levysoitin	[sede·leʋysojtin]
to turn on	avata	[ɑʋɑtɑ]
antenna	antenni	[ɑntenni]
glove box	hansikaslokero	[hɑnsikɑs·lokero]
ashtray	tuhkakuppi	[tuhkɑ·kuppi]

177. Cars. Engine

engine, motor	moottori	[mo:ttori]
diesel (as adj)	diesel-	[di:sel]
gasoline (as adj)	bensiini-	[bensi:ni]

engine volume	moottorin tilavuus	[mo:ttorin tilɑuu:s]
power	teho	[teho]
horsepower	hevosvoima	[heʋos·ʋojmɑ]
piston	mäntä	[mæntæ]

cylinder	sylinteri	[sylinteri]
valve	venttiili	[ʋentti:li]
injector	injektori	[injektori]
generator (alternator)	generaattori	[generɑ:ttori]
carburetor	kaasutin	[kɑ:sutin]
motor oil	koneöljy	[kone·øljy]
radiator	jäähdytin	[jæ:hdytin]
coolant	jäähdytysneste	[jæ:hdytys·neste]
cooling fan	tuuletin	[tu:letin]
battery (accumulator)	akku	[ɑkku]
starter	startti	[stɑrtti]
ignition	sytytys	[sytytys]
spark plug	sytytystulppa	[sytytys·tulppɑ]
terminal (of battery)	liitin	[li:tin]
positive terminal	plus	[plus]
negative terminal	miinus	[mi:nus]
fuse	sulake	[sulɑke]
air filter	ilmasuodatin	[ilmɑ·suodatin]
oil filter	öljysuodatin	[øljy·suodatin]
fuel filter	polttoainesuodatin	[polttoɑjne·suodatin]

178. Cars. Crash. Repair

car crash	kolari	[kolɑri]
traffic accident	liikenneonnettomuus	[li:kenne·onnettomu:s]
to crash (into the wall, etc.)	törmätä	[tørmætæ]
to get smashed up	rysähtää	[rysæhtæ:]
damage	vaurio	[ʋɑurio]
intact (unscathed)	ehjä	[ehjæ]
breakdown	hajoaminen	[hɑjoaminen]
to break down (vi)	mennä rikki	[mennæ rikki]
towrope	hinausvaijeri	[hinɑus·ʋɑijeri]
puncture	reikä	[rejkæ]
to be flat	puhjeta	[puhjetɑ]
to pump up	pumpata	[pumpɑtɑ]
pressure	paine	[pɑjne]
to check (to examine)	tarkastaa	[tɑrkɑstɑ:]
repair	korjaus	[korjɑus]
auto repair shop	autopaja, korjaamo	[ɑutopɑjɑ], [korjɑ:mo]
spare part	varaosa	[ʋɑrɑ·osɑ]
part	osa	[osɑ]

bolt (with nut)	**pultti**	[pultti]
screw (fastener)	**ruuvi**	[ruːʋi]
nut	**mutteri**	[mutteri]
washer	**aluslevy**	[alusˌleʋy]
bearing (e.g., ball ~)	**laakeri**	[laːkeri]

tube	**putki**	[putki]
gasket (head ~)	**tiiviste**	[tiːʋiste]
cable, wire	**johto, johdin**	[johto], [johdin]

jack	**tunkki**	[tuŋkki]
wrench	**kiintoavain**	[kiːntoˌaʋɑjn]
hammer	**vasara**	[ʋɑsɑrɑ]
pump	**pumppu**	[pumppu]
screwdriver	**ruuvitaltta**	[ruːʋiˌtɑlttɑ]

fire extinguisher	**sammutin**	[sɑmmutin]
warning triangle	**varoituskolmio**	[ʋɑrojtusˌkolmio]

to stall (vi)	**sammua**	[sɑmmuɑ]
stall (n)	**sammutus**	[sɑmmutus]
to be broken	**olla rikki**	[ollɑ rikki]

to overheat (vi)	**ylikuumentua**	[ylikuːmentuɑ]
to be clogged up	**tukkeutua**	[tukkeutuɑ]
to freeze up (pipes, etc.)	**jäätyä**	[jæːtyæ]
to burst (vi, ab. tube)	**haljeta**	[hɑljetɑ]

pressure	**paine**	[pɑjne]
level	**taso**	[tɑso]
slack (~ belt)	**löysä**	[løysæ]

dent	**lommo**	[lommo]
knocking noise (engine)	**poikkeava ääni**	[poikkeɑʋɑ æːni]
crack	**halkeama**	[hɑlkeɑmɑ]
scratch	**naarmu**	[nɑːrmu]

179. Cars. Road

road	**tie**	[tie]
highway	**moottoritie**	[moːttoritie]
freeway	**maantie**	[mɑːntie]
direction (way)	**suunta**	[suːntɑ]
distance	**välimatka**	[ʋæli·mɑtkɑ]

bridge	**silta**	[siltɑ]
parking lot	**parkkipaikka**	[pɑrkki·pɑjkkɑ]
square	**aukio**	[ɑukio]
interchange	**eritasoliittymä**	[eritɑso·liːttymæ]
tunnel	**tunneli**	[tunneli]

gas station	bensiiniasema	[bensi:ni·asema]
parking lot	parkkipaikka	[parkki·pajkka]
gas pump (fuel dispenser)	bensiinipumppu	[bensi:ni·pumppu]
auto repair shop	autopaja, korjaamo	[autopaja], [korja:mo]
to get gas (to fill up)	tankata	[taŋkata]
fuel	polttoaine	[poltto·ajne]
jerrycan	jerrykannu	[jerry·kannu]

asphalt	asfaltti	[asfaltti]
road markings	ajoratamerkintä	[ajorata·merkintæ]
curb	reunakiveys	[reuna·kiʋeus]
guardrail	suojakaide	[suoja·kajde]
ditch	oja	[oja]
roadside (shoulder)	piennar	[pænnar]
lamppost	pylväs	[pylʋæs]

to drive (a car)	ajaa	[aja:]
to turn (e.g., ~ left)	kääntää	[kæ:ntæ:]
to make a U-turn	tehdä u-käännös	[tehdæ u:kæ:nnøs]
reverse (~ gear)	peruutusvaihde	[peru:tus·ʋajhde]

to honk (vi)	tuutata	[tu:tata]
honk (sound)	auton tuuttaus	[auton tu:ttaus]
to get stuck (in the mud, etc.)	juuttua	[ju:ttua]
to spin the wheels	pyöriä tyhjää	[pyøriæ tyhjæ:]
to cut, to turn off (vt)	sammuttaa	[sammutta:]

speed	nopeus	[nopeus]
to exceed the speed limit	ajaa ylinopeutta	[aja: ylinopeutta]
to give a ticket	sakottaa	[sakotta:]
traffic lights	liikennevalot	[li:kenne·ʋalot]
driver's license	ajokortti	[ajo·kortti]

grade crossing	tasoylikäytävä	[taso·ylikæytæʋæ]
intersection	risteys	[risteys]
crosswalk	suojatie	[suojatæ]
bend, curve	mutka	[mutka]
pedestrian zone	kävelykatu	[kæʋely·katu]

180. Traffic signs

rules of the road	liikennesäännöt	[li:kenne·sæ:nnøt]
road sign (traffic sign)	liikennemerkki	[li:kenne·merkki]
passing (overtaking)	ohitus	[ohitus]
curve	käännös	[kæ:nnøs]
U-turn	U-käännös	[u:kæ:nnøs]
traffic circle	Liikenneympyrä	[li:kenne·ympyra]
No entry	Kielletty ajosuunta	[kielletty ajosu:nta]
No vehicles allowed	Ajoneuvolla ajo kielletty	[ajo·neuʋolla ajo kielletty]

No passing	Ohituskielto	[oɦitus·kielto]
No parking	Pysäköinti kielletty	[pysækøinti kielletty]
No stopping	Pysäyttäminen kielletty	[pysæjttaminen kielletty]

dangerous bend	Jyrkkä mutka	[yrkkæ mutka]
steep descent	Jyrkkä alamäki	[yrkkæ alamæki]
one-way traffic	Yksisuuntainen katu	[yksi·su:ntajnen katu]
crosswalk	Suojatie	[suojatæ]
slippery road	Liukas ajorata	[liukas ajorata]
YIELD	Kärkikolmio	[kærkikolmio]

PEOPLE. LIFE EVENTS

Life events

181. Holidays. Event

celebration, holiday	**juhla**	[juhla]
national day	**kansallisjuhla**	[kansallis·juhla]
public holiday	**juhlapäivä**	[juhla·pæjʋæ]
to commemorate (vt)	**juhlia**	[juhlia]
event (happening)	**tapahtuma**	[tapahtuma]
event (organized activity)	**tapahtuma**	[tapahtuma]
banquet (party)	**banketti**	[baŋketti]
reception (formal party)	**vastaanotto**	[ʋastɑ:notto]
feast	**juhlat**	[juhlat]
anniversary	**vuosipäivä**	[ʋuosi·pæjʋæ]
jubilee	**juhla, vuosipäivä**	[juhla], [ʋuosi·pæjʋæ]
to celebrate (vt)	**juhlia**	[juhlia]
New Year	**uusivuosi**	[u:si·ʋuosi]
Happy New Year!	**Hyvää uutta vuotta!**	[hyʋæ: u:tta ʋuotta]
Santa Claus	**Joulupukki**	[joulu·pukki]
Christmas	**Joulu**	[joulu]
Merry Christmas!	**Hyvää joulua!**	[hyʋæ: joulua]
Christmas tree	**joulukuusi**	[joulu·ku:si]
fireworks (fireworks show)	**ilotulitus**	[ilo·tulitus]
wedding	**häät**	[hæ:t]
groom	**sulhanen**	[sulhanen]
bride	**morsian**	[morsian]
to invite (vt)	**kutsua**	[kutsua]
invitation card	**kutsu, kutsukirje**	[kutsu], [kutsu·kirje]
guest	**vieras**	[ʋieras]
to visit	**käydä kylässä**	[kæydæ kylæssæ]
(~ your parents, etc.)		
to meet the guests	**tervehtiä vieraat**	[terʋehtiæ ʋiera:t]
gift, present	**lahja**	[lahja]
to give (sth as present)	**lahjoittaa**	[lahjoitta:]
to receive gifts	**saada lahjat**	[sɑ:da lahjat]

bouquet (of flowers)	**kukkakimppu**	[kukka·kimppu]
congratulations	**onnittelu**	[onnittelu]
to congratulate (vt)	**onnitella**	[onnitella]
greeting card	**onnittelukortti**	[onnittelu·kortti]
to send a postcard	**lähettää kortti**	[læɦettæ: kortti]
to get a postcard	**saada kortti**	[sɑ:dɑ kortti]
toast	**maljapuhe**	[mɑljɑ·puɦe]
to offer (a drink, etc.)	**kestitä**	[kestitæ]
champagne	**samppanja**	[sɑmppɑnjɑ]
to enjoy oneself	**huvitella**	[huʋitellɑ]
merriment (gaiety)	**ilo, hilpeys**	[ilo], [hilpeys]
joy (emotion)	**ilo**	[ilo]
dance	**tanssi**	[tɑnssi]
to dance (vi, vt)	**tanssia**	[tɑnssiɑ]
waltz	**valssi**	[ʋɑlssi]
tango	**tango**	[tɑŋo]

182. Funerals. Burial

cemetery	**hautausmaa**	[hɑutɑusmɑ:]
grave, tomb	**hauta**	[hɑutɑ]
cross	**risti**	[risti]
gravestone	**hautamuistomerkki**	[hɑutɑmujsto·merkki]
fence	**aita**	[ɑjtɑ]
chapel	**kappeli**	[kɑppeli]
death	**kuolema**	[kuolemɑ]
to die (vi)	**kuolla**	[kuollɑ]
the deceased	**vainaja**	[ʋɑjnɑjɑ]
mourning	**sureminen**	[sureminen]
to bury (vt)	**haudata**	[hɑudɑtɑ]
funeral home	**hautaustoimisto**	[hɑutɑus·tojmisto]
funeral	**hautajaiset**	[hɑutɑjɑiset]
wreath	**seppele**	[seppele]
casket, coffin	**ruumisarkku**	[ru:mis·ɑrkku]
hearse	**ruumisvaunut**	[ru:mis·ʋɑunut]
shroud	**käärinliina**	[kæ:rin·li:nɑ]
funeral procession	**hautajaissaatto**	[hɑutɑjɑis·sɑ:tto]
funerary urn	**uurna**	[u:rnɑ]
crematory	**krematorio**	[kremɑtorio]
obituary	**muistokirjoitus**	[mujsto·kirjoitus]
to cry (weep)	**itkeä**	[itkeæ]
to sob (vi)	**nyyhkyttää**	[ny:hkyttæ:]

183. War. Soldiers

platoon	joukkue	[joukkue]
company	komppania	[komppania]
regiment	rykmentti	[rykmentti]
army	armeija	[armeja]
division	divisioona	[diuisio:na]

section, squad	joukko	[joukko]
host (army)	armeija	[armeja]

soldier	sotilas	[sotilas]
officer	upseeri	[upse:ri]

private	sotamies	[sotamies]
sergeant	kersantti	[kersantti]
lieutenant	luutnantti	[lu:tnantti]
captain	kapteeni	[kapte:ni]
major	majuri	[majuri]
colonel	eversti	[euersti]
general	kenraali	[kenra:li]

sailor	merimies	[merimies]
captain	kapteeni	[kapte:ni]
boatswain	pursimies	[pursimies]

artilleryman	tykkimies	[tykkimies]
paratrooper	desantti	[desantti]
pilot	lentäjä	[lentæjæ]
navigator	perämies	[peræmies]
mechanic	konemestari	[kone·mestari]

pioneer (sapper)	pioneeri	[pione:ri]
parachutist	laskuvarjohyppääjä	[lasku·uarjoɦyppæ:jæ]
reconnaissance scout	tiedustelija	[tiedustelija]
sniper	tarkka-ampuja	[tarkka·ampuja]

patrol (group)	partio	[partio]
to patrol (vt)	partioida	[partiojda]
sentry, guard	vartiomies	[uartiomies]

warrior	soturi	[soturi]
patriot	patriootti	[patrio:tti]
hero	sankari	[saŋkari]
heroine	sankaritar	[saŋkaritar]

traitor	pettäjä, petturi	[pettæjæ], [petturi]
to betray (vt)	pettää	[pettæ:]
deserter	karkuri	[karkuri]
to desert (vi)	karata	[karata]
mercenary	palkkasoturi	[palkka·soturi]

| recruit | alokas | [alokɑs] |
| volunteer | vapaaehtoinen | [ʋɑpɑːehtojnen] |

dead (n)	kaatunut	[kɑːtunut]
wounded (n)	haavoittunut	[hɑːʋojttunut]
prisoner of war	sotavanki	[sotɑ·ʋɑŋki]

184. War. Military actions. Part 1

war	sota	[sotɑ]
to be at war	sotia	[sotiɑ]
civil war	kansalaissota	[kɑnsɑlɑjs·sotɑ]

treacherously (adv)	petollisesti	[petollisesti]
declaration of war	sodanjulistus	[sodɑn·julistus]
to declare (~ war)	julistaa	[julistɑ:]
aggression	aggressio	[ɑggressio]
to attack (invade)	hyökätä	[hyøkætæ]

to invade (vt)	hyökätä	[hyøkætæ]
invader	hyökkääjä	[hyøkkæːjæ]
conqueror	valloittaja	[ʋɑllojttɑjɑ]

defense	puolustus	[puolustus]
to defend (a country, etc.)	puolustaa	[puolustɑ:]
to defend (against ...)	puolustautua	[puolustɑutuɑ]

enemy	vihollinen	[ʋihollinen]
foe, adversary	vastustaja	[ʋɑstustɑjɑ]
enemy (as adj)	vihollisen	[ʋihollisen]

| strategy | strategia | [strɑtegiɑ] |
| tactics | taktiikka | [tɑktiːkkɑ] |

order	käsky	[kæsky]
command (order)	komento	[komento]
to order (vt)	käskeä	[kæskeæ]
mission	tehtävä	[tehtæʋæ]
secret (adj)	salainen	[sɑlɑjnen]

battle, combat	taistelu	[tɑistelu]
battle	kamppailu	[kɑmppɑjlu]
combat	taistelu	[tɑistelu]
attack	hyökkäys	[hyøkkæys]
charge (assault)	rynnäkkö	[rynnækkø]
to storm (vt)	rynnätä	[rynnætæ]
siege (to be under ~)	piiritys	[piːritys]

| offensive (n) | hyökkäys | [hyøkkæys] |
| to go on the offensive | hyökätä | [hyøkætæ] |

| retreat | vetäytyminen | [ʋetæytyminen] |
| to retreat (vi) | vetäytyä | [ʋetæytyæ] |

| encirclement | motti | [motti] |
| to encircle (vt) | motittaa | [motittɑ:] |

bombing (by aircraft)	pommitus	[pommitus]
to drop a bomb	heittää pommi	[hejttæ: pommi]
to bomb (vt)	pommittaa	[pommittɑ:]
explosion	räjähdys	[ræjæhdys]

shot	laukaus	[lɑukɑus]
to fire (~ a shot)	laukaista	[lɑukɑjstɑ]
firing (burst of ~)	ammunta	[ɑmmuntɑ]

to aim (to point a weapon)	tähdätä	[tæhdætæ]
to point (a gun)	suunnata	[su:nnɑtɑ]
to hit (the target)	osua	[osuɑ]

to sink (~ a ship)	upottaa	[upottɑ:]
hole (in a ship)	aukko	[ɑukko]
to founder, to sink (vi)	upota	[upotɑ]

front (war ~)	rintama	[rintɑmɑ]
evacuation	evakuointi	[eʋɑkuojnti]
to evacuate (vt)	evakuoida	[eʋɑkuojdɑ]

trench	taisteluhauta	[tɑjstelu·hɑutɑ]
barbwire	piikkilanka	[pi:kki·lɑŋkɑ]
barrier (anti tank ~)	este	[este]
watchtower	torni	[torni]

military hospital	sotilassairaala	[sotilɑs·sɑjrɑ:lɑ]
to wound (vt)	haavoittaa	[hɑ:ʋojttɑ:]
wound	haava	[hɑ:ʋɑ]
wounded (n)	haavoittunut	[hɑ:ʋojttunut]
to be wounded	haavoittua	[hɑ:ʋojttuɑ]
serious (wound)	vakava	[ʋɑkɑʋɑ]

185. War. Military actions. Part 2

captivity	sotavankeus	[sotɑʋɑŋkeus]
to take captive	ottaa vangiksi	[ottɑ: ʋɑŋiksi]
to be held captive	olla sotavankeudessa	[ollɑ sotɑʋɑŋkeudessɑ]
to be taken captive	joutua sotavankeuteen	[joutuɑ sotɑʋɑŋkeute:n]

concentration camp	keskitysleiri	[keskitys·lejri]
prisoner of war	sotavanki	[sotɑ·ʋɑŋki]
to escape (vi)	karata	[kɑrɑtɑ]
to betray (vt)	pettää	[pettæ:]

| betrayer | pettäjä, petturi | [pettæjæ], [petturi] |
| betrayal | petos | [petos] |

| to execute (by firing squad) | teloittaa ampumalla | [telojtta: ampumalla] |
| execution (by firing squad) | ampuminen | [ampuminen] |

equipment (military gear)	varustus	[ʋarustus]
shoulder board	epoletti	[epoletti]
gas mask	kaasunaamari	[ka:su·na:mari]

field radio	kenttäradio	[kenttæ·radio]
cipher, code	salakirjoitus	[sala·kirjoitus]
secrecy	salaileminen	[salajleminen]
password	tunnussana	[tunnus·sana]

land mine	miina	[mi:na]
to mine (road, etc.)	miinoittaa	[mi:nojtta:]
minefield	miinakenttä	[mi:na·kenttæ]

air-raid warning	ilmahälytys	[ilma·hælytys]
alarm (alert signal)	hälytys	[hælytys]
signal	signaali	[signa:li]
signal flare	signaaliohjus	[signa:li·ohjus]

headquarters	esikunta	[esikunta]
reconnaissance	tiedustelu	[tiedustelu]
situation	tilanne	[tilanne]
report	raportti	[raportti]
ambush	väijytys	[ʋæjytys]
reinforcement (of army)	vahvistus	[ʋahʋistus]

target	maali	[ma:li]
proving ground	ampuma-ala	[ampuma·ala]
military exercise	sotaharjoitus	[sota·harjoitus]

panic	paniikki	[pani:kki]
devastation	hävitys	[hæʋitys]
destruction, ruins	hävitykset	[hæʋitykset]
to destroy (vt)	hävittää	[hæʋittæ:]

to survive (vi, vt)	jäädä eloon	[jæ:dæ elo:n]
to disarm (vt)	riisua aseista	[ri:sua asejsta]
to handle (~ a gun)	käyttää	[kæyttæ:]

| Attention! | Asento! | [asento] |
| At ease! | Lepo! | [lepo] |

feat, act of courage	urotyö	[urotyø]
oath (vow)	vala	[ʋala]
to swear (an oath)	vannoa	[ʋannoa]
decoration (medal, etc.)	palkinto	[palkinto]

to award (give medal to)	palkita	[palkita]
medal	mitali	[mitali]
order (e.g., ~ of Merit)	kunniamerkki	[kunnia·merkki]

victory	voitto	[ʋojtto]
defeat	tappio	[tappio]
armistice	välirauha	[ʋæli·rauha]

standard (battle flag)	standaari	[standa:ri]
glory (honor, fame)	kunnia	[kunnia]
parade	paraati	[para:ti]
to march (on parade)	marssia	[marssia]

186. Weapons

weapons	ase	[ase]
firearms	ampuma-ase	[ampuma·ase]
cold weapons (knives, etc.)	teräase	[teræase]

chemical weapons	kemiallinen ase	[kemiallinen ase]
nuclear (adj)	ydin-	[ydin]
nuclear weapons	ydinase	[ydin·ase]

| bomb | pommi | [pommi] |
| atomic bomb | ydinpommi | [ydin·pommi] |

pistol (gun)	pistooli	[pisto:li]
rifle	kivääri	[kiʋæ:ri]
submachine gun	konepistooli	[kone·pisto:li]
machine gun	konekivääri	[kone·kiʋæ:ri]

muzzle	suu	[su:]
barrel	piippu	[pi:ppu]
caliber	kaliiperi	[kali:peri]

trigger	liipaisin	[li:pajsin]
sight (aiming device)	tähtäin	[tæhtæjn]
magazine	lipas	[lipas]
butt (shoulder stock)	perä	[peræ]

| hand grenade | käsikranaatti | [kæsi·krana:tti] |
| explosive | räjähdysaine | [ræjæhdys·ajne] |

bullet	luoti	[luoti]
cartridge	patruuna	[patru:na]
charge	panos	[panos]
ammunition	ampumatarvikkeet	[ampuma·tarʋikke:t]
bomber (aircraft)	pommikone	[pommi·kone]
fighter	hävittäjä	[hæʋittæjæ]

helicopter	helikopteri	[helikopteri]
anti-aircraft gun	ilmatorjuntatykki	[ilmatorjunta·tykki]
tank	panssarivaunu	[panssari·vaunu]
tank gun	tykki	[tykki]

artillery	tykistö	[tykistø]
gun (cannon, howitzer)	tykki	[tykki]
to lay (a gun)	suunnata	[su:nnata]

shell (projectile)	ammus	[ammus]
mortar bomb	kranaatti	[krana:tti]
mortar	kranaatinheitin	[krana:tin·hejtin]
splinter (shell fragment)	sirpale	[sirpale]

submarine	sukellusvene	[sukellus·uene]
torpedo	torpedo	[torpedo]
missile	raketti	[raketti]

to load (gun)	ladata	[ladata]
to shoot (vi)	ampua	[ampua]
to point at (the cannon)	tähdätä	[tæhdætæ]
bayonet	pistin	[pistin]

rapier	pistomiekka	[pisto·miekka]
saber (e.g., cavalry ~)	sapeli	[sapeli]
spear (weapon)	keihäs	[kejhæs]
bow	jousi	[jousi]
arrow	nuoli	[nuoli]
musket	musketti	[musketti]
crossbow	jalkajousi	[jalka·jousi]

187. Ancient people

primitive (prehistoric)	alkukantainen	[alkukantajnen]
prehistoric (adj)	esihistoriallinen	[esihistoriallinen]
ancient (~ civilization)	muinainen	[mujnajnen]

Stone Age	kivikausi	[kiui·kausi]
Bronze Age	pronssikausi	[pronssi·kausi]
Ice Age	jääkausi	[jæ:kausi]

tribe	heimo	[hejmo]
cannibal	ihmissyöjä	[ihmis·syøjæ]
hunter	metsästäjä	[metsæstæjæ]
to hunt (vi, vt)	metsästää	[metsæstæ:]
mammoth	mammutti	[mammutti]

cave	luola	[luola]
fire	tuli	[tuli]
campfire	nuotio	[nuotio]

cave painting	kalliomaalaus	[kɑllio·mɑ:lɑus]
tool (e.g., stone ax)	työväline	[tyø·ʋæline]
spear	keihäs	[kejhæs]
stone ax	kivikirves	[kiʋi·kirʋes]
to be at war	sotia	[sotiɑ]
to domesticate (vt)	kesyttää	[kesyttæ:]

idol	epäjumala	[epæ·jumɑlɑ]
to worship (vt)	palvoa	[pɑlʋoɑ]
superstition	taikausko	[tɑjkɑ·usko]
rite	riitti	[ri:tti]

evolution	evoluutio	[eʋolu:tio]
development	kehitys	[kehitys]
disappearance (extinction)	katoaminen	[kɑtoɑminen]
to adapt oneself	sopeutua	[sopeutuɑ]

archeology	arkeologia	[ɑrkeologiɑ]
archeologist	arkeologi	[ɑrkeologi]
archeological (adj)	muinaistieteellinen	[mujnɑjs·tiete:llinen]

excavation site	kaivauskohde	[kɑjʋɑus·kohde]
excavations	kaivaus	[kɑjʋɑus]
find (object)	löytö	[løytø]
fragment	katkelma	[kɑtkelmɑ]

188. Middle Ages

people (ethnic group)	kansa	[kɑnsɑ]
peoples	kansat	[kɑnsɑt]
tribe	heimo	[hejmo]
tribes	heimot	[hejmot]

barbarians	barbaarit	[bɑrbɑ:rit]
Gauls	gallialaiset	[gɑllialɑjset]
Goths	gootit	[go:tit]
Slavs	slaavit	[slɑ:ʋit]
Vikings	viikingit	[ʋi:kiŋit]

| Romans | roomalaiset | [ro:mɑlɑjset] |
| Roman (adj) | roomalainen | [ro:mɑlɑjnen] |

Byzantines	bysanttilaiset	[bysɑnttilɑjset]
Byzantium	Bysantti	[bysɑntti]
Byzantine (adj)	bysanttilainen	[bysɑnttilɑjnen]

emperor	keisari	[kejsɑri]
leader, chief (tribal ~)	päällikkö	[pæ:llikkø]
powerful (~ king)	voimakas	[ʋojmɑkɑs]
king	kuningas	[kuniŋɑs]

ruler (sovereign)	hallitsija	[hallitsija]
knight	ritari	[ritari]
feudal lord	feodaaliherra	[feoda:li·herra]
feudal (adj)	feodaali-	[feoda:li]
vassal	vasalli	[ʋasalli]
duke	herttua	[herttua]
earl	jaarli	[ja:rli]
baron	paroni	[paroni]
bishop	piispa	[pi:spa]
armor	haarniska	[ha:rniska]
shield	kilpi	[kilpi]
sword	miekka	[miekka]
visor	visiiri	[ʋisi:ri]
chainmail	silmukkapanssari	[silmukka·panssari]
Crusade	ristiretki	[risti·retki]
crusader	ristiretkeläinen	[ristiretke·læjnen]
territory	alue	[alue]
to attack (invade)	hyökätä	[hyøkætæ]
to conquer (vt)	valloittaa	[ʋallojtta:]
to occupy (invade)	miehittää	[miehittæ:]
siege (to be under ~)	piiritys	[pi:ritys]
besieged (adj)	piiritetty	[pi:ritetty]
to besiege (vt)	piirittää	[pi:rittæ:]
inquisition	inkvisitio	[iŋkʋisitio]
inquisitor	inkvisiittori	[iŋkʋisi:ttori]
torture	kidutus	[kidutus]
cruel (adj)	julma	[julma]
heretic	harhaoppinen	[harhaoppinen]
heresy	harhaoppi	[harha·oppi]
seafaring	merenkulku	[mereŋ·kulku]
pirate	merirosvo	[meri·rosʋo]
piracy	merirosvous	[meri·rosʋous]
boarding (attack)	entraus	[entraus]
loot, booty	saalis	[sa:lis]
treasures	aarteet	[a:rte:t]
discovery	löytö	[løytø]
to discover (new land, etc.)	avata	[aʋata]
expedition	retki	[retki]
musketeer	muskettisoturi	[musketti·soturi]
cardinal	kardinaali	[kardina:li]
heraldry	heraldiikka	[heraldi:kka]
heraldic (adj)	heraldinen	[heraldinen]

189. Leader. Chief. Authorities

king	**kuningas**	[kuniŋɑs]
queen	**kuningatar**	[kuniŋɑtɑr]
royal (adj)	**kuningas-**	[kuniŋɑs]
kingdom	**kuningaskunta**	[kuniŋɑs·kuntɑ]
prince	**prinssi**	[prinssi]
princess	**prinsessa**	[prinsessɑ]
president	**presidentti**	[presidentti]
vice-president	**varapresidentti**	[ʋɑrɑ·presidentti]
senator	**senaattori**	[senɑːttori]
monarch	**monarkki**	[monɑrkki]
ruler (sovereign)	**hallitsija**	[hɑllitsijɑ]
dictator	**diktaattori**	[diktɑːttori]
tyrant	**tyranni**	[tyrɑnni]
magnate	**magnaatti**	[mɑgnɑːtti]
director	**johtaja**	[johtɑjɑ]
chief	**esimies**	[esimies]
manager (director)	**johtaja**	[johtɑjɑ]
boss	**pomo**	[pomo]
owner	**omistaja**	[omistɑjɑ]
leader	**johtaja**	[johtɑjɑ]
head (~ of delegation)	**johtaja**	[johtɑjɑ]
authorities	**viranomaiset**	[ʋirɑnomɑjset]
superiors	**esimiehet**	[esimiehet]
governor	**kuvernööri**	[kuʋernøːri]
consul	**konsuli**	[konsuli]
diplomat	**diplomaatti**	[diplomɑːtti]
mayor	**kaupunginjohtaja**	[kɑupuŋin·johtɑjɑ]
sheriff	**seriffi**	[seriffi]
emperor	**keisari**	[kejsɑri]
tsar, czar	**tsaari**	[tsɑːri]
pharaoh	**farao**	[fɑrɑo]
khan	**kaani**	[kɑːni]

190. Road. Way. Directions

road	**tie**	[tie]
way (direction)	**tie**	[tie]
freeway	**maantie**	[mɑːntie]
highway	**moottoritie**	[moːttoritie]

interstate	**kantatie**	[kantatie]
main road	**päätie**	[pæ:tie]
dirt road	**kylätie**	[kylæ·tie]
pathway	**polku**	[polku]
footpath (troddenpath)	**polku**	[polku]
Where?	**Missä?**	[missæ]
Where (to)?	**Mihin?**	[mihin]
From where?	**Mistä?**	[mistæ]
direction (way)	**suunta**	[su:nta]
to point (~ the way)	**osoittaa**	[osojtta:]
to the left	**vasemmalle**	[vasemmalle]
to the right	**oikealle**	[ojkealle]
straight ahead (adv)	**suoraan**	[suora:n]
back (e.g., to turn ~)	**takaisin**	[takajsin]
bend, curve	**mutka**	[mutka]
to turn (e.g., ~ left)	**kääntää**	[kæ:ntæ:]
to make a U-turn	**tehdä u-käännös**	[tehdæ u:kæ:nnøs]
to be visible	**näkyä**	[nækyæ]
(mountains, castle, etc.)		
to appear (come into view)	**ilmestyä**	[ilmestyæ]
stop, halt	**seisaus**	[seisaus]
(e.g., during a trip)		
to rest, to pause (vi)	**levätä**	[levætæ]
rest (pause)	**lepo**	[lepo]
to lose one's way	**eksyä**	[eksyæ]
to lead to … (ab. road)	**viedä, johtaa**	[viedæ], [johta:]
to come out	**tulla ulos**	[tulla ulos]
(e.g., on the highway)		
stretch (of road)	**osa**	[osa]
asphalt	**asfaltti**	[asfaltti]
curb	**reunakiveys**	[reuna·kiveus]
ditch	**oja**	[oja]
manhole	**jätevesikaivo**	[jætevesi·kajvo]
roadside (shoulder)	**piennar**	[pænnar]
pit, pothole	**kuoppa**	[kuoppa]
to go (on foot)	**mennä**	[mennæ]
to pass (overtake)	**ohittaa**	[ohitta:]
step (footstep)	**askel**	[askel]
on foot (adv)	**jalkaisin**	[jalkajsin]
to block (road)	**estää pääsy**	[estæ: pæ:sy]
boom gate	**puomi**	[puomi]
dead end	**umpikuja**	[umpikuja]

191. Breaking the law. Criminals. Part 1

bandit	**rosvo**	[rosʋo]
crime	**rikos**	[rikos]
criminal (person)	**rikollinen**	[rikollinen]
thief	**varas**	[ʋarɑs]
to steal (vi, vt)	**varastaa**	[ʋɑrɑstɑ:]
stealing, theft	**varkaus**	[ʋɑrkɑus]
theft	**varkaus**	[ʋɑrkɑus]
to kidnap (vt)	**kidnapata**	[kidnɑpɑtɑ]
kidnapping	**ihmisryöstö**	[ihmis·ryøstø]
kidnapper	**ihmisryöstäjä**	[ihmis·ryøstæjæ]
ransom	**lunnaat**	[lunnɑ:t]
to demand ransom	**vaatia lunnaat**	[ʋɑ:tiɑ lunnɑ:t]
to rob (vt)	**ryöstää**	[ryøstæ:]
robbery	**ryöstö**	[ryøstø]
robber	**ryöstäjä**	[ryøstæjæ]
to extort (vt)	**kiristää**	[kiristæ:]
extortionist	**kiristäjä**	[kiristæjæ]
extortion	**kiristys**	[kiristys]
to murder, to kill	**murhata**	[murhɑtɑ]
murder	**murha**	[murhɑ]
murderer	**murhaaja**	[murhɑ:jɑ]
gunshot	**laukaus**	[lɑukɑus]
to fire (~ a shot)	**laukaista**	[lɑukɑjstɑ]
to shoot to death	**ampua alas**	[ɑmpuɑ ɑlɑs]
to shoot (vi)	**ampua**	[ɑmpuɑ]
shooting	**ammunta**	[ɑmmuntɑ]
incident (fight, etc.)	**tapahtuma**	[tɑpɑhtumɑ]
fight, brawl	**tappelu**	[tɑppelu]
victim	**uhri**	[uhri]
to damage (vt)	**vaurioittaa**	[ʋɑuriojttɑ:]
damage	**vahinko**	[ʋɑɦiŋko]
dead body, corpse	**ruumis**	[ru:mis]
grave (~ crime)	**törkeä**	[tørkeæ]
to attack (vt)	**hyökätä**	[hyøkætæ]
to beat (to hit)	**lyödä**	[lyødæ]
to beat up	**hakata**	[hɑkɑtɑ]
to take (rob of sth)	**rosvota**	[rosʋotɑ]
to stab to death	**puukottaa**	[pu:kottɑ:]
to maim (vt)	**vammauttaa**	[ʋɑmmɑuttɑ:]

to wound (vt)	haavoittaa	[hɑːʋojttɑː]
blackmail	kiristys	[kiristys]
to blackmail (vt)	kiristää	[kiristæː]
blackmailer	kiristäjä	[kiristæjæ]

protection racket	suojelurahan kiristys	[suojelurɑhɑn kiristys]
racketeer	kiristäjä	[kiristæjæ]
gangster	gangsteri	[gɑŋsteri]
mafia, Mob	mafia	[mɑfiɑ]

pickpocket	taskuvaras	[tɑsku·ʋɑrɑs]
burglar	murtovaras	[murto·ʋɑrɑs]
smuggling	salakuljetus	[sɑlɑ·kuljetus]
smuggler	salakuljettaja	[sɑlɑ·kuljettɑjɑ]

forgery	väärennös	[ʋæːrennøs]
to forge (counterfeit)	väärentää	[ʋæːrentæː]
fake (forged)	väärennetty	[ʋæːrennetty]

192. Breaking the law. Criminals. Part 2

rape	raiskaus	[rɑjskɑus]
to rape (vt)	raiskata	[rɑjskɑtɑ]
rapist	raiskaaja	[rɑjskɑːjɑ]
maniac	maanikko	[mɑːnikko]

prostitute (fem.)	prostituoitu	[prostituojtu]
prostitution	prostituutio	[prostituːtio]
pimp	sutenööri	[sutenøːri]

| drug addict | narkomaani | [nɑrkomɑːni] |
| drug dealer | huumekauppias | [huːme·kɑuppiɑs] |

to blow up (bomb)	räjäyttää	[ræjæyttæː]
explosion	räjähdys	[ræjæhdys]
to set fire	sytyttää	[sytyttæː]
arsonist	tuhopolttaja	[tuho·polttɑjɑ]

terrorism	terrorismi	[terrorismi]
terrorist	terroristi	[terroristi]
hostage	panttivanki	[pɑntti·ʋɑŋki]

to swindle (deceive)	pettää	[pettæː]
swindle, deception	petos	[petos]
swindler	huijari	[huijɑri]

to bribe (vt)	lahjoa	[lɑhjoɑ]
bribery	lahjonta	[lɑhjontɑ]
bribe	lahjus	[lɑhjus]
poison	myrkky	[myrkky]

to poison (vt)	myrkyttää	[myrkyttæ:]
to poison oneself	myrkyttää itsensä	[myrkyttæ: itsensa]
suicide (act)	itsemurha	[itse·murha]
suicide (person)	itsemurhaaja	[itse·murha:ja]
to threaten (vt)	uhata	[uhata]
threat	uhkaus	[uhkaus]
to make an attempt	tehdä murhayritys	[tehdæ murhayritys]
attempt (attack)	murhayritys	[murha·yritys]
to steal (a car)	viedä	[viedæ]
to hijack (a plane)	kaapata	[ka:pata]
revenge	kosto	[kosto]
to avenge (get revenge)	kostaa	[kosta:]
to torture (vt)	kiduttaa	[kidutta:]
torture	kidutus	[kidutus]
to torment (vt)	piinata	[pi:nata]
pirate	merirosvo	[meri·rosvo]
hooligan	huligaani	[huliga:ni]
armed (adj)	aseellinen	[ase:llinen]
violence	väkivalta	[vækivalta]
illegal (unlawful)	laiton	[lajton]
spying (espionage)	vakoilu	[vakojlu]
to spy (vi)	vakoilla	[vakojlla]

193. Police. Law. Part 1

justice	oikeus	[ojkeus]
court (see you in ~)	tuomioistuin	[tuomiojstuin]
judge	tuomari	[tuomari]
jurors	valamiehistö	[valamie·histø]
jury trial	valamiesoikeus	[valamies·ojkeus]
to judge, to try (vt)	tuomita	[tuomita]
lawyer, attorney	asianajaja	[asianajaja]
defendant	syytetty	[sy:tetty]
dock	syytettyjen penkki	[sy:tettyjen penkki]
charge	syyte	[sy:te]
accused	syytetty	[sy:tetty]
sentence	tuomio	[tuomio]
to sentence (vt)	tuomita	[tuomita]
guilty (culprit)	syypää	[sy:pæ:]

| to punish (vt) | rangaista | [raŋɑjstɑ] |
| punishment | rangaistus | [raŋɑjstus] |

fine (penalty)	sakko	[sɑkko]
life imprisonment	elinkautinen vankeustuomio	[eliŋkɑutinen ʋɑŋkeus·tuomio]
death penalty	kuolemanrangaistus	[kuoleman·rɑŋɑjstus]
electric chair	sähkötuoli	[sæhkø·tuoli]
gallows	hirsipuu	[hirsipu:]

to execute (vt)	teloittaa	[telojttɑ:]
execution	teloitus	[telojtus]
prison, jail	vankila	[ʋɑŋkilɑ]
cell	selli	[selli]

escort (convoy)	saattovartio	[sɑ:tto·ʋɑrtio]
prison guard	vanginvartija	[ʋɑŋin·ʋɑrtijɑ]
prisoner	vanki	[ʋɑŋki]

| handcuffs | käsiraudat | [kæsi·rɑudɑt] |
| to handcuff (vt) | panna käsirautoihin | [pɑnnɑ kæsi·rɑutojhin] |

prison break	karkaus	[kɑrkɑus]
to break out (vi)	karata	[kɑrɑtɑ]
to disappear (vi)	kadota	[kɑdotɑ]
to release (from prison)	vapauttaa	[ʋɑpɑuttɑ:]
amnesty	armahdus	[ɑrmɑhdus]

police	poliisi	[poli:si]
police officer	poliisi	[poli:si]
police station	poliisiasema	[poli:si·ɑsemɑ]
billy club	kumipamppu	[kumi·pɑmppu]
bullhorn	megafoni	[megɑfoni]

patrol car	vartioauto	[ʋɑrtio·ɑuto]
siren	sireeni	[sire:ni]
to turn on the siren	käynnistää sireeni	[kæynnistæ: sire:ni]
siren call	sireenin ulvonta	[sire:nin ulʋontɑ]

crime scene	tapahtumapaikka	[tɑpɑhtumɑ·pɑjkkɑ]
witness	todistaja	[todistɑjɑ]
freedom	vapaus	[ʋɑpɑus]
accomplice	rikoskumppani	[rikos·kumppɑni]
to flee (vi)	paeta	[pɑetɑ]
trace (to leave a ~)	jälki	[jælki]

194. Police. Law. Part 2

| search (investigation) | etsintä | [etsintæ] |
| to look for ... | etsiä | [etsiæ] |

suspicion	epäily	[epæjly]
suspicious (e.g., ~ vehicle)	epäilyttävä	[epæjlyttæuæ]
to stop (cause to halt)	pysäyttää	[pysæyttæ:]
to detain (keep in custody)	pidättää	[pidættæ:]
case (lawsuit)	asia	[asia]
investigation	tutkinta	[tutkinta]
detective	etsivä	[etsiuæ]
investigator	rikostutkija	[rikos·tutkija]
hypothesis	hypoteesi	[hypote:si]
motive	motiivi	[moti:ui]
interrogation	kuulustelu	[ku:lustelu]
to interrogate (vt)	kuulustella	[ku:lustella]
to question	kuulustella	[ku:lustella]
(~ neighbors, etc.)		
check (identity ~)	tarkastus	[tarkastus]
round-up (raid)	ratsia	[ratsia]
search (~ warrant)	etsintä	[etsintæ]
chase (pursuit)	takaa-ajo	[taka:ajo]
to pursue, to chase	ajaa takaa	[aja: taka:]
to track (a criminal)	jäljittää	[jæljittæ:]
arrest	vangitseminen	[uaŋitseminen]
to arrest (sb)	vangita	[uaŋita]
to catch (thief, etc.)	ottaa kiinni	[otta: ki:nni]
capture	vangitseminen	[uaŋitseminen]
document	asiakirja	[asia·kirja]
proof (evidence)	todiste	[todiste]
to prove (vt)	todistaa	[todista:]
footprint	jalanjälki	[jalan·jælki]
fingerprints	sormenjäljet	[sormen·jæljet]
piece of evidence	todiste	[todiste]
alibi	alibi	[alibi]
innocent (not guilty)	syytön	[sy:tøn]
injustice	epäoikeudenmukaisuus	[epæojkeuden·mukajsu:s]
unjust, unfair (adj)	epäoikeudenmukainen	[epæojkeuden·mukajnen]
criminal (adj)	rikollinen	[rikollinen]
to confiscate (vt)	takavarikoida	[takauarikojda]
drug (illegal substance)	huume	[hu:me]
weapon, gun	ase	[ase]
to disarm (vt)	riisua aseista	[ri:sua asejsta]
to order (command)	käskeä	[kæskeæ]
to disappear (vi)	kadota	[kadota]
law	laki	[laki]
legal, lawful (adj)	laillinen	[lajllinen]
illegal, illicit (adj)	laiton	[lajton]

| responsibility (blame) | **vastuu** | [ʋɑstuː] |
| responsible (adj) | **vastuunalainen** | [ʋɑstuːnɑlɑjnen] |

NATURE

The Earth. Part 1

195. Outer space

space	avaruus	[ɑʋɑru:s]
space (as adj)	avaruus-	[ɑʋɑru:s]
outer space	avaruus	[ɑʋɑru:s]

world	maailma	[mɑ:jlmɑ]
universe	maailmankaikkeus	[mɑ:ilmɑn·kɑjkkeus]
galaxy	galaksi	[gɑlɑksi]

star	tähti	[tæhti]
constellation	tähtikuvio	[tæhti·kuʋio]
planet	planeetta	[plɑne:ttɑ]
satellite	satelliitti	[sɑtelli:tti]

meteorite	meteoriitti	[meteori:tti]
comet	pyrstötähti	[pyrstø·tæhti]
asteroid	asteroidi	[ɑsterojdi]

orbit	kiertorata	[kierto·rɑtɑ]
to revolve (~ around the Earth)	kiertää	[kærtæ:]
atmosphere	ilmakehä	[ilmɑkeɦæ]

the Sun	Aurinko	[ɑuriŋko]
solar system	Aurinkokunta	[ɑuriŋko·kuntɑ]
solar eclipse	auringonpimennys	[ɑuriŋon·pimeŋys]

the Earth	Maa	[mɑ:]
the Moon	Kuu	[ku:]

Mars	Mars	[mɑrs]
Venus	Venus	[ʋenus]
Jupiter	Jupiter	[jupiter]
Saturn	Saturnus	[sɑturnus]

Mercury	Merkurius	[merkurius]
Uranus	Uranus	[urɑnus]
Neptune	Neptunus	[neptunus]
Pluto	Pluto	[pluto]
Milky Way	Linnunrata	[linnun·rɑtɑ]

| Great Bear (Ursa Major) | **Otava** | [otɑʋɑ] |
| North Star | **Pohjantähti** | [pohjɑn·tæhti] |

Martian	**marsilainen**	[mɑrsilɑjnen]
extraterrestrial (n)	**avaruusolio**	[ɑʋɑru:soljo]
alien	**avaruusolento**	[ɑʋɑru:s·olento]
flying saucer	**lentävä lautanen**	[lentæʋæ lɑutɑnen]

spaceship	**avaruusalus**	[ɑʋɑru:s·ɑlus]
space station	**avaruusasema**	[ɑʋɑru:s·ɑsemɑ]
blast-off	**startti**	[stɑrtti]

engine	**moottori**	[mo:ttori]
nozzle	**suutin**	[su:tin]
fuel	**polttoaine**	[poltto·ɑjne]

cockpit, flight deck	**ohjaamo**	[ohjɑ:mo]
antenna	**antenni**	[ɑntenni]
porthole	**valoventtiili**	[ʋɑloʋentti:li]
solar panel	**aurinkokennosto**	[ɑuriŋko·keŋosto]
spacesuit	**avaruuspuku**	[ɑʋɑru:s·puku]

| weightlessness | **painottomuus** | [pɑjnottomu:s] |
| oxygen | **happi** | [hɑppi] |

| docking (in space) | **telakointi** | [telɑkojnti] |
| to dock (vi, vt) | **tehdä telakointi** | [tehdæ telɑkojnti] |

observatory	**observatorio**	[obserʋɑtorio]
telescope	**teleskooppi**	[telesko:ppi]
to observe (vt)	**tarkkailla**	[tɑrkkɑjllɑ]
to explore (vt)	**tutkia**	[tutkiɑ]

196. The Earth

the Earth	**Maa**	[mɑ:]
the globe (the Earth)	**maapallo**	[mɑ:pɑllo]
planet	**planeetta**	[plɑne:ttɑ]

atmosphere	**ilmakehä**	[ilmɑkehæ]
geography	**maantiede**	[mɑ:n·tiede]
nature	**luonto**	[luonto]

globe (table ~)	**karttapallo**	[kɑrttɑ·pɑllo]
map	**kartta**	[kɑrttɑ]
atlas	**atlas**	[ɑtlɑs]

Europe	**Eurooppa**	[euro:ppɑ]
Asia	**Aasia**	[ɑ:siɑ]
Africa	**Afrikka**	[ɑfrikkɑ]

Australia	Australia	[australia]
America	Amerikka	[amerikka]
North America	Pohjois-Amerikka	[pohjois·amerikka]
South America	Etelä-Amerikka	[etelæ·amerikka]

| Antarctica | Etelämanner | [etelæmanner] |
| the Arctic | Arktis | [arktis] |

197. Cardinal directions

north	pohjola	[pohjola]
to the north	pohjoiseen	[pohjoise:n]
in the north	pohjoisessa	[pohjoisessa]
northern (adj)	pohjois-, pohjoinen	[pohjois], [pohjoinen]

south	etelä	[etelæ]
to the south	etelään	[etelæ:n]
in the south	etelässä	[etelæssæ]
southern (adj)	etelä-, eteläinen	[etelæ], [etelæjnen]

west	länsi	[længi]
to the west	länteen	[lænte:n]
in the west	lännessä	[lænnessæ]
western (adj)	länsi-, läntinen	[længi], [læntinen]

east	itä	[itæ]
to the east	itään	[itæ:n]
in the east	idässä	[idæssæ]
eastern (adj)	itä-, itäinen	[itæ], [itæjnen]

198. Sea. Ocean

sea	meri	[meri]
ocean	valtameri	[ualta·meri]
gulf (bay)	lahti	[lahti]
straits	salmi	[salmi]

land (solid ground)	maa	[ma:]
continent (mainland)	manner	[manner]
island	saari	[sa:ri]
peninsula	niemimaa	[niemi·ma:]
archipelago	saaristo	[sa:risto]

bay, cove	lahti, poukama	[lahti], [poukama]
harbor	satama	[satama]
lagoon	laguuni	[lagu:ni]
cape	niemi	[niemi]
atoll	atolli	[atolli]

reef	riutta	[riutta]
coral	koralli	[koralli]
coral reef	koralliriutta	[koralli·riutta]

deep (adj)	syvä	[syʋæ]
depth (deep water)	syvyys	[syʋy:s]
abyss	syvänne	[syʋænne]
trench (e.g., Mariana ~)	hauta	[hauta]

current (Ocean ~)	virta	[ʋirta]
to surround (bathe)	huuhdella	[hu:hdella]

shore	merenranta	[meren·ranta]
coast	rannikko	[rannikko]

flow (flood tide)	vuoksi	[ʋuoksi]
ebb (ebb tide)	laskuvesi	[lasku·ʋesi]
shoal	matalikko	[matalikko]
bottom (~ of the sea)	pohja	[pohja]
wave	aalto	[a:lto]
crest (~ of a wave)	aallonharja	[a:llon·harja]
spume (sea foam)	vaahto	[ʋa:hto]

storm (sea storm)	myrsky	[myrsky]
hurricane	hirmumyrsky	[hirmu·myrsky]
tsunami	tsunami	[tsunami]
calm (dead ~)	tyyni	[ty:yni]
quiet, calm (adj)	rauhallinen	[rauhallinen]

pole	napa	[napa]
polar (adj)	napa-, polaarinen	[napa], [pola:rinen]

latitude	leveyspiiri	[leʋeys·pi:ri]
longitude	pituus	[pitu:s]
parallel	leveyspiiri	[leʋeys·pi:ri]
equator	päiväntasaaja	[pæjʋæn·tasa:ja]

sky	taivas	[tajʋas]
horizon	horisontti	[horisontti]
air	ilma	[ilma]

lighthouse	majakka	[majakka]
to dive (vi)	sukeltaa	[sukelta:]
to sink (ab. boat)	upota	[upota]
treasures	aarteet	[a:rte:t]

199. Seas' and Oceans' names

Atlantic Ocean	Atlantin valtameri	[atlantin ʋalta meri]
Indian Ocean	Intian valtameri	[intian ʋalta·meri]

| Pacific Ocean | **Tyynimeri** | [ty:ni·meri] |
| Arctic Ocean | **Pohjoinen jäämeri** | [pohjoinen jæ:meri] |

Black Sea	**Mustameri**	[musta·meri]
Red Sea	**Punainenmeri**	[punɑjnen·meri]
Yellow Sea	**Keltainenmeri**	[keltɑjnen·meri]
White Sea	**Vienanmeri**	[ujenɑn·meri]

Caspian Sea	**Kaspianmeri**	[kɑspiɑn·meri]
Dead Sea	**Kuollutmeri**	[kuollut·meri]
Mediterranean Sea	**Välimeri**	[uæli·meri]

| Aegean Sea | **Egeanmeri** | [egeɑn·meri] |
| Adriatic Sea | **Adrianmeri** | [ɑdriɑn·meri] |

Arabian Sea	**Arabianmeri**	[ɑrɑbiɑn·meri]
Sea of Japan	**Japaninmeri**	[jɑpɑnin·meri]
Bering Sea	**Beringinmeri**	[beriŋin·meri]
South China Sea	**Etelä-Kiinan meri**	[etelæ·ki:nɑn meri]

Coral Sea	**Korallimeri**	[korɑlli·meri]
Tasman Sea	**Tasmaninmeri**	[tɑsmɑnin·meri]
Caribbean Sea	**Karibianmeri**	[kɑribiɑn·meri]

| Barents Sea | **Barentsinmeri** | [bɑrentsin·meri] |
| Kara Sea | **Karanmeri** | [kɑrɑn·meri] |

North Sea	**Pohjanmeri**	[pohjɑn·meri]
Baltic Sea	**Itämeri**	[itæ·meri]
Norwegian Sea	**Norjanmeri**	[norjɑn·meri]

200. Mountains

mountain	**vuori**	[uuori]
mountain range	**vuorijono**	[uuori·jono]
mountain ridge	**vuorenharjanne**	[uuoren·hɑrjɑnne]

summit, top	**huippu**	[hujppu]
peak	**vuorenhuippu**	[uuoren·hujppu]
foot (~ of the mountain)	**juuri**	[ju:ri]
slope (mountainside)	**rinne**	[rinne]

volcano	**tulivuori**	[tuli·uuori]
active volcano	**toimiva tulivuori**	[tojmiuɑ tuli·uuori]
dormant volcano	**sammunut tulivuori**	[sɑmmunut tuli·uuori]

eruption	**purkaus**	[purkɑus]
crater	**kraatteri**	[krɑ:teri]
magma	**magma**	[mɑgmɑ]
lava	**laava**	[lɑ:uɑ]

molten (~ lava)	sulaa, hehkuva	[sula:], [hehkuʋa]
canyon	kanjoni	[kanjoni]
gorge	rotko	[rotko]
crevice	halkeama	[halkeama]
abyss (chasm)	kuilu	[kujlu]

pass, col	sola	[sola]
plateau	ylätasanko	[ylæ·tasaŋko]
cliff	kalju	[kalju]
hill	mäki	[mæki]

glacier	jäätikkö	[jæ:tikkø]
waterfall	vesiputous	[ʋesi·putous]
geyser	geisir	[gejsir]
lake	järvi	[jærʋi]

plain	tasanko	[tasaŋko]
landscape	maisema	[majsema]
echo	kaiku	[kajku]

alpinist	vuorikiipeilijä	[ʋuori·ki:pejlijæ]
rock climber	vuorikiipeilijä	[ʋuori·ki:pejlijæ]
to conquer (in climbing)	valloittaa	[ʋallojtta:]
climb (an easy ~)	nousu	[nousu]

201. Mountains names

The Alps	Alpit	[alpit]
Mont Blanc	Mont Blanc	[monblaŋ]
The Pyrenees	Pyreneet	[pyrine:t]

The Carpathians	Karpaatit	[karpa:tit]
The Ural Mountains	Ural	[ural]
The Caucasus Mountains	Kaukasus	[kaukasus]
Mount Elbrus	Elbrus	[elbrus]
The Altai Mountains	Altai	[altaj]
The Tian Shan	Tienšan	[tien·ʃan]
The Pamir Mountains	Pamir	[pamir]
The Himalayas	Himalaja	[himalaja]
Mount Everest	Mount Everest	[maunt eʋerest]

| The Andes | Andit | [andit] |
| Mount Kilimanjaro | Kilimanjaro | [kilimanjaro] |

202. Rivers

| river | joki | [joki] |
| spring (natural source) | lähde | [læhde] |

riverbed (river channel)	uoma	[uoma]
basin (river valley)	joen vesistö	[joen ʋesistø]
to flow into ...	laskea	[lɑskeɑ]

tributary	sivujoki	[siʋu·joki]
bank (of river)	ranta	[rɑntɑ]

current (stream)	virta	[ʋirtɑ]
downstream (adv)	myötävirtaan	[myøtæʋirtɑ:n]
upstream (adv)	ylävirtaan	[ylæ·ʋirtɑ:n]

inundation	tulva	[tulʋɑ]
flooding	kevättulva	[keʋæt·tulʋɑ]
to overflow (vi)	tulvia	[tulʋiɑ]
to flood (vt)	upottaa	[upottɑ:]

shallow (shoal)	matalikko	[mɑtɑlikko]
rapids	koski	[koski]

dam	pato	[pɑto]
canal	kanava	[kɑnɑʋɑ]
reservoir (artificial lake)	vedensäiliö	[ʋeden·sæjliø]
sluice, lock	sulku	[sulku]

water body (pond, etc.)	vesistö	[ʋesistø]
swamp (marshland)	suo	[suo]
bog, marsh	hete	[hete]
whirlpool	vesipyörre	[ʋesi·pyørre]

stream (brook)	puro	[puro]
drinking (ab. water)	juoma-	[yomɑ]
fresh (~ water)	makea	[mɑkeɑ]

ice	jää	[jæ:]
to freeze over (ab. river, etc.)	jäätyä	[jæ:tyæ]

203. Rivers' names

Seine	Seine	[sen]
Loire	Loire	[luɑ:r]

Thames	Thames	[tæms]
Rhine	Rein	[rejn]
Danube	Tonava	[tonɑʋɑ]

Volga	Volga	[ʋolgɑ]
Don	Don	[don]
Lena	Lena	[lenɑ]
Yellow River	Keltainenjoki	[keltɑjnen·joki]

Yangtze	Jangtse	[jɑŋtse]
Mekong	Mekong	[mekoŋ]
Ganges	Ganges	[gɑŋes]

Nile River	Niili	[ni:li]
Congo River	Kongo	[koŋo]
Okavango River	Okavango	[okɑʋɑŋo]
Zambezi River	Sambesi	[sɑmbesi]
Limpopo River	Limpopo	[limpopo]
Mississippi River	Mississippi	[mississippi]

204. Forest

| forest, wood | metsä | [metsæ] |
| forest (as adj) | metsä- | [metsæ] |

thick forest	tiheikkö	[tiɦejkkø]
grove	lehto	[lehto]
forest clearing	aho	[ɑɦo]

| thicket | tiheikkö | [tiɦejkkø] |
| scrubland | pensasaro | [pensɑs·ɑro] |

| footpath (troddenpath) | polku | [polku] |
| gully | rotko | [rotko] |

tree	puu	[pu:]
leaf	lehti	[lehti]
leaves (foliage)	lehvistö	[lehʋistø]

fall of leaves	lehdenlähtö	[lehden·læhtø]
to fall (ab. leaves)	karista	[kɑristɑ]
top (of the tree)	latva	[lɑtʋɑ]

branch	oksa	[oksɑ]
bough	oksa	[oksɑ]
bud (on shrub, tree)	silmu	[silmu]
needle (of pine tree)	neulanen	[neulɑnen]
pine cone	käpy	[kæpy]

tree hollow	pesäkolo	[pesæ·kolo]
nest	pesä	[pesæ]
burrow (animal hole)	kolo	[kolo]

trunk	runko	[ruŋko]
root	juuri	[ju:ri]
bark	kuori	[kuori]
moss	sammal	[sɑmmɑl]
to uproot (remove trees or tree stumps)	juuria	[ju:riɑ]

to chop down	hakata	[hakata]
to deforest (vt)	kaataa puita	[ka:ta: pujta]
tree stump	kanto	[kanto]

campfire	nuotio	[nuotio]
forest fire	metsäpalo	[metsæ·palo]
to extinguish (vt)	sammuttaa	[sammutta:]

forest ranger	metsänvartija	[metsæn·vartija]
protection	suojelu	[suojelu]
to protect (~ nature)	suojella	[suojella]
poacher	salametsästäjä	[sala·metsæstæjæ]
steel trap	raudat	[raudat]

to pick (mushrooms)	sienestää	[sienestæ:]
to pick (berries)	marjastaa	[marjasta:]
to lose one's way	eksyä	[eksyæ]

205. Natural resources

natural resources	luonnonvarat	[luonnon·varat]
minerals	fossiiliset resurssit	[fossi:liset resurssit]
deposits	esiintymä	[esi:ntymæ]
field (e.g., oilfield)	kenttä	[kenttæ]

to mine (extract)	louhia	[louhia]
mining (extraction)	kaivostoiminta	[kajuos·tojminta]
ore	malmi	[malmi]
mine (e.g., for coal)	kaivos	[kajuos]
shaft (mine ~)	kaivos	[kajuos]
miner	kaivosmies	[kajuosmies]

gas (natural ~)	kaasu	[ka:su]
gas pipeline	maakaasuputki	[ma:ka:su·putki]

oil (petroleum)	öljy	[øljy]
oil pipeline	öljyjohto	[øljy·johto]
oil well	öljynporausreikä	[øljyn·poraus·rejkæ]
derrick (tower)	öljynporaustorni	[øljyn·poraus·torni]
tanker	tankkilaiva	[taŋkki·lajua]

sand	hiekka	[hiekka]
limestone	kalkkikivi	[kalkki·kiui]
gravel	sora	[sora]
peat	turve	[turue]
clay	savi	[saui]
coal	hiili	[hi:li]

iron (ore)	rauta	[rauta]
gold	kulta	[kulta]

silver	hopea	[hopea]
nickel	nikkeli	[nikkeli]
copper	kupari	[kupari]

zinc	sinkki	[siŋkki]
manganese	mangaani	[maŋɑ:ni]
mercury	elohopea	[elo·hopea]
lead	lyijy	[lyjy]

mineral	mineraali	[minerɑ:li]
crystal	kristalli	[kristalli]
marble	marmori	[marmori]
uranium	uraani	[urɑ:ni]

The Earth. Part 2

206. Weather

weather	**sää**	[sæ:]
weather forecast	**sääennuste**	[sæ:ennuste]
temperature	**lämpötila**	[læmpøtila]
thermometer	**lämpömittari**	[læmpø·mittari]
barometer	**ilmapuntari**	[ilma·puntari]
humid (adj)	**kostea**	[kostea]
humidity	**kosteus**	[kosteus]
heat (extreme ~)	**helle**	[helle]
hot (torrid)	**kuuma**	[ku:ma]
it's hot	**on kuumaa**	[on ku:ma:]
it's warm	**on lämmintä**	[on læmmintæ]
warm (moderately hot)	**lämmin**	[læmmin]
it's cold	**on kylmää**	[on kylmæ:]
cold (adj)	**kylmä**	[kylmæ]
sun	**aurinko**	[auriŋko]
to shine (vi)	**paistaa**	[pajsta:]
sunny (day)	**aurinkoinen**	[auriŋkojnen]
to come up (vi)	**nousta**	[nousta]
to set (vi)	**istuutua**	[istu:tua]
cloud	**pilvi**	[pilui]
cloudy (adj)	**pilvinen**	[piluinen]
rain cloud	**sadepilvi**	[sade·pilui]
somber (gloomy)	**hämärä**	[hæmæræ]
rain	**sade**	[sade]
it's raining	**sataa vettä**	[sata: uettæ]
rainy (~ day, weather)	**sateinen**	[satejnen]
to drizzle (vi)	**vihmoa**	[uihmoa]
pouring rain	**kaatosade**	[ka:to·sade]
downpour	**rankkasade**	[raŋkka·sade]
heavy (e.g., ~ rain)	**rankka**	[raŋkka]
puddle	**lätäkkö**	[lætækkø]
to get wet (in rain)	**tulla märäksi**	[tulla mæræksi]
fog (mist)	**sumu**	[sumu]
foggy	**sumuinen**	[sumujnen]

snow	**lumi**	[lumi]
it's snowing	**sataa lunta**	[sɑtɑ: luntɑ]

207. Severe weather. Natural disasters

thunderstorm	**ukkonen**	[ukkonen]
lightning (~ strike)	**salama**	[sɑlɑmɑ]
to flash (vi)	**välkkyä**	[ʋælkkyæ]

thunder	**ukkonen**	[ukkonen]
to thunder (vi)	**jyristä**	[yristæ]
it's thundering	**ukkonen jyrisee**	[ukkonen yrise:]

hail	**raesade**	[rɑesɑde]
it's hailing	**sataa rakeita**	[sɑtɑ: rɑkejtɑ]

to flood (vt)	**upottaa**	[upottɑ:]
flood, inundation	**tulva**	[tulʋɑ]

earthquake	**maanjäristys**	[mɑ:n·jɑristys]
tremor, shoke	**maantärähdys**	[mɑ:n·tæræhdys]
epicenter	**episentrumi**	[episentrumi]
eruption	**purkaus**	[purkɑus]
lava	**laava**	[lɑ:ʋɑ]

twister	**pyörremyrsky**	[pyørre·myrsky]
tornado	**tornado**	[tornɑdo]
typhoon	**taifuuni**	[tɑjfu:ni]

hurricane	**hirmumyrsky**	[hirmu·myrsky]
storm	**myrsky**	[myrsky]
tsunami	**tsunami**	[tsunɑmi]

cyclone	**sykloni**	[sykloni]
bad weather	**koiranilma**	[kojrɑn·ilmɑ]
fire (accident)	**palo**	[pɑlo]
disaster	**katastrofi**	[kɑtɑstrofi]
meteorite	**meteoriitti**	[meteori:tti]

avalanche	**lumivyöry**	[lumi·ʋyøry]
snowslide	**lumivyöry**	[lumi·ʋyøry]
blizzard	**pyry**	[pyry]
snowstorm	**pyry**	[pyry]

208. Noises. Sounds

silence (quiet)	**hiljaisuus**	[hiljɑisu:s]
sound	**ääni**	[æ:ni]

noise	melu	[melu]
to make noise	meluta	[meluta]
noisy (adj)	meluisa	[melujsa]

loudly (to speak, etc.)	äänekkäästi	[æ:nekkæ:sti]
loud (voice, etc.)	äänekäs	[æ:nekæs]
constant (e.g., ~ noise)	jatkuva	[jatkuva]

cry, shout (n)	huuto	[hu:to]
to cry, to shout (vi)	huutaa	[hu:ta:]
whisper	kuiskaus	[kujskaus]
to whisper (vi, vt)	kuiskata	[kujskata]

barking (dog's ~)	haukunta	[haukunta]
to bark (vi)	haukkua	[haukkua]

groan (of pain, etc.)	vaikerointi	[vajkerojnti]
to groan (vi)	vaikeroida	[vajkerojda]
cough	yskä	[yskæ]
to cough (vi)	yskiä	[yskiæ]

whistle	vihellys	[vihellys]
to whistle (vi)	viheltää	[viheltæ:]
knock (at the door)	koputus	[koputus]
to knock (on the door)	koputtaa	[koputta:]

to crack (vi)	ritistä	[ritistæ]
crack (cracking sound)	ryske	[ryske]

siren	sireeni	[sire:ni]
whistle (factory ~, etc.)	tehtaan pilli	[tehta:n pilli]
to whistle (ab. train)	puhaltaa	[puhalta:]
honk (car horn sound)	auton tuuttaus	[auton tu:ttaus]
to honk (vi)	tuutata	[tu:tata]

209. Winter

winter (n)	talvi	[talvi]
winter (as adj)	talvinen	[talvinen]
in winter	talvella	[talvella]

snow	lumi	[lumi]
it's snowing	sataa lunta	[sata: lunta]
snowfall	lumikuuro	[lumi·ku:ro]
snowdrift	lumikinos	[lumi·kinos]

snowflake	lumihiutale	[lumi·hiutale]
snowball	lumipallo	[lumi·pallo]
snowman	lumiukko	[lumi·ukko]
icicle	jääpuikko	[jæ:pujkko]

December	joulukuu	[jouluku:]
January	tammikuu	[tammiku:]
February	helmikuu	[helmiku:]

| frost (severe ~, freezing cold) | pakkanen | [pakkanen] |
| frosty (weather, air) | pakkas- | [pakkas] |

below zero (adv)	nollan alapuolella	[nollan alapuolella]
first frost	halla	[halla]
hoarfrost	huurre	[hu:rre]

| cold (cold weather) | kylmyys | [kylmy:s] |
| it's cold | on kylmää | [on kylmæ:] |

| fur coat | turkki | [turkki] |
| mittens | lapaset | [lapaset] |

to get sick	sairastua	[sajrastua]
cold (illness)	vilustuminen	[vilustuminen]
to catch a cold	vilustua	[vilustua]

ice	jää	[jæ:]
black ice	iljanne	[iljanne]
to freeze over (ab. river, etc.)	jäätyä	[jæ:tyæ]
ice floe	jäälohkare	[jæ:lohkare]

skis	sukset	[sukset]
skier	hiihtäjä	[hi:htæjæ]
to ski (vi)	hiihdellä	[hi:hdellæ]
to skate (vi)	luistella	[luistella]

Fauna

210. Mammals. Predators

predator	**peto**	[peto]
tiger	**tiikeri**	[tiːkeri]
lion	**leijona**	[leijonɑ]
wolf	**susi**	[susi]
fox	**kettu**	[kettu]
jaguar	**jaguaari**	[jɑguɑːri]
leopard	**leopardi**	[leopɑrdi]
cheetah	**gepardi**	[gepɑrdi]
black panther	**pantteri**	[pɑntteri]
puma	**puuma**	[puːmɑ]
snow leopard	**lumileopardi**	[lumi·leopɑrdi]
lynx	**ilves**	[ilʊes]
coyote	**kojootti**	[kojoːtti]
jackal	**sakaali**	[sɑkɑːli]
hyena	**hyeena**	[hyeːnɑ]

211. Wild animals

animal	**eläin**	[elæjn]
beast (animal)	**peto**	[peto]
squirrel	**orava**	[orɑʊɑ]
hedgehog	**siili**	[siːli]
hare	**jänis**	[jænis]
rabbit	**kaniini**	[kɑniːni]
badger	**mäyrä**	[mæuræ]
raccoon	**pesukarhu**	[pesu·kɑrhu]
hamster	**hamsteri**	[hɑmsteri]
marmot	**murmeli**	[murmeli]
mole	**maamyyrä**	[mɑːmyːræ]
mouse	**hiiri**	[hiːri]
rat	**rotta**	[rottɑ]
bat	**lepakko**	[lepɑkko]
ermine	**kärppä**	[kærppæ]
sable	**soopeli**	[soːpeli]

marten	näätä	[næ:tæ]
weasel	lumikko	[lumikko]
mink	minkki	[miŋkki]

| beaver | majava | [majaʋa] |
| otter | saukko | [saukko] |

horse	hevonen	[heʋonen]
moose	hirvi	[hirʋi]
deer	poro	[poro]
camel	kameli	[kameli]

bison	biisoni	[bi:soni]
wisent	visentti	[ʋisentti]
buffalo	puhveli	[puhʋeli]

zebra	seepra	[se:pra]
antelope	antilooppi	[antilo:ppi]
roe deer	metsäkauris	[metsæ·kauris]
fallow deer	kuusipeura	[ku:si·peura]
chamois	gemssi	[gemssi]
wild boar	villisika	[ʋilli·sika]

whale	valas	[ʋalas]
seal	hylje	[hylje]
walrus	mursu	[mursu]
fur seal	merikarhu	[meri·karhu]
dolphin	delfiini	[delfi:ni]

bear	karhu	[karhu]
polar bear	jääkarhu	[jæ:karhu]
panda	panda	[panda]

monkey	apina	[apina]
chimpanzee	simpanssi	[simpanssi]
orangutan	oranki	[oraŋki]
gorilla	gorilla	[gorilla]
macaque	makaki	[makaki]
gibbon	gibboni	[gibboni]

elephant	norsu	[norsu]
rhinoceros	sarvikuono	[sarʋi·kuono]
giraffe	kirahvi	[kirahʋi]
hippopotamus	virtahepo	[ʋirta·hepo]

| kangaroo | kenguru | [keŋuru] |
| koala (bear) | pussikarhu | [pussi·karhu] |

mongoose	faaraorotta	[fa:rao·rotta]
chinchilla	sinsilla	[sinsilla]
skunk	haisunäätä	[hajsunæ:tæ]
porcupine	piikkisika	[pi:kki·sika]

212. Domestic animals

cat	**kissa**	[kissa]
tomcat	**kollikissa**	[kolli·kissa]
dog	**koira**	[kojra]
horse	**hevonen**	[heʋonen]
stallion (male horse)	**ori**	[ori]
mare	**tamma**	[tamma]
cow	**lehmä**	[lehmæ]
bull	**sonni**	[sonni]
ox	**härkä**	[hærkæ]
sheep (ewe)	**lammas**	[lammas]
ram	**pässi**	[pæssi]
goat	**vuohi**	[ʋuoɦi]
billy goat, he-goat	**pukki**	[pukki]
donkey	**aasi**	[ɑːsi]
mule	**muuli**	[muːli]
pig, hog	**sika**	[sika]
piglet	**porsas**	[porsas]
rabbit	**kaniini**	[kaniːni]
hen (chicken)	**kana**	[kana]
rooster	**kukko**	[kukko]
duck	**ankka**	[aŋkka]
drake	**urosankka**	[uros·aŋkka]
goose	**hanhi**	[hanhi]
tom turkey, gobbler	**uroskalkkuna**	[uros·kalkkuna]
turkey (hen)	**kalkkuna**	[kalkkuna]
domestic animals	**kotieläimet**	[koti·elæjmet]
tame (e.g., ~ hamster)	**kesy**	[kesy]
to tame (vt)	**kesyttää**	[kesyttæ:]
to breed (vt)	**kasvattaa**	[kasʋatta:]
farm	**farmi**	[farmi]
poultry	**siipikarja**	[si:pi·karja]
cattle	**karja**	[karja]
herd (cattle)	**lauma**	[lauma]
stable	**hevostalli**	[heʋos·talli]
pigpen	**sikala**	[sikala]
cowshed	**navetta**	[naʋetta]
rabbit hutch	**kanikoppi**	[kani·koppi]
hen house	**kanala**	[kanala]

213. Dogs. Dog breeds

dog	koira	[kojra]
sheepdog	paimenkoira	[pajmeŋ·kojra]
German shepherd	saksanpaimenkoira	[saksan·pajmeŋ·kojra]
poodle	villakoira	[ʋilla·kojra]
dachshund	mäyräkoira	[mæuræ·kojra]
bulldog	bulldoggi	[bulldoggi]
boxer	bokseri	[bokseri]
mastiff	mastiffi	[mastiffi]
Rottweiler	rottweiler	[rottʋajler]
Doberman	dobermanni	[dobermanni]
basset	basset	[basset]
bobtail	bobtail, lampuri	[bobtejl], [læmpuri]
Dalmatian	dalmatiankoira	[dalmatiani·kojra]
cocker spaniel	cockerspanieli	[kokker·spanieli]
Newfoundland	newfoundlandinkoira	[njufaundlandiŋ·kojra]
Saint Bernard	bernhardinkoira	[bernhardin·kojra]
husky	siperianhusky	[siperian·husky]
Chow Chow	kiinanpystykorva	[ki:nanpysty·korʋa]
spitz	kääpiöpystykorva	[kæ:piøpysty·korʋa]
pug	mopsi	[mopsi]

214. Sounds made by animals

barking (n)	haukunta	[haukunta]
to bark (vi)	haukkua	[haukkua]
to meow (vi)	naukua	[naukua]
to purr (vi)	kehrätä	[kehrætæ]
to moo (vi)	ammua	[ammua]
to bellow (bull)	mylviä	[mylʋiæ]
to growl (vi)	möristä	[møristæ]
howl (n)	ulvonta	[ulʋonta]
to howl (vi)	ulvoa	[ulʋoa]
to whine (vi)	inistä	[inistæ]
to bleat (sheep)	määkiä	[mæ:kiæ]
to oink, to grunt (pig)	röhkiä	[røhkiæ]
to squeal (vi)	vinkua	[ʋiŋkua]
to croak (vi)	kurnuttaa	[kurnutta:]
to buzz (insect)	surista	[surista]
to chirp (crickets, grasshopper)	sirittää	[sirittæ:]

215. Young animals

cub	**pentu**	[pentu]
kitten	**kissanpentu**	[kissan·pentu]
baby mouse	**hiirenpoika**	[hi:ren·pojka]
puppy	**koiranpentu**	[kojran·pentu]
leveret	**jäniksenpoika**	[jæniksen·pojka]
baby rabbit	**kaniininpoikanen**	[kani:nin·pojkanen]
wolf cub	**sudenpentu**	[suden·pentu]
fox cub	**ketunpentu**	[ketun·pentu]
bear cub	**karhunpentu**	[karhun·pentu]
lion cub	**leijonanpentu**	[leijonan·pentu]
tiger cub	**tiikerinpentu**	[ti:kerin·pentu]
elephant calf	**norsunpoikanen**	[norsun·pojkanen]
piglet	**porsas**	[porsɑs]
calf (young cow, bull)	**vasikka**	[ʋɑsikkɑ]
kid (young goat)	**kili**	[kili]
lamb	**karitsa**	[kɑritsɑ]
fawn (young deer)	**poronvasa**	[poron·ʋɑsɑ]
young camel	**kamelin varsa**	[kɑmelin ʋɑrsɑ]
snakelet (baby snake)	**käärmeenpoikanen**	[kæ:rme:n·pojkanen]
froglet (baby frog)	**sammakonpoikanen**	[sɑmmɑkon·pojkanen]
baby bird	**linnunpoika**	[linnun·pojka]
chick (of chicken)	**kananpoika**	[kɑnɑn·pojka]
duckling	**ankanpoikanen**	[aŋkɑn·pojkanen]

216. Birds

bird	**lintu**	[lintu]
pigeon	**kyyhky**	[ky:hky]
sparrow	**varpunen**	[ʋɑrpunen]
tit (great tit)	**tiainen**	[tiɑjnen]
magpie	**harakka**	[hɑrɑkkɑ]
raven	**korppi**	[korppi]
crow	**varis**	[ʋɑris]
jackdaw	**naakka**	[nɑ:kkɑ]
rook	**mustavaris**	[musta·ʋɑris]
duck	**ankka**	[aŋkkɑ]
goose	**hanhi**	[hɑnhi]
pheasant	**fasaani**	[fɑsɑ:ni]
eagle	**kotka**	[kotkɑ]
hawk	**haukka**	[hɑukkɑ]

falcon	jalohaukka	[jalo·haukka]
vulture	korppikotka	[korppi·kotka]
condor (Andean ~)	kondori	[kondori]

swan	joutsen	[joutsen]
crane	kurki	[kurki]
stork	haikara	[hajkara]

parrot	papukaija	[papukaija]
hummingbird	kolibri	[kolibri]
peacock	riikinkukko	[riːkiŋ·kukko]

ostrich	strutsi	[strutsi]
heron	haikara	[hajkara]
flamingo	flamingo	[flamiŋo]
pelican	pelikaani	[pelikaːni]

| nightingale | satakieli | [sata·kieli] |
| swallow | pääskynen | [pæːskynen] |

thrush	rastas	[rastas]
song thrush	laulurastas	[laulu·rastas]
blackbird	mustarastas	[musta·rastas]

swift	tervapääsky	[terʋa·pæːsky]
lark	leivonen	[lejʋonen]
quail	viiriäinen	[ʋiːriæjnen]

woodpecker	tikka	[tikka]
cuckoo	käki	[kæki]
owl	pöllö	[pøllø]
eagle owl	huuhkaja	[huːhkaja]
wood grouse	metso	[metso]
black grouse	teeri	[teːri]
partridge	peltopyy	[pelto·pyː]

starling	kottarainen	[kottarajnen]
canary	kanarialintu	[kanaria·lintu]
hazel grouse	pyy	[pyː]
chaffinch	peippo	[pejppo]
bullfinch	punatulkku	[puna·tulkku]

seagull	lokki	[lokki]
albatross	albatrossi	[albatrossi]
penguin	pingviini	[piŋʋiːni]

217. Birds. Singing and sounds

| to sing (vi) | laulaa | [laulaː] |
| to call (animal, bird) | huutaa | [huːtaː] |

| to crow (rooster) | kiekua | [kiekuɑ] |
| cock-a-doodle-doo | kukkokiekuu | [kukkokieku:] |

to cluck (hen)	kotkottaa	[kotkottɑ:]
to caw (crow call)	raakkua	[rɑ:kkuɑ]
to quack (duck call)	vaakkua	[ʋɑ:kkuɑ]
to cheep (vi)	piipittää	[pi:pittæ:]
to chirp, to twitter	sirkuttaa	[sirkuttɑ:]

218. Fish. Marine animals

bream	lahna	[lɑhnɑ]
carp	karppi	[karppi]
perch	ahven	[ɑhʋen]
catfish	monni	[monni]
pike	hauki	[hɑuki]

| salmon | lohi | [lohi] |
| sturgeon | sampi | [sɑmpi] |

herring	silli	[silli]
Atlantic salmon	merilohi	[meri·lohi]
mackerel	makrilli	[mɑkrilli]
flatfish	kampela	[kɑmpelɑ]

zander, pike perch	kuha	[kuhɑ]
cod	turska	[turskɑ]
tuna	tonnikala	[tonnikɑlɑ]
trout	taimen	[tɑjmen]
eel	ankerias	[ɑŋkeriɑs]
electric ray	rausku	[rɑusku]
moray eel	mureena	[mure:nɑ]
piranha	punapiraija	[punɑ·pirɑijɑ]

shark	hai	[hɑj]
dolphin	delfiini	[delfi:ni]
whale	valas	[ʋɑlɑs]

crab	taskurapu	[tɑsku·rɑpu]
jellyfish	meduusa	[medu:sɑ]
octopus	meritursas	[meri·tursɑs]

starfish	meritähti	[meri·tæhti]
sea urchin	merisiili	[meri·si:li]
seahorse	merihevonen	[meri·heʋonen]

oyster	osteri	[osteri]
shrimp	katkarapu	[kɑtkɑrɑpu]
lobster	hummeri	[hummeri]
spiny lobster	langusti	[lɑŋusti]

219. Amphibians. Reptiles

| snake | käärme | [kæ:rme] |
| venomous (snake) | myrkky-, myrkyllinen | [myrkky], [myrkyllinen] |

viper	kyy	[ky:]
cobra	silmälasikäärme	[silmælɑsi·kæ:rme]
python	pyton	[pyton]
boa	jättiläiskäärme	[jættilæjs·kæ:rme]

grass snake	turhakäärme	[turhɑ·kæ:rme]
rattle snake	kalkkarokäärme	[kɑlkkɑro·kæ:rme]
anaconda	anakonda	[ɑnɑkondɑ]

lizard	lisko	[lisko]
iguana	iguaani	[iguɑ:ni]
monitor lizard	varaani	[ʋɑrɑ:ni]
salamander	salamanteri	[sɑlɑmɑnteri]
chameleon	kameleontti	[kɑmeleontti]
scorpion	skorpioni	[skorpioni]

turtle	kilpikonna	[kilpi·konnɑ]
frog	sammakko	[sɑmmɑkko]
toad	konna	[konnɑ]
crocodile	krokotiili	[krokoti:li]

220. Insects

insect, bug	hyönteinen	[hyøntejnen]
butterfly	perhonen	[perhonen]
ant	muurahainen	[mu:rɑhɑjnen]
fly	kärpänen	[kærpænen]
mosquito	hyttynen	[hyttynen]
beetle	kovakuoriainen	[koʋɑ·kuoriɑjnen]

wasp	ampiainen	[ɑmpiɑjnen]
bee	mehiläinen	[mehilæjnen]
bumblebee	kimalainen	[kimɑlɑjnen]
gadfly (botfly)	kiiliäinen	[ki:liæjnen]

| spider | hämähäkki | [hæmæhækki] |
| spiderweb | hämähäkinseitti | [hæmæhækin·sejtti] |

dragonfly	sudenkorento	[sudeŋ·korento]
grasshopper	hepokatti	[hepokatti]
moth (night butterfly)	yöperhonen	[yø·perhonen]

| cockroach | torakka | [torɑkkɑ] |
| tick | punkki | [puŋkki] |

flea	kirppu	[kirppu]
midge	mäkärä	[mækæræ]

locust	kulkusirkka	[kulku·sirkka]
snail	etana	[etɑnɑ]
cricket	sirkka	[sirkkɑ]
lightning bug	kiiltomato	[kiːlto·mɑto]
ladybug	leppäkerttu	[leppæ·kerttu]
cockchafer	turilas	[turilɑs]

leech	juotikas	[juotikɑs]
caterpillar	toukka	[toukkɑ]
earthworm	kastemato	[kɑste·mɑto]
larva	toukka	[toukkɑ]

221. Animals. Body parts

beak	nokka	[nokkɑ]
wings	siivet	[siːʋet]
foot (of bird)	käpälä	[kæpælæ]
feathers (plumage)	höyhenpeite	[høyɦen·pejte]

feather	höyhen	[høyɦen]
crest	töyhtö	[tøyhtø]

gills	kidukset	[kidukset]
spawn	kutea	[kuteɑ]
larva	toukka	[toukkɑ]

fin	evä	[eʋæ]
scales (of fish, reptile)	suomut	[suomut]

fang (canine)	torahammas	[torɑ·hɑmmɑs]
paw (e.g., cat's ~)	tassu, käpälä	[tɑssu], [kæpælæ]
muzzle (snout)	kuono	[kuono]
maw (mouth)	kita	[kitɑ]

tail	häntä	[hæntæ]
whiskers	viikset	[ʋiːkset]

hoof	kavio	[kɑʋio]
horn	sarvi	[sɑrʋi]

carapace	panssari	[pɑnssɑri]
shell (of mollusk)	kotilo	[kotilo]
eggshell	kuori	[kuori]

animal's hair (pelage)	karva	[kɑrʋɑ]
pelt (hide)	vuota	[ʋuotɑ]

222. Actions of animals

to fly (vi)	lentää	[lentæ:]
to fly in circles	kaarrella	[kɑ:rrellɑ]
to fly away	lentää pois	[lentæ: pojs]
to flap (~ the wings)	räpyttää	[ræpyttæ:]
to peck (vi)	nokkia	[nokkiɑ]
to sit on eggs	hautoa munat	[hɑutoɑ munɑt]
to hatch out (vi)	kuoriutua	[kuoriutuɑ]
to build a nest	rakentaa pesä	[rɑkentɑ: pesæ]
to slither, to crawl	ryömiä	[ryømiæ]
to sting, to bite (insect)	pistää	[pistæ:]
to bite (ab. animal)	purra	[purrɑ]
to sniff (vt)	nuuskia	[nu:skiɑ]
to bark (vi)	haukkua	[hɑukkuɑ]
to hiss (snake)	sihistä	[sihistæ]
to scare (vt)	pelottaa	[pelotta:]
to attack (vt)	hyökätä	[hyøkætæ]
to gnaw (bone, etc.)	jyrsiä	[yrsiæ]
to scratch (with claws)	raapia	[rɑ:piɑ]
to hide (vi)	piileskellä	[pi:leskellæ]
to play (kittens, etc.)	leikkiä	[lejkkiæ]
to hunt (vi, vt)	metsästää	[metsæstæ:]
to hibernate (vi)	horrostaa	[horrostɑ:]
to go extinct	kuolla sukupuuttoon	[kuollɑ sukupu:tto:n]

223. Animals. Habitats

habitat	elinympäristö	[elin·ympæristø]
migration	muuttoliike	[mu:ttoli:ke]
mountain	vuori	[ʋuori]
reef	riutta	[riuttɑ]
cliff	kalju	[kɑlju]
forest	metsä	[metsæ]
jungle	viidakko	[ʋi:dɑkko]
savanna	savanni	[sɑʋɑnni]
tundra	tundra	[tundrɑ]
steppe	aro	[ɑro]
desert	aavikko	[ɑ:ʋikko]
oasis	keidas	[kejdɑs]
sea	meri	[meri]

| lake | järvi | [jærʊi] |
| ocean | valtameri | [ʊɑltɑ·meri] |

swamp (marshland)	suo	[suo]
freshwater (adj)	makeavetinen	[mɑkeɑ·ʊetinen]
pond	lampi, lammikko	[lɑmpi], [lɑmmikko]
river	joki	[joki]

den (bear's ~)	karhunpesä	[kɑrhun·pesæ]
nest	pesä	[pesæ]
tree hollow	pesäkolo	[pesæ·kolo]
burrow (animal hole)	kolo	[kolo]
anthill	muurahaiskeko	[muːrɑhɑjs·keko]

224. Animal care

| zoo | eläintarha | [elæjn·tɑrhɑ] |
| nature preserve | rauhoitusalue | [rɑuhojtus·ɑlue] |

breeder (cattery, kennel, etc.)	pentutehtailu	[pentu·tehtɑilu]
open-air cage	suuri häkki	[suːri hækki]
cage	häkki	[hækki]
doghouse (kennel)	koppi	[koppi]

dovecot	kyyhkyslakka	[kyːhkys·lɑkkɑ]
aquarium (fish tank)	akvaario	[ɑkʊɑːrio]
dolphinarium	delfinaario	[delfinɑːrio]

to breed (animals)	kasvattaa	[kɑsʊɑttɑ:]
brood, litter	jälkeläiset	[jælkelæjset]
to tame (vt)	kesyttää	[kesyttæ:]
to train (animals)	kouluttaa	[kouluttɑ:]
feed (fodder, etc.)	ruoka	[ruokɑ]
to feed (vt)	ruokkia	[ruokkiɑ]

pet store	eläinkauppa	[elæjŋ·kɑuppɑ]
muzzle (for dog)	kuonokoppa	[kuono·koppɑ]
collar (e.g., dog ~)	kaulapanta	[kɑulɑ·pɑntɑ]
name (of animal)	nimi	[nimi]
pedigree (of dog)	sukutaulu	[suku·tɑulu]

225. Animals. Miscellaneous

pack (wolves)	lauma	[lɑumɑ]
flock (birds)	parvi	[pɑrʊi]
shoal, school (fish)	kalaparvi	[kɑlɑ·pɑrʊi]
herd (horses)	lauma	[lɑumɑ]

| male (n) | uros | [uros] |
| female (n) | naaras | [nɑːrɑs] |

hungry (adj)	nälkäinen	[nælkæjnen]
wild (adj)	villi	[ʋilli]
dangerous (adj)	vaarallinen	[ʋɑːrɑllinen]

226. Horses

| horse | hevonen | [heʋonen] |
| breed (race) | rotu | [rotu] |

| foal | varsa | [ʋɑrsɑ] |
| mare | tamma | [tɑmmɑ] |

mustang	mustangi	[mustɑŋi]
pony	poni	[poni]
draft horse	kuormahevonen	[kuormɑ·heʋonen]

| mane | harja | [hɑrjɑ] |
| tail | häntä | [hæntæ] |

hoof	kavio	[kɑʋio]
horseshoe	hevosenkenkä	[heʋoseŋ·keŋkæ]
to shoe (vt)	kengittää	[keŋittæː]
blacksmith	seppä	[seppæ]

saddle	satula	[sɑtulɑ]
stirrup	jalustin	[jɑlustin]
bridle	suitset	[suitset]
reins	ohjakset	[ohjɑkset]
whip (for riding)	ruoska	[ruoskɑ]

rider	ratsastaja	[rɑtsɑstɑjɑ]
to saddle up (vt)	satuloida	[sɑtulojdɑ]
to mount a horse	nousta satulaan	[nousta sɑtulɑːn]

gallop	laukka	[lɑukkɑ]
to gallop (vi)	ajaa laukkaa	[ɑjɑː lɑukkɑː]
trot (n)	ravi	[rɑʋi]
at a trot (adv)	ravia	[rɑʋiɑ]

| racehorse | ratsu, kilpahevonen | [rɑtsu], [kilpɑ·heʋonen] |
| horse racing | ratsastuskilpailut | [rɑtsɑstus·kilpɑjlut] |

stable	hevostalli	[heʋos·talli]
to feed (vt)	ruokkia	[ruokkiɑ]
hay	heinä	[hejnæ]
to water (animals)	juottaa	[juottɑː]
to wash (horse)	puhdistaa	[puhdistɑː]

horse-drawn cart	**hevoskärryt**	[heʋosˑkærryt]
to graze (vi)	**olla laitumella**	[olla lɑjtumella]
to neigh (vi)	**hirnua**	[hirnuɑ]
to kick (to buck)	**potkaista**	[potkɑjstɑ]

Flora

227. Trees

tree	**puu**	[puː]
deciduous (adj)	**lehti-**	[lehti]
coniferous (adj)	**havu-**	[hɑʋu]
evergreen (adj)	**ikivihreä**	[ikiʋihreɑ]
apple tree	**omenapuu**	[omena·puː]
pear tree	**päärynäpuu**	[pæː rynæ·puː]
sweet cherry tree	**linnunkirsikkapuu**	[linnun·kirsikkapuː]
sour cherry tree	**hapankirsikkapuu**	[hapan·kirsikkapuː]
plum tree	**luumupuu**	[luː mu·puː]
birch	**koivu**	[kojʊu]
oak	**tammi**	[tammi]
linden tree	**lehmus**	[lehmus]
aspen	**haapa**	[hɑːpɑ]
maple	**vaahtera**	[ʋɑːhtera]
spruce	**kuusipuu**	[kuːsi·puː]
pine	**mänty**	[mænty]
larch	**lehtikuusi**	[lehti·kuːsi]
fir tree	**jalokuusi**	[jaloku:si]
cedar	**setri**	[setri]
poplar	**poppeli**	[poppeli]
rowan	**pihlaja**	[pihlaja]
willow	**paju**	[paju]
alder	**leppä**	[leppæ]
beech	**pyökki**	[pyøkki]
elm	**jalava**	[jalaʋa]
ash (tree)	**saarni**	[sɑːrni]
chestnut	**kastanja**	[kastanja]
magnolia	**magnolia**	[magnolia]
palm tree	**palmu**	[palmu]
cypress	**sypressi**	[sypressi]
mangrove	**mangrove**	[maŋroʋe]
baobab	**apinanleipäpuu**	[apinan·lejpæpuː]
eucalyptus	**eukalyptus**	[eukalyptus]
sequoia	**punapuu**	[puna·puː]

228. Shrubs

bush	**pensas**	[pensɑs]
shrub	**pensaikko**	[pensɑjkko]
grapevine	**viinirypäleet**	[ʋi:ni·rypæle:t]
vineyard	**viinitarha**	[ʋi:ni·tɑrhɑ]
raspberry bush	**vadelma**	[ʋɑdelmɑ]
blackcurrant bush	**mustaherukka**	[mustɑ·herukkɑ]
redcurrant bush	**punaherukka**	[punɑ·herukkɑ]
gooseberry bush	**karviainen**	[kɑrʋiɑjnen]
acacia	**akasia**	[ɑkɑsiɑ]
barberry	**happomarja**	[hɑppomɑrjɑ]
jasmine	**jasmiini**	[jɑsmi:ni]
juniper	**kataja**	[kɑtɑjɑ]
rosebush	**ruusupensas**	[ru:su·pensɑs]
dog rose	**villiruusu**	[ʋilli·ru:su]

229. Mushrooms

mushroom	**sieni**	[sieni]
edible mushroom	**ruokasieni**	[ruokɑ·sieni]
poisonous mushroom	**myrkkysieni**	[myrkky·sieni]
cap (of mushroom)	**lakki**	[lɑkki]
stipe (of mushroom)	**jalka**	[jɑlkɑ]
cep (Boletus edulis)	**herkkutatti**	[herkkutɑtti]
orange-cap boletus	**punikkitatti**	[punikki·tɑtti]
birch bolete	**lehmäntatti**	[lehmæn·tɑtti]
chanterelle	**keltavahvero**	[keltɑ·ʋɑhʋero]
russula	**hapero**	[hɑpero]
morel	**huhtasieni**	[huhtɑsieni]
fly agaric	**kärpässieni**	[kærpæssieni]
death cap	**kavalakärpässieni**	[kɑʋɑlɑ·kærpæssieni]

230. Fruits. Berries

fruit	**hedelmä**	[hedelmæ]
fruits	**hedelmät**	[hedelmæt]
apple	**omena**	[omenɑ]
pear	**päärynä**	[pæ:rynæ]
plum	**luumu**	[lu:mu]
strawberry (garden ~)	**mansikka**	[mɑnsikkɑ]

sour cherry	hapankirsikka	[hapan·kirsikka]
sweet cherry	linnunkirsikka	[linnun·kirsikka]
grape	viinirypäleet	[ʋi:ni·rypæle:t]

raspberry	vadelma	[ʋadelma]
blackcurrant	mustaherukka	[musta·herukka]
redcurrant	punaherukka	[puna·herukka]
gooseberry	karviainen	[karʋiajnen]
cranberry	karpalo	[karpalo]

orange	appelsiini	[appelsi:ni]
mandarin	mandariini	[mandari:ni]
pineapple	ananas	[ananas]
banana	banaani	[bana:ni]
date	taateli	[ta:teli]

lemon	sitruuna	[sitru:na]
apricot	aprikoosi	[apriko:si]
peach	persikka	[persikka]
kiwi	kiivi	[ki:ʋi]
grapefruit	greippi	[grejppi]

berry	marja	[marja]
berries	marjat	[marjat]
cowberry	puolukka	[puolukka]
wild strawberry	ahomansikka	[aho·mansikka]
bilberry	mustikka	[mustikka]

231. Flowers. Plants

| flower | kukka | [kukka] |
| bouquet (of flowers) | kukkakimppu | [kukka·kimppu] |

rose (flower)	ruusu	[ru:su]
tulip	tulppani	[tulppani]
carnation	neilikka	[nejlikka]
gladiolus	miekkalilja	[miekkalilja]

cornflower	kaunokki	[kaunokki]
harebell	kissankello	[kissan·kello]
dandelion	voikukka	[ʋoj·kukka]
camomile	päivänkakkara	[pæjʋæn·kakkara]

aloe	aaloe	[a:loe]
cactus	kaktus	[kaktus]
rubber plant, ficus	fiikus	[fi:kus]

lily	lilja	[lilja]
geranium	kurjenpolvi	[kurjen·polʋi]
hyacinth	hyasintti	[hyasintti]

mimosa	**mimosa**	[mimosɑ]
narcissus	**narsissi**	[nɑrsissi]
nasturtium	**koristekrassi**	[koriste·krɑssi]
orchid	**orkidea**	[orkideɑ]
peony	**pioni**	[pioni]
violet	**orvokki**	[orʋokki]
pansy	**keto-orvokki**	[keto·orʋokki]
forget-me-not	**lemmikki**	[lemmikki]
daisy	**kaunokainen**	[kɑunokɑjnen]
poppy	**unikko**	[unikko]
hemp	**hamppu**	[hɑmppu]
mint	**minttu**	[minttu]
lily of the valley	**kielo**	[kielo]
snowdrop	**lumikello**	[lumi·kello]
nettle	**nokkonen**	[nokkonen]
sorrel	**suolaheinä**	[suolɑ·hejnæ]
water lily	**lumme**	[lumme]
fern	**saniainen**	[sɑniɑjnen]
lichen	**jäkälä**	[jækælæ]
conservatory (greenhouse)	**talvipuutarha**	[tɑlʋi·puːtɑrhɑ]
lawn	**nurmikko**	[nurmikko]
flowerbed	**kukkapenkki**	[kukkɑ·peŋkki]
plant	**kasvi**	[kɑsʋi]
grass	**ruoho**	[ruoho]
blade of grass	**heinänkorsi**	[hejnæŋ·korsi]
leaf	**lehti**	[lehti]
petal	**terälehti**	[teræ·lehti]
stem	**varsi**	[ʋarsi]
tuber	**mukula**	[mukulɑ]
young plant (shoot)	**itu**	[itu]
thorn	**piikki**	[piːkki]
to blossom (vi)	**kukkia**	[kukkiɑ]
to fade, to wither	**kuihtua**	[kujhtuɑ]
smell (odor)	**tuoksu**	[tuoksu]
to cut (flowers)	**leikata**	[lejkɑtɑ]
to pick (a flower)	**repiä**	[repiæ]

232. Cereals, grains

grain	**vilja**	[ʋiljɑ]
cereal crops	**viljat**	[ʋiljɑt]

ear (of barley, etc.)	tähkä	[tæhkæ]
wheat	vehnä	[ʋehnæ]
rye	ruis	[rujs]
oats	kaura	[kaura]
millet	hirssi	[hirssi]
barley	ohra	[ohra]

corn	maissi	[majssi]
rice	riisi	[riːsi]
buckwheat	tattari	[tattari]

pea plant	herne	[herne]
kidney bean	pavut	[paʋut]
soy	soija	[soija]
lentil	linssi	[linssi]
beans (pulse crops)	pavut	[paʋut]

233. Vegetables. Greens

| vegetables | vihannekset | [ʋihannekset] |
| greens | lehtikasvikset | [lehti·kasʋikset] |

tomato	tomaatti	[tomaːtti]
cucumber	kurkku	[kurkku]
carrot	porkkana	[porkkana]
potato	peruna	[peruna]
onion	sipuli	[sipuli]
garlic	valkosipuli	[ʋalko·sipuli]

cabbage	kaali	[kaːli]
cauliflower	kukkakaali	[kukka·kaːli]
Brussels sprouts	brysselinkaali	[brysseliŋ·kaːli]
broccoli	parsakaali	[parsa·kaːli]

beet	punajuuri	[puna·juːri]
eggplant	munakoiso	[muna·kojso]
zucchini	kesäkurpitsa	[kesæ·kurpitsa]
pumpkin	kurpitsa	[kurpitsa]
turnip	nauris	[nauris]

parsley	persilja	[persilja]
dill	tilli	[tilli]
lettuce	lehtisalaatti	[lehti·salaːtti]
celery	selleri	[selleri]
asparagus	parsa	[parsa]
spinach	pinaatti	[pinaːtti]

pea	herne	[herne]
beans	pavut	[paʋut]
corn (maize)	maissi	[majssi]

kidney bean	**pavut**	[pɑuut]
pepper	**paprika**	[pɑprikɑ]
radish	**retiisi**	[reti:si]
artichoke	**artisokka**	[ɑrtisokkɑ]

REGIONAL GEOGRAPHY

Countries. Nationalities

234. Western Europe

Europe	Eurooppa	[euro:ppa]
European Union	Euroopan unioni	[euro:pan unioni]
European (n)	eurooppalainen	[euro:ppalajnen]
European (adj)	eurooppalainen	[euro:ppalajnen]
Austria	Itävalta	[itæʋalta]
Austrian (masc.)	itävaltainen	[itæʋaltajnen]
Austrian (fem.)	itävaltainen	[itæʋaltajnen]
Austrian (adj)	itävaltainen	[itæʋaltajnen]
Great Britain	Iso-Britannia	[iso·britannia]
England	Englanti	[eŋlanti]
British (masc.)	englantilainen	[eŋlantilajnen]
British (fem.)	englantilainen	[eŋlantilajnen]
English, British (adj)	englantilainen	[eŋlantilajnen]
Belgium	Belgia	[belgia]
Belgian (masc.)	belgialainen	[belgialajnen]
Belgian (fem.)	belgialainen	[belgialajnen]
Belgian (adj)	belgialainen	[belgialajnen]
Germany	Saksa	[saksa]
German (masc.)	saksalainen	[saksalajnen]
German (fem.)	saksalainen	[saksalajnen]
German (adj)	saksalainen	[saksalajnen]
Netherlands	Alankomaat	[alaŋkoma:t]
Holland	Hollanti	[hollanti]
Dutch (masc.)	hollantilainen	[hollantilajnen]
Dutch (fem.)	hollantilainen	[hollantilajnen]
Dutch (adj)	hollantilainen	[hollantilajnen]
Greece	Kreikka	[krejkka]
Greek (masc.)	kreikkalainen	[krejkkalajnen]
Greek (fem.)	kreikkalainen	[krejkkalajnen]
Greek (adj)	kreikkalainen	[krejkkalajnen]
Denmark	Tanska	[tanska]
Dane (masc.)	tanskalainen	[tanskalajnen]

Dane (fem.)	**tanskalainen**	[tanskalajnen]
Danish (adj)	**tanskalainen**	[tanskalajnen]
Ireland	**Irlanti**	[irlanti]
Irish (masc.)	**irlantilainen**	[irlantilajnen]
Irish (fem.)	**irlantilainen**	[irlantilajnen]
Irish (adj)	**irlantilainen**	[irlantilajnen]
Iceland	**Islanti**	[islanti]
Icelander (masc.)	**islantilainen**	[islantilajnen]
Icelander (fem.)	**islantilainen**	[islantilajnen]
Icelandic (adj)	**islantilainen**	[islantilajnen]
Spain	**Espanja**	[espanja]
Spaniard (masc.)	**espanjalainen**	[espanjalajnen]
Spaniard (fem.)	**espanjalainen**	[espanjalajnen]
Spanish (adj)	**espanjalainen**	[espanjalajnen]
Italy	**Italia**	[italia]
Italian (masc.)	**italialainen**	[italialajnen]
Italian (fem.)	**italialainen**	[italialajnen]
Italian (adj)	**italialainen**	[italialajnen]
Cyprus	**Kypros**	[kypros]
Cypriot (masc.)	**kyproslainen**	[kyproslajnen]
Cypriot (fem.)	**kyproslainen**	[kyproslajnen]
Cypriot (adj)	**kyproslainen**	[kyproslajnen]
Malta	**Malta**	[malta]
Maltese (masc.)	**maltalainen**	[maltalajnen]
Maltese (fem.)	**maltalainen**	[maltalajnen]
Maltese (adj)	**maltalainen**	[maltalajnen]
Norway	**Norja**	[norja]
Norwegian (masc.)	**norjalainen**	[norjalajnen]
Norwegian (fem.)	**norjalainen**	[norjalajnen]
Norwegian (adj)	**norjalainen**	[norjalajnen]
Portugal	**Portugali**	[portugali]
Portuguese (masc.)	**portugalilainen**	[portugalilajnen]
Portuguese (fem.)	**portugalilainen**	[portugalilajnen]
Portuguese (adj)	**portugalilainen**	[portugalilajnen]
Finland	**Suomi**	[suomi]
Finn (masc.)	**suomalainen**	[suomalajnen]
Finn (fem.)	**suomalainen**	[suomalajnen]
Finnish (adj)	**suomalainen**	[suomalajnen]
France	**Ranska**	[ranska]
French (masc.)	**ranskalainen**	[ranskalajnen]
French (fem.)	**ranskalainen**	[ranskalajnen]
French (adj)	**ranskalainen**	[ranskalajnen]

Sweden	**Ruotsi**	[ruotsi]
Swede (masc.)	**ruotsalainen**	[ruotsalajnen]
Swede (fem.)	**ruotsalainen**	[ruotsalajnen]
Swedish (adj)	**ruotsalainen**	[ruotsalajnen]

Switzerland	**Sveitsi**	[sʊejtsi]
Swiss (masc.)	**sveitsiläinen**	[sʊejtsilæjnen]
Swiss (fem.)	**sveitsiläinen**	[sʊejtsilæjnen]
Swiss (adj)	**sveitsiläinen**	[sʊejtsilæjnen]

Scotland	**Skotlanti**	[skotlanti]
Scottish (masc.)	**skotlantilainen**	[skotlantilajnen]
Scottish (fem.)	**skotlantilainen**	[skotlantilajnen]
Scottish (adj)	**skotlantilainen**	[skotlantilajnen]

Vatican	**Vatikaanivaltio**	[ʋatikɑːniˑʋaltio]
Liechtenstein	**Liechtenstein**	[lihtenʃtajn]
Luxembourg	**Luxemburg**	[lyksemburg]
Monaco	**Monaco**	[monako]

235. Central and Eastern Europe

Albania	**Albania**	[albania]
Albanian (masc.)	**albanialainen**	[albanialajnen]
Albanian (fem.)	**albanialainen**	[albanialajnen]
Albanian (adj)	**albanialainen**	[albanialajnen]

Bulgaria	**Bulgaria**	[bulgaria]
Bulgarian (masc.)	**bulgarialainen**	[bulgarialajnen]
Bulgarian (fem.)	**bulgarialainen**	[bulgarialajnen]
Bulgarian (adj)	**bulgarialainen**	[bulgarialajnen]

Hungary	**Unkari**	[uŋkari]
Hungarian (masc.)	**unkarilainen**	[uŋkarilajnen]
Hungarian (fem.)	**unkarilainen**	[uŋkarilajnen]
Hungarian (adj)	**unkarilainen**	[uŋkarilajnen]

Latvia	**Latvia**	[latʋia]
Latvian (masc.)	**latvialainen**	[latʋialajnen]
Latvian (fem.)	**latvialainen**	[latʋialajnen]
Latvian (adj)	**latvialainen**	[latʋialajnen]

Lithuania	**Liettua**	[liettua]
Lithuanian (masc.)	**liettualainen**	[liettualajnen]
Lithuanian (fem.)	**liettualainen**	[liettualajnen]
Lithuanian (adj)	**liettualainen**	[liettualajnen]

Poland	**Puola**	[puola]
Pole (masc.)	**puolalainen**	[puolalajnen]
Pole (fem.)	**puolalainen**	[puolalajnen]

Polish (adj)	puolalainen	[puolalajnen]
Romania	Romania	[romania]
Romanian (masc.)	romanialainen	[romanialajnen]
Romanian (fem.)	romanialainen	[romanialajnen]
Romanian (adj)	romanialainen	[romanialajnen]

Serbia	Serbia	[serbia]
Serbian (masc.)	serbialainen	[serbialajnen]
Serbian (fem.)	serbialainen	[serbialajnen]
Serbian (adj)	serbialainen	[serbialajnen]

Slovakia	Slovakia	[slovakia]
Slovak (masc.)	slovakki	[slovakki]
Slovak (fem.)	slovakki	[slovakki]
Slovak (adj)	slovakialainen	[slovakialajnen]

Croatia	Kroatia	[kroatia]
Croatian (masc.)	kroatialainen	[kroatialajnen]
Croatian (fem.)	kroatialainen	[kroatialajnen]
Croatian (adj)	kroatialainen	[kroatialajnen]

Czech Republic	Tšekki	[tʃekki]
Czech (masc.)	tšekkiläinen	[tʃekkilæjnen]
Czech (fem.)	tšekkiläinen	[tʃekkilæjnen]
Czech (adj)	tšekkiläinen	[tʃekkilæjnen]

Estonia	Viro	[viro]
Estonian (masc.)	virolainen	[virolajnen]
Estonian (fem.)	virolainen	[virolajnen]
Estonian (adj)	virolainen	[virolajnen]

Bosnia and Herzegovina	Bosnia ja Hertsegovina	[bosnia ja hertsegovina]
Macedonia (Republic of ~)	Makedonia	[makedonia]
Slovenia	Slovenia	[slovenia]
Montenegro	Montenegro	[monte·negro]

236. Former USSR countries

Azerbaijan	Azerbaidžan	[azerbajdʒan]
Azerbaijani (masc.)	azerbaidžanilainen	[azerbajdʒanialajnen]
Azerbaijani (fem.)	azerbaidžanilainen	[azerbajdʒanialajnen]
Azerbaijani, Azeri (adj)	azerbaidžanilainen	[azerbajdʒanialajnen]

Armenia	Armenia	[armeniæ]
Armenian (masc.)	armenialainen	[armenialajnen]
Armenian (fem.)	armenialainen	[armenialajnen]
Armenian (adj)	armenialainen	[armenialajnen]

Belarus	Valko-Venäjä	[valko·venæjæ]
Belarusian (masc.)	valkovenäläinen	[valko·venælæjnen]

| Belarusian (fem.) | valkovenäläinen | [ʋɑlko·ʋenælæjnen] |
| Belarusian (adj) | valkovenäläinen | [ʋɑlko·ʋenælæjnen] |

Georgia	Georgia	[georgiɑ]
Georgian (masc.)	georgialainen	[georgiɑlɑjnen]
Georgian (fem.)	georgialainen	[georgiɑlɑjnen]
Georgian (adj)	georgialainen	[georgiɑlɑjnen]
Kazakhstan	Kazakstan	[kɑzɑkstɑn]
Kazakh (masc.)	kazakki	[kɑzɑkki]
Kazakh (fem.)	kazakki	[kɑzɑkki]
Kazakh (adj)	kazakki	[kɑzɑkki]

Kirghizia	Kirgisia	[kirgisiɑ]
Kirghiz (masc.)	kirgiisi	[kirgi:si]
Kirghiz (fem.)	kirgiisi	[kirgi:si]
Kirghiz (adj)	kirgiisi	[kirgi:si]

Moldova, Moldavia	Moldova	[moldoʋɑ]
Moldavian (masc.)	moldovalainen	[moldoʋɑlɑjnen]
Moldavian (fem.)	moldovalainen	[moldoʋɑlɑjnen]
Moldavian (adj)	moldovalainen	[moldoʋɑlɑjnen]
Russia	Venäjä	[ʋenæjæ]
Russian (masc.)	venäläinen	[ʋenælæjnen]
Russian (fem.)	venäläinen	[ʋenælæjnen]
Russian (adj)	venäläinen	[ʋenælæjnen]

Tajikistan	Tadžhikistan	[tɑdʒikistɑn]
Tajik (masc.)	tadžikki	[tɑdʒikki]
Tajik (fem.)	tadžikki	[tɑdʒikki]
Tajik (adj)	tadžikki	[tɑdʒikki]

Turkmenistan	Turkmenistan	[turkmenistɑn]
Turkmen (masc.)	turkmeeni	[turkme:ni]
Turkmen (fem.)	turkmeeni	[turkme:ni]
Turkmenian (adj)	turkmeeni	[turkme:ni]

Uzbekistan	Uzbekistan	[uzbekistɑn]
Uzbek (masc.)	uzbekki	[uzbekki]
Uzbek (fem.)	uzbekki	[uzbekki]
Uzbek (adj)	uzbekki	[uzbekki]

Ukraine	Ukraina	[ukrɑjnɑ]
Ukrainian (masc.)	ukrainalainen	[ukrɑinɑlɑjnen]
Ukrainian (fem.)	ukrainalainen	[ukrɑinɑlɑjnen]
Ukrainian (adj)	ukrainalainen	[ukrɑinɑlɑjnen]

237. Asia

| Asia | Aasia | [ɑ:siɑ] |
| Asian (adj) | aasialainen | [ɑ:siɑlɑjnen] |

Vietnam	**Vietnam**	[ʋjetnam]
Vietnamese (masc.)	**vietnamilainen**	[ʋjetnamilajnen]
Vietnamese (fem.)	**vietnamilainen**	[ʋjetnamilajnen]
Vietnamese (adj)	**vietnamilainen**	[ʋjetnamilajnen]

India	**Intia**	[intia]
Indian (masc.)	**intialainen**	[intialajnen]
Indian (fem.)	**intialainen**	[intialajnen]
Indian (adj)	**intialainen**	[intialajnen]

Israel	**Israel**	[israel]
Israeli (masc.)	**israelilainen**	[israelilajnen]
Israeli (fem.)	**israelilainen**	[israelilajnen]
Israeli (adj)	**israelilainen**	[israelilajnen]

Jew (n)	**juutalainen**	[ju:talajnen]
Jewess (n)	**juutalainen**	[ju:talajnen]
Jewish (adj)	**juutalainen**	[ju:talajnen]

China	**Kiina**	[ki:na]
Chinese (masc.)	**kiinalainen**	[ki:nalajnen]
Chinese (fem.)	**kiinalainen**	[ki:nalajnen]
Chinese (adj)	**kiinalainen**	[ki:nalajnen]

Korean (masc.)	**korealainen**	[korealajnen]
Korean (fem.)	**korealainen**	[korealajnen]
Korean (adj)	**korealainen**	[korealajnen]

Lebanon	**Libanon**	[libanon]
Lebanese (masc.)	**libanonilainen**	[libanonilajnen]
Lebanese (fem.)	**libanonilainen**	[libanonilajnen]
Lebanese (adj)	**libanonilainen**	[libanonilajnen]

Mongolia	**Mongolia**	[moŋolia]
Mongolian (masc.)	**mongoli**	[moŋoli]
Mongolian (fem.)	**mongoli**	[moŋoli]
Mongolian (adj)	**mongolilainen**	[moŋolilajnen]

Malaysia	**Malesia**	[malesia]
Malaysian (masc.)	**malaiji**	[malaiji]
Malaysian (fem.)	**malaiji**	[malaiji]
Malaysian (adj)	**malaijilainen**	[malaijilajnen]

Pakistan	**Pakistan**	[pakistan]
Pakistani (masc.)	**pakistanilainen**	[pakistanilajnen]
Pakistani (fem.)	**pakistanilainen**	[pakistanilajnen]
Pakistani (adj)	**pakistanilainen**	[pakistanilajnen]

Saudi Arabia	**Saudi-Arabia**	[saudi·arabia]
Arab (masc.)	**arabi**	[arabi]
Arab (fem.)	**arabi**	[arabi]
Arab, Arabic (adj)	**arabi-, arabialainen**	[arabi], [arabialajnen]

Thailand	**Thaimaa**	[thɑjmɑ:]
Thai (masc.)	**thaimaalainen**	[thɑjmɑ:lɑjnen]
Thai (fem.)	**thaimaalainen**	[thɑjmɑ:lɑjnen]
Thai (adj)	**thaimaalainen**	[thɑjmɑ:lɑjnen]
Taiwan	**Taiwan**	[tɑjʋɑn]
Taiwanese (masc.)	**taiwanilainen**	[tɑjʋɑnilɑjnen]
Taiwanese (fem.)	**taiwanilainen**	[tɑjʋɑnilɑjnen]
Taiwanese (adj)	**taiwanilainen**	[tɑjʋɑnilɑjnen]
Turkey	**Turkki**	[turkki]
Turk (masc.)	**turkkilainen**	[turkkilɑjnen]
Turk (fem.)	**turkkilainen**	[turkkilɑjnen]
Turkish (adj)	**turkkilainen**	[turkkilɑjnen]
Japan	**Japani**	[jɑpɑni]
Japanese (masc.)	**japanilainen**	[jɑpɑnilɑjnen]
Japanese (fem.)	**japanilainen**	[jɑpɑnilɑjnen]
Japanese (adj)	**japanilainen**	[jɑpɑnilɑjnen]
Afghanistan	**Afganistan**	[ɑfgɑnistɑn]
Bangladesh	**Bangladesh**	[bɑŋlɑdeʃ]
Indonesia	**Indonesia**	[indonesiɑ]
Jordan	**Jordania**	[jordɑniɑ]
Iraq	**Irak**	[irɑk]
Iran	**Iran**	[irɑn]
Cambodia	**Kambodža**	[kɑmbodʒɑ]
Kuwait	**Kuwait**	[kuʋɑjt]
Laos	**Laos**	[lɑos]
Myanmar	**Myanmar**	[myɑnmɑr]
Nepal	**Nepal**	[nepɑl]
United Arab Emirates	**Arabiemiirikuntien liitto**	[ɑrɑbi·emi:ri·kuntien li:tto]
Syria	**Syyria**	[sy:riɑ]
Palestine	**Palestiinalaishallinto**	[pɑlesti:nɑlɑjs·hɑllinto]
South Korea	**Etelä-Korea**	[etelæ·koreɑ]
North Korea	**Pohjois-Korea**	[pohjois·koreɑ]

238. North America

United States of America	**Yhdysvallat**	[yhdys·ʋɑllɑt]
American (masc.)	**amerikkalainen**	[ɑmerikkɑlɑjnen]
American (fem.)	**amerikkalainen**	[ɑmerikkɑlɑjnen]
American (adj)	**amerikkalainen**	[ɑmerikkɑlɑjnen]
Canada	**Kanada**	[kɑnɑdɑ]
Canadian (masc.)	**kanadalainen**	[kɑnɑdɑlɑjnen]
Canadian (fem.)	**kanadalainen**	[kɑnɑdɑlɑjnen]

Canadian (adj)	**kanadalainen**	[kanadalajnen]
Mexico	**Meksiko**	[meksiko]
Mexican (masc.)	**meksikolainen**	[meksikolajnen]
Mexican (fem.)	**meksikolainen**	[meksikolajnen]
Mexican (adj)	**meksikolainen**	[meksikolajnen]

239. Central and South America

Argentina	**Argentiina**	[argenti:na]
Argentinian (masc.)	**argentiinalainen**	[argenti:nalajnen]
Argentinian (fem.)	**argentiinalainen**	[argenti:nalajnen]
Argentinian (adj)	**argentiinalainen**	[argenti:nalajnen]
Brazil	**Brasilia**	[brasilia]
Brazilian (masc.)	**brasilialainen**	[brasilialajnen]
Brazilian (fem.)	**brasilialainen**	[brasilialajnen]
Brazilian (adj)	**brasilialainen**	[brasilialajnen]
Colombia	**Kolumbia**	[kolumbia]
Colombian (masc.)	**kolumbialainen**	[kolumbialajnen]
Colombian (fem.)	**kolumbialainen**	[kolumbialajnen]
Colombian (adj)	**kolumbialainen**	[kolumbialajnen]
Cuba	**Kuuba**	[ku:ba]
Cuban (masc.)	**kuubalainen**	[ku:balajnen]
Cuban (fem.)	**kuubalainen**	[ku:balajnen]
Cuban (adj)	**kuubalainen**	[ku:balajnen]
Chile	**Chile**	[tʃile]
Chilean (masc.)	**chileläinen**	[tʃilelæjnen]
Chilean (fem.)	**chileläinen**	[tʃilelæjnen]
Chilean (adj)	**chileläinen**	[tʃilelæjnen]
Bolivia	**Bolivia**	[boliuia]
Venezuela	**Venezuela**	[uenezuela]
Paraguay	**Paraguay**	[paraguaj]
Peru	**Peru**	[peru]
Suriname	**Suriname**	[suriname]
Uruguay	**Uruguay**	[uruguaj]
Ecuador	**Ecuador**	[ekuador]
The Bahamas	**Bahama**	[bahama]
Haiti	**Haiti**	[haiti]
Dominican Republic	**Dominikaaninen tasavalta**	[dominika:ninen tasaualta]
Panama	**Panama**	[panama]
Jamaica	**Jamaika**	[jamajka]

240. Africa

Egypt	**Egypti**	[egypti]
Egyptian (masc.)	**egyptiläinen**	[egyptilæjnen]
Egyptian (fem.)	**egyptiläinen**	[egyptilæjnen]
Egyptian (adj)	**egyptiläinen**	[egyptilæjnen]
Morocco	**Marokko**	[marokko]
Moroccan (masc.)	**marokkolainen**	[marokkolajnen]
Moroccan (fem.)	**marokkolainen**	[marokkolajnen]
Moroccan (adj)	**marokkolainen**	[marokkolajnen]
Tunisia	**Tunisia**	[tunisia]
Tunisian (masc.)	**tunisialainen**	[tunisialajnen]
Tunisian (fem.)	**tunisialainen**	[tunisialajnen]
Tunisian (adj)	**tunisialainen**	[tunisialajnen]
Ghana	**Ghana**	[gana]
Zanzibar	**Sansibar**	[sansibar]
Kenya	**Kenia**	[kenia]
Libya	**Libya**	[libya]
Madagascar	**Madagaskar**	[madagaskar]
Namibia	**Namibia**	[namibiæ]
Senegal	**Senegal**	[senegal]
Tanzania	**Tansania**	[tansania]
South Africa	**Etelä-Afrikka**	[etelæ·afrikka]
African (masc.)	**afrikkalainen**	[afrikkalajnen]
African (fem.)	**afrikkalainen**	[afrikkalajnen]
African (adj)	**afrikkalainen**	[afrikkalajnen]

241. Australia. Oceania

Australia	**Australia**	[australia]
Australian (masc.)	**australialainen**	[australialajnen]
Australian (fem.)	**australialainen**	[australialajnen]
Australian (adj)	**australialainen**	[australialajnen]
New Zealand	**Uusi-Seelanti**	[u:si·se:lanti]
New Zealander (masc.)	**uusiseelantilainen**	[u:si·se:lantilajnen]
New Zealander (fem.)	**uusiseelantilainen**	[u:si·se:lantilajnen]
New Zealand (as adj)	**uusiseelantilainen**	[u:si·se:lantilajnen]
Tasmania	**Tasmania**	[tasmania]
French Polynesia	**Ranskan Polynesia**	[ranskan polynesia]

242. Cities

Amsterdam	**Amsterdam**	[amsterdam]
Ankara	**Ankara**	[aŋkara]
Athens	**Ateena**	[ate:na]
Baghdad	**Bagdad**	[bagdad]
Bangkok	**Bangkok**	[baŋkok]
Barcelona	**Barcelona**	[barselona]
Beijing	**Peking**	[pekiŋ]
Beirut	**Beirut**	[bejrut]
Berlin	**Berliini**	[berli:ni]
Mumbai (Bombay)	**Mumbai**	[mumbaj]
Bonn	**Bonn**	[bonn]
Bordeaux	**Bordeaux**	[bordo]
Bratislava	**Bratislava**	[bratislaυa]
Brussels	**Bryssel**	[bryssel]
Bucharest	**Bukarest**	[bukarest]
Budapest	**Budapest**	[budapest]
Cairo	**Kairo**	[kajro]
Kolkata (Calcutta)	**Kalkutta**	[kalkutta]
Chicago	**Chicago**	[tʃikago]
Copenhagen	**Kööpenhamina**	[kø:penhamina]
Dar-es-Salaam	**Dar es Salaam**	[dar es sala:m]
Delhi	**Delhi**	[deli]
Dubai	**Dubai**	[dubaj]
Dublin	**Dublin**	[dublin]
Düsseldorf	**Düsseldorf**	[dysseldorf]
Florence	**Firenze**	[firentse]
Frankfurt	**Frankfurt**	[fraŋkfurt]
Geneva	**Geneve**	[geneυe]
The Hague	**Haag**	[ha:g]
Hamburg	**Hampuri**	[hampuri]
Hanoi	**Hanoi**	[hanoj]
Havana	**Havanna**	[haυanna]
Helsinki	**Helsinki**	[helsiŋki]
Hiroshima	**Hiroshima**	[hiroʃima]
Hong Kong	**Hongkong**	[hoŋkoŋ]
Istanbul	**Istanbul**	[istanbul]
Jerusalem	**Jerusalem**	[jerusalem]
Kyiv	**Kiova**	[kioυa]
Kuala Lumpur	**Kuala Lumpur**	[kuala lumpur]
Lisbon	**Lissabon**	[lissabon]
London	**Lontoo**	[lonto:]
Los Angeles	**Los Angeles**	[los aŋeles]

Lyons	Lyon	[ljon]
Madrid	Madrid	[madrid]
Marseille	Marseille	[marsejlle]
Mexico City	México	[meksiko]
Miami	Miami	[majami]
Montreal	Montreal	[montreal]
Moscow	Moskova	[moskoua]
Munich	München	[mynhen]
Nairobi	Nairobi	[najrobi]
Naples	Napoli	[napoli]
New York	New York	[nju jork]
Nice	Nizza	[nitsa]
Oslo	Oslo	[oslo]
Ottawa	Ottawa	[ottaua]
Paris	Pariisi	[pari:si]
Prague	Praha	[praha]
Rio de Janeiro	Rio de Janeiro	[rio de janejro]
Rome	Rooma	[ro:ma]
Saint Petersburg	Pietari	[pietari]
Seoul	Soul	[soul]
Shanghai	Shanghai	[ʃaŋhaj]
Singapore	Singapore	[siŋapore]
Stockholm	Tukholma	[tukholma]
Sydney	Sydney	[sidnej]
Taipei	Taipei	[tajpej]
Tokyo	Tokio	[tokio]
Toronto	Toronto	[toronto]
Venice	Venetsia	[uenetsia]
Vienna	Wien	[uien]
Warsaw	Varsova	[uarsoua]
Washington	Washington	[uaʃiŋton]

243. Politics. Government. Part 1

politics	politiikka	[politi:kka]
political (adj)	poliittinen	[poli:ttinen]
politician	poliitikko	[poli:tikko]
state (country)	valtio	[ualtio]
citizen	kansalainen	[kansalajnen]
citizenship	kansalaisuus	[kansalajsu:s]
national emblem	kansallinen vaakuna	[kansallinen ua:kuna]
national anthem	kansallishymni	[kansallis·hymni]
government	hallitus	[hallitus]

head of state	valtionpäämies	[ʋɑltion·pæ:mies]
parliament	parlamentti	[pɑrlɑmentti]
party	puolue	[puolue]

| capitalism | kapitalismi | [kɑpitɑlismi] |
| capitalist (adj) | kapitalistinen | [kɑpitɑlistinen] |

| socialism | sosialismi | [sosiɑlismi] |
| socialist (adj) | sosialistinen | [sosiɑlistinen] |

communism	kommunismi	[kommunismi]
communist (adj)	kommunistinen	[kommunistinen]
communist (n)	kommunisti	[kommunisti]

democracy	demokratia	[demokrɑtiɑ]
democrat	demokraatti	[demokrɑ:tti]
democratic (adj)	demokraattinen	[demokrɑ:ttinen]
Democratic party	demokraattinen puolue	[demokrɑ:ttinen puolue]

| liberal (n) | liberaali | [liberɑ:li] |
| liberal (adj) | liberaali | [liberɑ:li] |

| conservative (n) | konservatiivi | [konserʋɑti:ʋi] |
| conservative (adj) | konservatiivinen | [konserʋɑti:ʋinen] |

republic (n)	tasavalta	[tɑsɑ·ʋɑltɑ]
republican (n)	republikaani	[republikɑ:ni]
Republican party	republikaanipuolue	[republikɑ:ni·puolue]

| elections | vaalit | [ʋɑ:lit] |
| to elect (vt) | valita | [ʋɑlitɑ] |

| elector, voter | valitsijamies | [ʋɑlitsijɑmies] |
| election campaign | vaalikampanja | [ʋɑ:li·kɑmpɑnjɑ] |

voting (n)	äänestys	[æ:nestys]
to vote (vi)	äänestää	[æ:nestæ:]
suffrage, right to vote	äänioikeus	[æ:niojkeus]

candidate	ehdokas	[ehdokɑs]
to be a candidate	asettua ehdokkaaksi	[ɑsettuɑ ehdokkɑ:ksi]
campaign	kampanja	[kɑmpɑnjɑ]

| opposition (as adj) | oppositio- | [oppositio] |
| opposition (n) | oppositio | [oppositio] |

visit	vierailu	[ʋierɑjlu]
official visit	virallinen vierailu	[ʋirɑllinen ʋierɑjlu]
international (adj)	kansainvälinen	[kɑnsɑjnʋælinen]

| negotiations | neuvottelut | [neuʋottelut] |
| to negotiate (vi) | käydä neuvotteluja | [kæydæ neuʋottelujɑ] |

244. Politics. Government. Part 2

society	**yhteiskunta**	[yhtejs·kunta]
constitution	**perustuslaki**	[perustus·laki]
power (political control)	**valta**	[ʋalta]
corruption	**korruptio**	[korruptjo]
law (justice)	**laki**	[lɑki]
legal (legitimate)	**laillinen**	[lɑjllinen]
justice (fairness)	**oikeudenmukaisuus**	[ojkeuden·mukɑjsu:s]
just (fair)	**oikeudenmukainen**	[ojkeuden·mukɑjnen]
committee	**komitea**	[komitea]
bill (draft law)	**lakiehdotus**	[lɑki·ehdotus]
budget	**budjetti**	[budjetti]
policy	**politiikka**	[politi:kkɑ]
reform	**reformi**	[reformi]
radical (adj)	**radikaali**	[rɑdikɑ:li]
power (strength, force)	**voima**	[ʋojma]
powerful (adj)	**voimakas**	[ʋojmakas]
supporter	**puolustaja**	[puolustɑja]
influence	**vaikutus**	[ʋɑjkutus]
regime (e.g., military ~)	**hallinto**	[hɑllinto]
conflict	**konflikti**	[konflikti]
conspiracy (plot)	**salaliitto**	[sɑlɑli:tto]
provocation	**provokaatio**	[proʋokɑ:tio]
to overthrow (regime, etc.)	**kukistaa**	[kukistɑ:]
overthrow (of government)	**vallankaappaus**	[ʋɑllan·kɑ:ppɑus]
revolution	**vallankumous**	[ʋɑllan·kumous]
coup d'état	**kumous**	[kumous]
military coup	**sotilasvallankaappaus**	[sotilas·ʋɑllan·kɑ:ppɑus]
crisis	**kriisi**	[kri:si]
economic recession	**taantuma**	[tɑ:ntuma]
demonstrator (protester)	**mielenosoittaja**	[mielen·osojttɑja]
demonstration	**mielenosoitus**	[mielen·osojtus]
martial law	**sotatilalaki**	[sotɑtilɑ·lɑki]
military base	**tukikohta**	[tuki·kohtɑ]
stability	**vakaus**	[ʋɑkɑus]
stable (adj)	**vakaa**	[ʋɑkɑ:]
exploitation	**hyväksikäyttö**	[hyʋæeksi·kæyttø]
to exploit (workers)	**käyttää hyväksi**	[kæyttæe: hyʋæeksi]
racism	**rasismi**	[rɑsismi]
racist	**rasisti**	[rɑsisti]

fascism	fasismi	[fɑsismi]
fascist	fasisti	[fɑsisti]

245. Countries. Miscellaneous

foreigner	ulkomaalainen	[ulkomɑːlɑjnen]
foreign (adj)	ulkomainen	[ulkomɑjnen]
abroad (in a foreign country)	ulkomailla	[ulkomɑjllɑ]

emigrant	maastamuuttaja	[mɑːstɑ·muːttɑjɑ]
emigration	maastamuutto	[mɑːstɑ·muːtto]
to emigrate (vi)	muuttaa maasta	[muːttɑː mɑːstɑ]

the West	länsi	[lænsi]
the East	itä	[itæ]
the Far East	Kaukoitä	[kɑukojtæ]

civilization	sivilisaatio	[siʋilisɑːtio]
humanity (mankind)	ihmiskunta	[ihmis·kuntɑ]
the world (earth)	maailma	[mɑːjlmɑ]
peace	rauha	[rɑuɦɑ]
worldwide (adj)	maailmanlaajuinen	[mɑːjlmɑnlɑːjuinen]

homeland	synnyinmaa	[synnyjn·mɑː]
people (population)	kansa	[kɑnsɑ]
population	väestö	[ʋæestø]

people (a lot of ~)	ihmiset	[ihmiset]
nation (people)	kansakunta	[kɑnsɑ·kuntɑ]
generation	sukupolvi	[suku·polʋi]

territory (area)	alue	[ɑlue]
region	seutu	[seutu]
state (part of a country)	osavaltio	[osɑ·ʋɑltio]

tradition	perinne	[perinne]
custom (tradition)	tapa	[tɑpɑ]
ecology	ekologia	[ekologiɑ]

Indian (Native American)	intiaani	[intiɑːni]
Gypsy (masc.)	mustalainen	[mustɑlɑjnen]
Gypsy (fem.)	mustalainen	[mustɑlɑjnen]
Gypsy (adj)	mustalainen	[mustɑlɑjnen]

empire	keisarikunta	[kejsɑri·kuntɑ]
colony	kolonia	[koloniɑ]
slavery	orjuus	[orju:s]
invasion	maahanhyökkäys	[mɑːhɑn·hyøkkæys]
famine	nälänhätä	[nælən·hætæ]

246. Major religious groups. Confessions

religion	**uskonto**	[uskonto]
religious (adj)	**uskonnollinen**	[uskonnollinen]
faith, belief	**usko**	[usko]
to believe (in God)	**uskoa**	[uskoa]
believer	**uskovainen**	[uskovɑjnen]
atheism	**ateismi**	[ɑteismi]
atheist	**ateisti**	[ɑteisti]
Christianity	**Kristinusko**	[kristinusko]
Christian (n)	**kristitty**	[kristitty]
Christian (adj)	**kristillinen**	[kristillinen]
Catholicism	**Katolilaisuus**	[kɑtolilɑjsu:s]
Catholic (n)	**katolilainen**	[kɑtolilɑjnen]
Catholic (adj)	**katolinen**	[kɑtolinen]
Protestantism	**Protestanttisuus**	[protestɑnttisu:s]
Protestant Church	**Protestanttinen Kirkko**	[protestɑnttinen kirkko]
Protestant (n)	**protestantti**	[protestɑntti]
Orthodoxy	**Ortodoksisuus**	[ortodoksisu:s]
Orthodox Church	**Ortodoksinen kirkko**	[ortodoksinen kirkko]
Orthodox (n)	**ortodoksi**	[ortodoksi]
Presbyterianism	**Presbyteerinen kirkko**	[presbyte:rinen kirkko]
Presbyterian Church	**Presbyteerikirkko**	[presbyte:ri·kirkko]
Presbyterian (n)	**presbyteeri**	[presbyte:ri]
Lutheranism	**Luterilainen Kirkko**	[luterilɑjnen kirkko]
Lutheran (n)	**luterilainen**	[luterilɑjnen]
Baptist Church	**Baptismi**	[bɑptismi]
Baptist (n)	**baptisti**	[bɑptisti]
Anglican Church	**Anglikaaninen Kirkko**	[ɑŋlikɑ:ninen kirkko]
Anglican (n)	**anglikaaninen**	[ɑŋlikɑ:ninen]
Mormonism	**Mormonismi**	[mormonismi]
Mormon (n)	**mormoni**	[mormoni]
Judaism	**Juutalaisuus**	[ju:tɑlɑjsu:s]
Jew (n)	**juutalainen**	[ju:tɑlɑjnen]
Buddhism	**Buddhalaisuus**	[buddhɑlɑjsu:s]
Buddhist (n)	**buddhalainen**	[buddhɑlɑjnen]
Hinduism	**Hindulaisuus**	[hindulɑjsu:s]
Hindu (n)	**hindulainen**	[hindulɑjnen]

Islam	Islam	[islam]
Muslim (n)	muslimi	[muslimi]
Muslim (adj)	islamilainen	[islamilajnen]

| Shiah Islam | Šiialaisuus | [ʃiːalajsuːs] |
| Shiite (n) | shiialainen | [ʃiːalajnen] |

| Sunni Islam | Sunnalaisuus | [sunnalajsuːs] |
| Sunnite (n) | sunnalainen | [sunnalajnen] |

247. Religions. Priests

| priest | pappi | [pappi] |
| the Pope | Paavi | [paːʋi] |

monk, friar	munkki	[muŋkki]
nun	nunna	[nunna]
pastor	pastori	[pastori]

abbot	apotti	[apotti]
vicar (parish priest)	kirkkoherra	[kirkko·herra]
bishop	piispa	[piːspa]
cardinal	kardinaali	[kardinaːli]

preacher	saarnaaja	[saːrnaːja]
preaching	saarna; kirkoissa	[saːrna]; [kirkojssa]
parishioners	seurakuntalaiset	[seurakunta·lajset]

| believer | uskovainen | [uskoʋajnen] |
| atheist | ateisti | [ateisti] |

248. Faith. Christianity. Islam

| Adam | Aadam | [aːdam] |
| Eve | Eeva | [eːʋa] |

God	Jumala	[jumala]
the Lord	Luoja	[luoja]
the Almighty	Kaikkivoipa	[kajkki·ʋojpa]

sin	synti	[synti]
to sin (vi)	tehdä syntiä	[tehdæ syntiæ]
sinner (masc.)	syntinen	[syntinen]
sinner (fem.)	syntinen	[syntinen]

hell	helvetti	[helʋetti]
paradise	paratiisi	[paratiːsi]
Jesus	Jeesus	[jeːsus]

Jesus Christ	Jeesus Kristus	[je:sus kristus]
the Holy Spirit	Pyhä Henki	[pyhæ heŋki]
the Savior	Pelastaja	[pelastaja]
the Virgin Mary	Neitsyt Maria	[nejtsyt maria]

the Devil	Perkele	[perkele]
devil's (adj)	perkeleen	[perkele:n]
Satan	Saatana	[sa:tana]
satanic (adj)	saatanallinen	[sa:tanallinen]

angel	enkeli	[eŋkeli]
guardian angel	suojelusenkeli	[suojelus·eŋkeli]
angelic (adj)	enkelin	[eŋkelin]

apostle	apostoli	[apostoli]
archangel	arkkienkeli	[arkkieŋkeli]
the Antichrist	antikristus	[antikristus]

Church	kirkko	[kirkko]
Bible	Raamattu	[ra:mattu]
biblical (adj)	raamatullinen	[ra:matullinen]

Old Testament	Vanha testamentti	[ʋanha testamentti]
New Testament	Uusi testamentti	[u:si testamentti]
Gospel	Evankeliumi	[eʋaŋkeliumi]
Holy Scripture	Pyhä Raamattu	[pyhæ ra:mattu]
Heaven	Taivas	[tajʋas]

Commandment	käsky	[kæsky]
prophet	profeetta	[profe:tta]
prophecy	profetia	[profetia]

Allah	Allah	[allah]
Mohammed	Muhammad	[muhammad]
the Koran	Koraani	[kora:ni]

mosque	moskeija	[moskeja]
mullah	mullah	[mullah]
prayer	rukous	[rukous]
to pray (vi, vt)	rukoilla	[rukojlla]

pilgrimage	pyhiinvaellus	[pyhi:nʋaellus]
pilgrim	pyhiinvaeltaja	[pyhi:nʋaeltaja]
Mecca	Mekka	[mekka]

church	kirkko	[kirkko]
temple	temppeli	[temppeli]
cathedral	tuomiokirkko	[tuomio·kirkko]
Gothic (adj)	goottilainen	[go:ttilajnen]
synagogue	synagoga	[synagoga]
mosque	moskeija	[moskeja]
chapel	kappeli	[kappeli]

abbey	**katolinen luostari**	[katolinen luostari]
convent	**nunnaluostari**	[nunna·luostari]
monastery	**munkkiluostari**	[muŋkki·luostari]
bell (church ~s)	**kello**	[kello]
bell tower	**kellotapuli**	[kello·tapuli]
to ring (ab. bells)	**soittaa**	[sojtta:]
cross	**risti**	[risti]
cupola (roof)	**kupoli**	[kupoli]
icon	**ikoni, pyhäinkuva**	[ikoni], [pyħæjŋ·kuʋa]
soul	**sielu**	[sielu]
fate (destiny)	**kohtalo**	[kohtalo]
evil (n)	**paha, pahuus**	[paħa], [paħu:s]
good (n)	**hyvyys**	[hyʋy:s]
vampire	**vampyyri**	[ʋampy:ri]
witch (evil ~)	**noita**	[nojta]
demon	**demoni**	[demoni]
spirit	**henki**	[heŋki]
redemption (giving us ~)	**lunastus**	[lunastus]
to redeem (vt)	**lunastaa**	[lunasta:]
church service, mass	**jumalanpalvelus**	[jumalan·palʋelus]
to say mass	**toimittaa jumalanpalvelus**	[tojmitta: jumalan·palʋelus]
confession	**rippi**	[rippi]
to confess (vi)	**ripittäytyä**	[ripittæytyæ]
saint (n)	**pyhimys**	[pyħimys]
sacred (holy)	**pyhä**	[pyħæ]
holy water	**vihkivesi**	[ʋihki·ʋesi]
ritual (n)	**rituaali**	[ritua:li]
ritual (adj)	**rituaalinen**	[ritua:linen]
sacrifice	**uhraus**	[uhraus]
superstition	**taikausko**	[tajka·usko]
superstitious (adj)	**taikauskoinen**	[tajkauskojnen]
afterlife	**kuolemanjälkeinen elämä**	[kuolemanjælkejnen elæmæ]
eternal life	**ikuinen elämä**	[ikujnen elæma]

MISCELLANEOUS

249. Various useful words

background (green ~)	tausta	[tausta]
balance (of situation)	tasapaino	[tasa·pajno]
barrier (obstacle)	este	[este]
base (basis)	pohja	[pohja]
beginning	alku	[alku]

category	kategoria	[kategoria]
cause (reason)	syy	[sy:]
choice	valikoima	[uali·kojma]
coincidence	yhteensattuma	[yhte:n·sattuma]

comfortable (~ chair)	mukava	[mukaʋa]
comparison	vertailu	[ʋertajlu]
compensation	kompensaatio	[kompensa:tio]
degree (extent, amount)	aste	[aste]
development	kehitys	[keɦitys]

difference	erotus	[erotus]
effect (e.g., of drugs)	vaikutus	[ʋajkutus]
effort (exertion)	ponnistus	[ponnistus]
element	elementti	[elementti]
end (finish)	loppu	[loppu]

example (illustration)	esimerkki	[esimerkki]
fact	tosiasia	[tosiasia]
frequent (adj)	usein toistuva	[usejn tojstuʋa]
growth (development)	kasvu	[kasʋu]

help	apu	[apu]
ideal	ihanne	[iɦanne]
kind (sort, type)	laji	[lajɪ]
labyrinth	labyrintti	[labyrintti]
mistake, error	erehdys	[erehdys]

moment	hetki	[hetki]
object (thing)	esine	[esine]
obstacle	este	[este]
original (original copy)	alkuperäiskappale	[alkuperæjs·kappale]
part (~ of sth)	osa	[osa]

particle, small part	hiukkanen	[hiukkanen]
pause (break)	tauko	[tauko]

position	asema	[asema]
principle	periaate	[peria:te]
problem	ongelma	[oŋelma]

process	prosessi	[prosessi]
progress	edistys	[edistys]
property (quality)	ominaisuus	[ominajsu:s]
reaction	reaktio	[reaktio]
risk	riski	[riski]

secret	salaisuus	[salajsu:s]
series	sarja	[sarja]
shape (outer form)	muoto	[muoto]
situation	tilanne	[tilanne]
solution	ratkaisu	[ratkajsu]

standard (adj)	standardi-	[standardi]
standard (level of quality)	standardi	[standardi]
stop (pause)	seisaus	[seisaus]
style	tyyli	[ty:li]

system	systeemi	[syste:mi]
table (chart)	taulukko	[taulukko]
tempo, rate	tempo	[tempo]
term (word, expression)	termi	[termi]

thing (object, item)	esine	[esine]
truth (e.g., moment of ~)	totuus	[totu:s]
turn (please wait your ~)	vuoro	[uuoro]
type (sort, kind)	tyyppi	[ty:ppi]
urgent (adj)	kiireellinen	[ki:re:llinen]

urgently (adv)	kiireellisesti	[ki:re:llisesti]
utility (usefulness)	hyödyllisyys	[hyødyllisy:s]
variant (alternative)	variantti	[uariantti]
way (means, method)	keino	[kejno]
zone	vyöhyke	[uyøhyke]

250. Modifiers. Adjectives. Part 1

additional (adj)	lisä-	[lisæ]
ancient (~ civilization)	muinainen	[mujnajnen]
artificial (adj)	keinotekoinen	[kejnotekojnen]
back, rear (adj)	taka-	[taka]
bad (adj)	huono	[huono]

beautiful (~ palace)	ihana	[iĥana]
beautiful (person)	kaunis	[kaunis]
big (in size)	iso	[iso]

bitter (taste)	**karvas**	[karʋas]
blind (sightless)	**sokea**	[sokea]
calm, quiet (adj)	**rauhallinen**	[rauɦallinen]
careless (negligent)	**leväperäinen**	[leʋæperæjnen]
caring (~ father)	**huolehtivainen**	[huolehtiʋajnen]
central (adj)	**keskeinen**	[keskejnen]
cheap (low-priced)	**halpa**	[halpa]
cheerful (adj)	**iloinen**	[ilojnen]
children's (adj)	**lasten-**	[lasten]
civil (~ law)	**kansalais-**	[kansalajs]
clandestine (secret)	**salainen**	[salajnen]
clean (free from dirt)	**puhdas**	[puhdas]
clear (explanation, etc.)	**selvä**	[selʋæ]
clever (smart)	**älykäs**	[ælykæs]
close (near in space)	**läheinen**	[læɦejnen]
closed (adj)	**suljettu**	[suljettu]
cloudless (sky)	**pilvetön**	[pilʋetøn]
cold (drink, weather)	**kylmä**	[kylmæ]
compatible (adj)	**yhteensopiva**	[yhte:n·sopiʋa]
contented (satisfied)	**tyytyväinen**	[ty:tyʋæjnen]
continuous (uninterrupted)	**jatkuva**	[jatkuʋa]
cool (weather)	**viileä**	[ʋi:leæ]
dangerous (adj)	**vaarallinen**	[ʋa:rallinen]
dark (room)	**pimeä**	[pimeæ]
dead (not alive)	**kuollut**	[kuollut]
dense (fog, smoke)	**sankka**	[saŋkka]
destitute (extremely poor)	**kurja**	[kurja]
different (not the same)	**eri**	[eri]
difficult (decision)	**vaikea**	[ʋajkea]
difficult (problem, task)	**vaikea**	[ʋajkea]
dim, faint (light)	**himmeä**	[himmeæ]
dirty (not clean)	**likainen**	[likajnen]
distant (in space)	**kaukainen**	[kaukajnen]
dry (clothes, etc.)	**kuiva**	[kujʋa]
easy (not difficult)	**helppo**	[helppo]
empty (glass, room)	**tyhjä**	[tyhjæ]
even (e.g., ~ surface)	**tasainen**	[tasajnen]
exact (amount)	**tarkka**	[tarkka]
excellent (adj)	**mainio**	[majnio]
excessive (adj)	**liiallinen**	[li:allinen]
expensive (adj)	**kallis**	[kallis]
exterior (adj)	**ulkonainen**	[ulkonajnen]
far (the ~ East)	**etäinen**	[etæjnen]

fast (quick)	nopea	[nopea]
fatty (food)	rasvainen	[rasʋajnen]
fertile (land, soil)	hedelmällinen	[hedelmællinen]
flat (~ panel display)	litteä	[litteæ]
foreign (adj)	ulkomainen	[ulkomajnen]
fragile (china, glass)	hauras	[hauras]
free (at no cost)	ilmainen	[ilmajnen]
free (unrestricted)	vapaa	[ʋapa:]
fresh (~ water)	makea	[makea]
fresh (e.g., ~ bread)	tuore	[tuore]
frozen (food)	jäädytetty	[jæ:dytetty]
full (completely filled)	täysi	[tæysi]
gloomy (house, forecast)	synkkä	[syŋkkæ]
good (book, etc.)	hyvä	[hyʋæ]
good, kind (kindhearted)	hyvä	[hyʋæ]
grateful (adj)	kiitollinen	[ki:tollinen]
happy (adj)	onnellinen	[onnellinen]
hard (not soft)	kova	[koʋa]
heavy (in weight)	painava	[pajnaʋa]
hostile (adj)	vihamielinen	[ʋiha·mielinen]
hot (adj)	kuuma	[ku:ma]
huge (adj)	valtava	[ʋaltaʋa]
humid (adj)	kostea	[kostea]
hungry (adj)	nälkäinen	[nælkæjnen]
ill (sick, unwell)	sairas	[sajras]
immobile (adj)	liikkumaton	[li:kkumaton]
important (adj)	tärkeä	[tærkeæ]
impossible (adj)	mahdoton	[mahdoton]
incomprehensible	epäselvä	[epæselʋæ]
indispensable (adj)	välttämätön	[ʋælttæmætøn]
inexperienced (adj)	kokematon	[kokematon]
insignificant (adj)	merkityksetön	[merkityksetøn]
interior (adj)	sisä-, sisäinen	[sisæ], [sisæjnen]
joint (~ decision)	yhteinen	[yhtejnen]
last (e.g., ~ week)	viime	[ʋi:me]
last (final)	viimeinen	[ʋi:mejnen]
left (e.g., ~ side)	vasen	[ʋasen]
legal (legitimate)	laillinen	[lajllinen]
light (in weight)	kevyt	[keʋyt]
light (pale color)	vaalea	[ʋa:lea]
limited (adj)	rajoitettu	[rajoitettu]
liquid (fluid)	nestemäinen	[nestemæjnen]
long (e.g., ~ hair)	pitkä	[pitkæ]

loud (voice, etc.)	äänekäs	[æːnekæs]
low (voice)	hiljainen	[hiljɑinen]

251. Modifiers. Adjectives. Part 2

main (principal)	pää-, pääasiallinen	[pæː], [pæːɑsiɑllinen]
matt, matte	himmeä	[himmeæ]
meticulous (job)	huolellinen	[huolellinen]
mysterious (adj)	arvoituksellinen	[ɑrʋojtuksellinen]
narrow (street, etc.)	kapea	[kɑpeæ]

native (~ country)	koti-, kotoinen	[koti], [kotojnen]
nearby (adj)	lähin	[læhin]
nearsighted (adj)	likinäköinen	[likinækøjnen]
needed (necessary)	tarpeellinen	[tɑrpeːllinen]
negative (~ response)	negatiivinen	[negɑtiːʋinen]

neighboring (adj)	naapuri-	[nɑːpuri]
nervous (adj)	hermostunut	[hermostunut]
new (adj)	uusi	[uːsi]
next (e.g., ~ week)	seuraava	[seurɑːʋɑ]

nice (agreeable)	herttainen	[herttɑjnen]
pleasant (voice)	miellyttävä	[miellyttæʋæ]
normal (adj)	normaali	[normɑːli]
not big (adj)	pieni	[pæni]
not difficult (adj)	helppo	[helppo]

obligatory (adj)	pakollinen	[pɑkollinen]
old (house)	vanha	[ʋɑnhɑ]
open (adj)	avoin	[ɑʋojn]
opposite (adj)	vastakkainen	[ʋɑstɑkkɑjnen]

ordinary (usual)	tavallinen	[tɑʋɑllinen]
original (unusual)	omaleimainen	[omɑlejmɑjnen]
past (recent)	mennyt	[mennyt]
permanent (adj)	vakinainen	[ʋɑkinɑjnen]
personal (adj)	henkilökohtainen	[heŋkilø·kohtɑjnen]

polite (adj)	kohtelias	[kohteliɑs]
poor (not rich)	köyhä	[køyhæ]
possible (adj)	mahdollinen	[mɑhdollinen]
present (current)	nykyinen	[nykyjnen]

principal (main)	perus-	[perus]
private (~ jet)	yksityinen	[yksityjnen]
probable (adj)	todennäköinen	[toden·nækøjnen]
prolonged (e.g., ~ applause)	pitkäaikainen	[pitkæ·ɑjkɑjnen]
public (open to all)	yhteiskunnallinen	[yhtejskunnɑllinen]

punctual (person)	täsmällinen	[tæsmællinen]
quiet (tranquil)	tyyni	[ty:yni]
rare (adj)	harvinainen	[harʋinɑjnen]
raw (uncooked)	raaka	[rɑːkɑ]
right (not left)	oikea	[ojkeɑ]

right, correct (adj)	oikea	[ojkeɑ]
ripe (fruit)	kypsä	[kypsæ]
risky (adj)	riskialtis	[riskiɑltis]
sad (~ look)	surullinen	[surullinen]

sad (depressing)	surullinen	[surullinen]
safe (not dangerous)	turvallinen	[turʋallinen]
salty (food)	suolainen	[suolɑjnen]
satisfied (customer)	tyytyväinen	[ty:tyʋæjnen]

second hand (adj)	käytetty	[kæutetty]
shallow (water)	matala	[mɑtɑlɑ]
sharp (blade, etc.)	terävä	[teræʋæ]
short (in length)	lyhyt	[lyɦyt]

short, short-lived (adj)	lyhytaikainen	[lyɦytɑjkɑjnen]
significant (notable)	merkittävä	[merkttæʋæ]
similar (adj)	samankaltainen	[sɑmɑŋkɑltɑjnen]
simple (easy)	yksinkertainen	[yksiŋkertɑjnen]
skinny	luiseva, laiha	[lujseʋɑ], [lɑjhɑ]

small (in size)	pieni	[pæni]
smooth (surface)	sileä	[sileæ]
soft (~ toys)	pehmeä	[pehmeæ]
solid (~ wall)	tukeva	[tukeʋɑ]

sour (flavor, taste)	hapan	[hɑpɑn]
spacious (house, etc.)	avara	[ɑʋɑrɑ]
special (adj)	erikoinen	[erikojnen]
straight (line, road)	suora	[suorɑ]
strong (person)	voimakas	[ʋojmɑkɑs]

stupid (foolish)	tyhmä	[tyhmæ]
suitable (e.g., ~ for drinking)	sopiva	[sopiʋɑ]
sunny (day)	aurinkoinen	[ɑuriŋkojnen]
superb, perfect (adj)	mainio	[mɑjnio]
swarthy (adj)	tummaihoinen	[tummɑjhojnen]

sweet (sugary)	makea	[mɑkeɑ]
tan (adj)	ruskettunut	[ruskettunut]
tasty (delicious)	maukas	[mɑukɑs]
tender (affectionate)	hellä	[hellæ]
the highest (adj)	korkein	[korkejn]
the most important	tärkein	[tærkejn]
the nearest	lähin	[læɦin]

the same, equal (adj)	samanlainen	[saman·lajnen]
thick (e.g., ~ fog)	taaja	[taːja]
thick (wall, slice)	paksu	[paksu]

thin (person)	laiha	[lajha]
tight (~ shoes)	tiukka	[tiukka]
tired (exhausted)	väsynyt	[υæsynyt]
tiring (adj)	väsyttävä	[υæsyttæυæ]

transparent (adj)	läpikuultava	[læpikuːltaυa]
unclear (adj)	epäselvä	[epæseluæ]
unique (exceptional)	ainutlaatuinen	[ajnutlaːtujnen]
various (adj)	erilainen	[erilajnen]

warm (moderately hot)	lämmin	[læmmin]
wet (e.g., ~ clothes)	märkä	[mærkæ]
whole (entire, complete)	kokonainen	[kokonajnen]
wide (e.g., ~ road)	leveä	[leυeæ]
young (adj)	nuori	[nuori]

MAIN 500 VERBS

252. Verbs A-C

to accompany (vt)	**saattaa**	[sɑ:ttɑ:]
to accuse (vt)	**syyttää**	[sy:ttæ:]
to acknowledge (admit)	**tunnustaa**	[tunnustɑ:]
to act (take action)	**menetellä**	[menetellæ]
to add (supplement)	**lisätä**	[lisætæ]
to address (speak to)	**kääntyä puoleen**	[kæ:ntyæ puole:n]
to admire (vi)	**ihailla**	[iɦɑjllɑ]
to advertise (vt)	**mainostaa**	[mɑjnostɑ:]
to advise (vt)	**neuvoa**	[neuʋoɑ]
to affirm (assert)	**väittää**	[ʋæjttæ:]
to agree (say yes)	**suostua**	[suostuɑ]
to aim (to point a weapon)	**tähdätä**	[tæhdætæ]
to allow (sb to do sth)	**sallia**	[sɑlliɑ]
to amputate (vt)	**amputoida**	[ɑmputojdɑ]
to answer (vi, vt)	**vastata**	[ʋɑstɑtɑ]
to apologize (vi)	**pyytää anteeksi**	[py:tæ: ɑnte:ksi]
to appear (come into view)	**ilmestyä**	[ilmestyæ]
to applaud (vi, vt)	**taputtaa**	[tɑputtɑ:]
to appoint (assign)	**nimittää**	[nimittæ:]
to approach (come closer)	**lähestyä**	[læhestyæ]
to arrive (ab. train)	**saapua**	[sɑ:puɑ]
to ask (~ sb to do sth)	**pyytää**	[py:tæ:]
to aspire to ...	**pyrkiä**	[pyrkiæ]
to assist (help)	**avustaa**	[ɑʋustɑ:]
to attack (mil.)	**hyökätä**	[hyøkætæ]
to attain (objectives)	**saavuttaa**	[sɑ:ʋuttɑ:]
to avenge (get revenge)	**kostaa**	[kostɑ:]
to avoid (danger, task)	**välttää**	[ʋælttæ:]
to award (give medal to)	**palkita**	[pɑlkitɑ]
to battle (vi)	**taistella**	[tɑjstellɑ]
to be (vi)	**olla**	[ollɑ]
to be a cause of ...	**aiheuttaa ...**	[ɑjheuttɑ:]
to be afraid	**pelätä**	[pelætæ]
to be angry (with ...)	**vihastua**	[ʋiɦɑstuɑ]

to be at war	sotia	[sotia]
to be based (on …)	perustua	[perustua]
to be bored	pitkästyä	[pitkæstyæ]
to be convinced	vakuuttua	[ʋɑku:ttua]
to be enough	riittää	[ri:ttæ:]
to be envious	kadehtia	[kadehtia]
to be indignant	olla suutuksissa	[olla su:tuksissa]
to be interested in …	kiinnostua	[ki:nnostua]
to be lost in thought	vaipua ajatuksiinsa	[ʋɑjpua ajatuksi:nsa]
to be lying (~ on the table)	sijaita	[sijaita]
to be needed	tarvita	[tarʋita]
to be perplexed (puzzled)	olla ymmällään	[olla ymmællæ:n]
to be preserved	säilyä	[sæjlyæ]
to be required	tarvita	[tarʋita]
to be surprised	ihmetellä	[ihmetellæ]
to be worried	huolestua	[huolestua]
to beat (to hit)	lyödä	[lyødæ]
to become (e.g., ~ old)	tulla	[tulla]
to behave (vi)	käyttäytyä	[kæyttæytyæ]
to believe (think)	uskoa	[uskoa]
to belong to …	kuulua	[ku:lua]
to berth (moor)	kiinnittyä	[ki:nnittyæ]
to blind (other drivers)	häikäistä	[hæjkæjsta]
to blow (wind)	puhaltaa	[puɦɑlta:]
to blush (vi)	punastua	[punastua]
to boast (vi)	kerskua	[kerskua]
to borrow (money)	lainata	[lɑjnata]
to break (branch, toy, etc.)	rikkoa	[rikkoa]
to breathe (vi)	hengittää	[heŋittæ:]
to bring (sth)	tuoda	[tuoda]
to burn (paper, logs)	polttaa	[poltta:]
to buy (purchase)	ostaa	[osta:]
to call (~ for help)	kutsua	[kutsua]
to call (yell for sb)	kutsua	[kutsua]
to calm down (vt)	rauhoittaa	[rauɦojtta:]
can (v aux)	voida	[ʋojda]
to cancel (call off)	peruuttaa	[peru:tta:]
to cast off (of a boat or ship)	lähteä	[læhteæ]
to catch (e.g., ~ a ball)	ottaa kiinni	[otta: ki:nni]
to change (~ one's opinion)	muuttaa	[mu:tta:]
to change (exchange)	vaihtaa	[ʋɑjhta:]
to charm (vt)	hurmata	[hurmata]
to choose (select)	valita	[ʋɑlita]

to chop off (with an ax)	**katkaista**	[katkajsta]
to clean (e.g., kettle from scale)	**puhdistaa**	[puhdista:]
to clean (shoes, etc.)	**puhdistaa**	[puhdista:]

to clean up (tidy)	**siivota**	[si:ʊota]
to close (vt)	**sulkea**	[sulkea]
to comb one's hair	**kammata tukkansa**	[kammata tukkansa]
to come down (the stairs)	**laskeutua**	[laskeutua]

to come out (book)	**ilmestyä**	[ilmestyæ]
to compare (vt)	**verrata**	[ʊerrata]
to compensate (vt)	**korvata**	[korʊata]
to compete (vi)	**kilpailla**	[kilpajlla]

to compile (~ a list)	**laatia**	[la:tia]
to complain (vi, vt)	**valittaa**	[ʊalitta:]
to complicate (vt)	**mutkistaa**	[mutkista:]
to compose (music, etc.)	**säveltää**	[sæʊeltæ:]

to compromise (reputation)	**vaarantaa**	[ʊa:ranta:]
to concentrate (vi)	**keskittyä**	[keskittyæ]
to confess (criminal)	**tunnustaa**	[tunnusta:]
to confuse (mix up)	**sekoittaa**	[sekojtta:]

to congratulate (vt)	**onnitella**	[onnitella]
to consult (doctor, expert)	**neuvotella**	[neuʊotella]
to continue (~ to do sth)	**jatkaa**	[jatka:]
to control (vt)	**tarkastaa**	[tarkasta:]

to convince (vt)	**vakuuttaa**	[ʊaku:tta:]
to cooperate (vi)	**tehdä yhteistyötä**	[tehdæ yhteistyøtæ]
to coordinate (vt)	**koordinoida**	[ko:rdinojda]
to correct (an error)	**korjata**	[korjata]

to cost (vt)	**maksaa**	[maksa:]
to count (money, etc.)	**laskea**	[laskea]
to count on ...	**luottaa**	[luotta:]
to crack (ceiling, wall)	**halkeilla**	[halkejlla]

to create (vt)	**luoda**	[luoda]
to crush, to squash (~ a bug)	**musertaa**	[muserta:]
to cry (weep)	**itkeä**	[itkeæ]
to cut off (with a knife)	**leikata**	[lejkata]

253. Verbs D-G

to dare (~ to do sth)	**uskaltaa**	[uskalta:]
to date from ...	**ajoittua**	[ajoittua]

| to deceive (vi, vt) | pettää | [pettæ:] |
| to decide (~ to do sth) | päättää | [pæ:ttæ:] |

to decorate (tree, street)	koristaa	[korista:]
to dedicate (book, etc.)	omistaa	[omista:]
to defend (a country, etc.)	puolustaa	[puolusta:]
to defend oneself	puolustautua	[puolustautua]

to demand (request firmly)	vaatia	[ʋa:tia]
to denounce (vt)	antaa ilmi	[anta: ilmi]
to deny (vt)	kieltää	[kjeltæ:]
to depend on ...	riippua	[ri:ppua]

to deprive (vt)	riistää	[ri:stæ:]
to deserve (vt)	ansaita	[ansajta]
to design (machine, etc.)	suunnitella	[su:nnitella]
to desire (want, wish)	haluta	[haluta]

to despise (vt)	halveksia	[halʋeksia]
to destroy (documents, etc.)	hävittää	[hæʋittæ:]
to differ (from sth)	erota	[erota]
to dig (tunnel, etc.)	kaivaa	[kajʋa:]
to direct (point the way)	suunnata	[su:nnata]

to disappear (vi)	kadota	[kadota]
to discover (new land, etc.)	löytää	[løytæ:]
to discuss (vt)	käsitellä	[kæsitellæ]
to distribute (leaflets, etc.)	levittää	[leʋittæ:]

to disturb (vt)	häiritä	[hæjritæ]
to dive (vi)	sukeltaa	[sukelta:]
to divide (math)	jakaa	[jaka:]
to do (vt)	tehdä	[tehdæ]

to do the laundry	pestä	[pestæ]
to double (increase)	kahdentaa	[kahdenta:]
to doubt (have doubts)	epäillä	[epæjllæ]
to draw a conclusion	tehdä johtopäätös	[tehdæ johtoipæ:tøs]

to dream (daydream)	haaveilla	[ha:ʋejlla]
to dream (in sleep)	nähdä unta	[næhdæ unta]
to drink (vi, vt)	juoda	[juoda]
to drive a car	ajaa autoa	[aja: autoa]

to drive away (scare away)	ajaa pois	[aja: pojs]
to drop (let fall)	pudottaa	[pudotta:]
to drown (ab. person)	hukkua	[hukkua]
to dry (clothes, hair)	kuivata	[kujʋata]

| to eat (vi, vt) | syödä | [syødæ] |
| to eavesdrop (vi) | salakuunnella | [salaku:nnella] |

to emit (diffuse - odor, etc.)	levittää	[levittæ:]
to enjoy oneself	huvitella	[huvitella]

to enter (on the list)	lisätä	[lisætæ]
to enter (room, house, etc.)	astua sisään	[astua sisæ:n]
to entertain (amuse)	huvittaa	[huvitta:]
to equip (fit out)	varustaa	[varusta:]

to examine (proposal)	tarkastella	[tarkastella]
to exchange (sth)	vaihtaa	[vajhta:]
to excuse (forgive)	antaa anteeksi	[anta: ante:ksi]
to exist (vi)	olla olemassa	[olla olemassa]

to expect (anticipate)	odottaa	[odotta:]
to expect (foresee)	odottaa	[odotta:]
to expel (from school, etc.)	poistaa	[pojsta:]
to explain (vt)	selittää	[selittæ:]

to express (vt)	ilmaista	[ilmajsta]
to extinguish (a fire)	sammuttaa	[sammutta:]
to fall in love (with ...)	rakastua	[rakastua]
to feed (provide food)	syöttää	[syøttæ:]

to fight (against the enemy)	taistella	[tajstella]
to fight (vi)	tapella	[tapella]
to fill (glass, bottle)	täyttää	[tæyttæ:]
to find (~ lost items)	löytää	[løytæ:]

to finish (vt)	lopettaa	[lopetta:]
to fish (angle)	kalastaa	[kalasta:]
to fit (ab. dress, etc.)	sopia	[sopia]
to flatter (vt)	imarrella	[imarrella]

to fly (bird, plane)	lentää	[lentæ:]
to follow ... (come after)	seurata	[seurata]
to forbid (vt)	kieltää	[kjeltæ:]
to force (compel)	pakottaa	[pakotta:]

to forget (vi, vt)	unohtaa	[unohta:]
to forgive (pardon)	antaa anteeksi	[anta: ante:ksi]
to form (constitute)	muodostaa	[muodosta:]
to get dirty (vi)	tahraantua	[tahra:ntua]

to get infected (with ...)	saada tartunta	[sa:da tartunta]
to get irritated	ärtyä	[ærtyæ]
to get married	mennä naimisiin	[mennæ najmisi:n]
to get rid of ...	päästä	[pæ:stæ]
to get tired	väsyä	[væsyæ]
to get up (arise from bed)	nousta	[nousta]

| to give (vt) | antaa | [ɑntɑ:] |
| to give a bath (to bath) | kylvettää | [kylʋettæ:] |

to give a hug, to hug (vt)	syleillä	[sylejllæ]
to give in (yield to)	antaa periksi	[ɑntɑ: periksi]
to glimpse (vt)	vilkaista	[ʋilkɑjstɑ]
to go (by car, etc.)	mennä	[mennæ]

to go (on foot)	mennä	[mennæ]
to go for a swim	uida	[ujdɑ]
to go out (for dinner, etc.)	lähteä	[læhteæ]
to go to bed (go to sleep)	mennä nukkumaan	[mennæ nukkumɑ:n]

to greet (vt)	tervehtiä	[terʋehtiæ]
to grow (plants)	kasvattaa	[kɑsʋɑttɑ:]
to guarantee (vt)	taata	[tɑ:tɑ]
to guess (the answer)	arvata	[ɑrʋɑtɑ]

254. Verbs H-M

to hand out (distribute)	jakaa	[jɑkɑ:]
to hang (curtains, etc.)	ripustaa	[ripustɑ:]
to have (vt)	omistaa	[omistɑ:]
to have a try	koettaa	[koettɑ:]
to have breakfast	syödä aamiaista	[syødæ ɑ:miɑjstɑ]

to have dinner	illastaa	[illɑstɑ:]
to have lunch	syödä lounasta	[syødæ lounɑstɑ]
to head (group, etc.)	johtaa	[johtɑ:]
to hear (vt)	kuulla	[ku:llɑ]
to heat (vt)	lämmittää	[læmmittæ:]

to help (vt)	auttaa	[ɑuttɑ:]
to hide (vt)	piilotella	[pi:lotellɑ]
to hire (e.g., ~ a boat)	vuokrata	[ʋuokrɑtɑ]
to hire (staff)	palkata	[pɑlkɑtɑ]
to hope (vi, vt)	toivoa	[tojʋoɑ]

to hunt (for food, sport)	metsästää	[metsæstæ:]
to hurry (vi)	pitää kiirettä	[pitæ: ki:rettæ]
to imagine (to picture)	kuvitella	[kuʋitellɑ]
to imitate (vt)	jäljitellä	[jæljɪtellæ]
to implore (vt)	rukoilla	[rukojllɑ]
to import (vt)	tuoda maahan	[tuodɑ mɑ:hɑn]
to increase (vi)	lisääntyä	[lisæ:ntyæ]
to increase (vt)	lisätä	[lisætæ]
to infect (vt)	tartuttaa	[tɑrtuttɑ:]
to influence (vt)	vaikuttaa	[ʋɑjkuttɑ:]
to inform (e.g., ~ the police about …)	ilmoittaa	[ilmojttɑ:]

to inform (vt)	tiedottaa	[tiedotta:]
to inherit (vt)	periä	[periæ]
to inquire (about ...)	tiedustella	[tiedustella]

to insert (put in)	panna	[panna]
to insinuate (imply)	vihjata	[ʋihjata]
to insist (vi, vt)	vaatia	[ʋa:tia]
to inspire (vt)	innostaa	[innosta:]
to instruct (teach)	ohjata	[ohjata]

to insult (offend)	loukata	[loukata]
to interest (vt)	kiinnostaa	[ki:nnosta:]
to intervene (vi)	puuttua	[pu:ttua]
to introduce (sb to sb)	tutustuttaa	[tutustutta:]
to invent (machine, etc.)	keksiä	[keksiæ]

to invite (vt)	kutsua	[kutsua]
to iron (clothes)	silittää	[silittæ:]
to irritate (annoy)	ärsyttää	[ærsyttæ:]
to isolate (vt)	eristää	[eristæ:]
to join (political party, etc.)	liittyä	[li:ttyæ]

to joke (be kidding)	vitsailla	[ʋitsajlla]
to keep (old letters, etc.)	pitää, säilyttää	[pitæ:], [sæjlyttæ:]
to keep silent, to hush	olla vaiti	[olla ʋajti]
to kill (vt)	murhata	[murhata]
to knock (on the door)	koputtaa	[koputta:]

to know (sb)	tuntea	[tuntea]
to know (sth)	tietää	[tietæ:]
to laugh (vi)	nauraa	[naura:]
to launch (start up)	käynnistää	[kæynnistæ:]

to leave (~ for Mexico)	lähteä	[læhteæ]
to leave (forget sth)	jättää	[jættæ:]
to leave (spouse)	jättää	[jættæ:]
to liberate (city, etc.)	vapauttaa	[ʋapautta:]
to lie (~ on the floor)	maata	[ma:ta]

to lie (tell untruth)	valehdella	[ʋalehdella]
to light (campfire, etc.)	sytyttää	[sytyttæ:]
to light up (illuminate)	valaista	[ʋalajsta]
to like (I like ...)	pitää	[pitæ:]
to limit (vt)	rajoittaa	[rajoitta:]

to listen (vi)	kuunnella	[ku:nnella]
to live (~ in France)	asua	[asua]
to live (exist)	elää	[elæ:]
to load (gun)	ladata	[ladata]
to load (vehicle, etc.)	kuormata	[kuormata]
to look (I'm just ~ing)	katsoa	[katsoa]
to look for ... (search)	etsiä	[etsiæ]

to look like (resemble)	näyttää	[næyttæ:]
to lose (umbrella, etc.)	kadottaa	[kadotta:]
to love (e.g., ~ dancing)	pitää	[pitæ:]

to love (sb)	rakastaa	[rakasta:]
to lower (blind, head)	laskea	[laskea]
to make (~ dinner)	laittaa	[lajtta:]
to make a mistake	erehtyä	[erehtyæ]
to make angry	vihastuttaa	[ʋihastutta:]

to make easier	helpottaa	[helpotta:]
to make multiple copies	monistaa, kopioida	[monista:], [kopiojda]
to make the acquaintance	tutustua	[tutustua]
to make use (of ...)	käyttää	[kæyttæ:]
to manage, to run	johtaa	[johta:]

to mark (make a mark)	merkitä	[merkitæ]
to mean (signify)	tarkoittaa, merkitä	[tarkojtta:], [merkitæ]
to memorize (vt)	muistaa	[mujsta:]
to mention (talk about)	mainita	[majnita]
to miss (school, etc.)	olla poissa	[olla pojssa]

to mix (combine, blend)	sekoittaa	[sekojtta:]
to mock (make fun of)	pilkata	[pilkata]
to move (to shift)	siirtää	[si:rtæ:]
to multiply (math)	kertoa	[kertoa]
must (v aux)	täytyä	[tæytyæ]

255. Verbs N-R

to name, to call (vt)	nimetä	[nimetæ]
to negotiate (vi)	käydä neuvotteluja	[kæydæ neuʋotteluja]
to note (write down)	merkitä	[merkitæ]
to notice (see)	huomata	[huomata]

to obey (vi, vt)	alistua	[alistua]
to object (vi, vt)	vastustaa	[ʋastusta:]
to observe (see)	tarkkailla	[tarkkajlla]
to offend (vt)	loukata	[loukata]
to omit (word, phrase)	jättää	[jættæ:]

to open (vt)	avata	[aʋata]
to order (in restaurant)	tilata	[tilata]
to order (mil.)	käskeä	[kæskeæ]
to organize (concert, party)	järjestää	[jærjestæ:]
to overestimate (vt)	yliarvioida	[yliarʋiojda]
to own (possess)	omistaa	[omista:]
to participate (vi)	osallistua	[osallistua]
to pass through (by car, etc.)	ohittaa	[ohitta:]

to pay (vi, vt)	maksaa	[mɑksɑ:]
to peep, spy on	tirkistellä	[tirkistellæ]
to penetrate (vt)	tunkeutua	[tuŋkeutuɑ]
to permit (vt)	antaa lupa	[ɑntɑ: lupɑ]
to pick (flowers)	repiä	[repiæ]

to place (put, set)	sijoittaa	[sijoittɑ:]
to plan (~ to do sth)	suunnitella	[su:nnitellɑ]
to play (actor)	näytellä	[næytellæ]
to play (children)	leikkiä	[lejkkiæ]
to point (~ the way)	osoittaa	[osojttɑ:]

to pour (liquid)	kaataa	[kɑ:tɑ:]
to pray (vi, vt)	rukoilla	[rukojllɑ]
to prefer (vt)	pitää enemmän	[pitæ: enemmæn]
to prepare (~ a plan)	valmistaa	[ʋɑlmistɑ:]
to present (sb to sb)	esitellä	[esitellæ]

to preserve (peace, life)	säilyttää	[sæjlyttæ:]
to prevail (vt)	vallita	[ʋɑllitɑ]
to progress (move forward)	edetä	[edetæ]
to promise (vt)	luvata	[luʋɑtɑ]

to pronounce (vt)	ääntää	[æ:ntæ:]
to propose (vt)	ehdottaa	[ehdottɑ:]
to protect (e.g., ~ nature)	suojata	[suojɑtɑ]
to protest (vi)	protestoida	[protestojdɑ]

to prove (vt)	todistaa	[todistɑ:]
to provoke (vt)	provosoida	[proʋosojdɑ]
to pull (~ the rope)	vetää	[ʋetæ:]
to punish (vt)	rangaista	[rɑŋɑjstɑ]

to push (~ the door)	sysätä	[sysætæ]
to put away (vt)	korjata pois	[korjɑtɑ pojs]
to put in order	panna järjestykseen	[pɑnnɑ jærjestykse:n]
to put, to place	panna	[pɑnnɑ]

to quote (cite)	siteerata	[site:rɑtɑ]
to reach (arrive at)	saavuttaa	[sɑ:ʋutta:]
to read (vi, vt)	lukea	[lukeɑ]
to realize (a dream)	toteuttaa	[toteuttɑ:]
to recognize (identify sb)	tuntea	[tunteɑ]

to recommend (vt)	suositella	[suositellɑ]
to recover (~ from flu)	parantua	[pɑrɑntuɑ]
to redo (do again)	tehdä uudelleen	[tehdæ u:delle:n]
to reduce (speed, etc.)	vähentää	[ʋæɦentæ:]

to refuse (~ sb)	kieltää	[kjeltæ:]
to regret (be sorry)	katua	[kɑtuɑ]

to reinforce (vt)	**vahvistaa**	[ʋɑhʋistɑ:]
to remember (Do you ~ me?)	**muistaa**	[mujstɑ:]
to remember (I can't ~ her name)	**muistaa, muistella**	[mujstɑ:], [mujstellɑ]
to remind of ...	**muistuttaa**	[mujstuttɑ:]
to remove (~ a stain)	**poistaa**	[pojstɑ:]
to remove (~ an obstacle)	**poistaa**	[pojstɑ:]
to rent (sth from sb)	**vuokrata**	[ʋuokrɑtɑ]
to repair (mend)	**korjata**	[korjɑtɑ]
to repeat (say again)	**toistaa**	[tojstɑ:]
to report (make a report)	**raportoida**	[rɑportojdɑ]
to reproach (vt)	**moittia**	[mojttiɑ]
to reserve, to book	**varata**	[ʋɑrɑtɑ]
to restrain (hold back)	**estää**	[estæ:]
to return (come back)	**palata**	[pɑlɑtɑ]
to risk, to take a risk	**riskeerata**	[riske:rɑtɑ]
to rub out (erase)	**pyyhkiä**	[py:hkiæ]
to run (move fast)	**juosta**	[juostɑ]
to rush (hurry sb)	**kiirehtiä**	[ki:rehtiæ]

256. Verbs S-W

to satisfy (please)	**tyydyttää**	[ty:dyttæ:]
to save (rescue)	**pelastaa**	[pelɑstɑ:]
to say (~ thank you)	**sanoa**	[sɑnoɑ]
to scold (vt)	**haukkua**	[hɑukkuɑ]
to scratch (with claws)	**raapia**	[rɑ:piɑ]
to select (to pick)	**valita**	[ʋɑlitɑ]
to sell (goods)	**myydä**	[my:dæ]
to send (a letter)	**lähettää**	[læhettæ:]
to send back (vt)	**lähettää takaisin**	[læhettæ: tɑkɑjsin]
to sense (~ danger)	**tuntea**	[tunteɑ]
to sentence (vt)	**tuomita**	[tuomitɑ]
to serve (in restaurant)	**palvella**	[pɑlʋellɑ]
to settle (a conflict)	**ratkaista**	[rɑtkɑjstɑ]
to shake (vt)	**ravistaa**	[rɑʋistɑ:]
to shave (vi)	**ajaa parta**	[ɑjɑ: pɑrtɑ]
to shine (gleam)	**loistaa**	[lojstɑ:]
to shiver (with cold)	**vavista, vapista**	[ʋɑʋistɑ], [ʋɑpistɑ]
to shoot (vi)	**ampua**	[ɑmpuɑ]
to shout (vi)	**huutaa**	[hu:tɑ:]

to show (to display)	näyttää	[næyttæ:]
to shudder (vi)	vavista	[vɑvistɑ]
to sigh (vi)	huokaista	[huokɑjstɑ]
to sign (document)	allekirjoittaa	[ɑllekirjoittɑ:]
to signify (mean)	tarkoittaa, merkitä	[tɑrkojttɑ:], [merkitæ]
to simplify (vt)	yksinkertaistaa	[yksiŋkertɑjstɑ:]
to sin (vi)	tehdä syntiä	[tehdæ syntiæ]
to sit (be sitting)	istua	[istuɑ]
to sit down (vi)	istua, istuutua	[istuɑ], [istu:tuɑ]
to smell (emit an odor)	tuoksua	[tuoksuɑ]
to smell (inhale the odor)	haistella	[hɑjstellɑ]
to smile (vi)	hymyillä	[hymyjllæ]
to snap (vi, ab. rope)	revetä	[revetæ]
to solve (problem)	ratkaista	[rɑtkɑjstɑ]
to sow (seed, crop)	kylvää	[kylvæ:]
to spill (liquid)	läikyttää	[læjkyttæ:]
to spit (vi)	sylkeä	[sylkeæ]
to stand (toothache, cold)	kärsiä, sietää	[kærsiæ], [sietæ:]
to start (begin)	aloittaa	[ɑlojttɑ:]
to steal (money, etc.)	varastaa	[vɑrɑstɑ:]
to stop (for pause, etc.)	pysähtyä	[pysæhtyæ]
to stop (please ~ calling me)	lakata	[lɑkɑtɑ]
to stop talking	vaieta	[vɑjetɑ]
to stroke (caress)	silittää	[silittæ:]
to study (vt)	oppia	[oppiɑ]
to suffer (feel pain)	kärsiä	[kærsiæ]
to support (cause, idea)	kannattaa	[kɑnnɑttɑ:]
to suppose (assume)	olettaa	[olettɑ:]
to surface (ab. submarine)	nousta pinnalle	[noustɑ pinnɑlle]
to surprise (amaze)	ihmetyttää	[ihmetyttæ:]
to suspect (vt)	epäillä	[epæjllæ]
to swim (vi)	uida	[ujdɑ]
to take (get hold of)	ottaa	[ottɑ:]
to take a bath	peseytyä	[peseytyæ]
to take a rest	levätä	[levætæ]
to take away (e.g., about waiter)	viedä pois	[viedæ pojs]
to take off (airplane)	nousta ilmaan	[noustɑ ilmɑ:n]
to take off (painting, curtains, etc.)	viedä pois	[viedæ pojs]
to take pictures	valokuvata	[vɑlokuvɑtɑ]
to talk to ...	puhua	[puhuɑ]

to teach (give lessons)	opettaa	[opetta:]
to tear off, to rip off (vt)	repeytyä	[repeytyæ]
to tell (story, joke)	kertoa	[kertoa]
to thank (vt)	kiittää	[ki:ttæ:]
to think (believe)	luulla	[lu:lla]

to think (vi, vt)	ajatella	[ajatella]
to threaten (vt)	uhata	[uhata]
to throw (stone, etc.)	heittää	[hejttæ:]
to tie to ...	sitoa	[sitoa]

to tie up (prisoner)	sitoa	[sitoa]
to tire (make tired)	väsyttää	[væsyttæ:]
to touch (one's arm, etc.)	koskea	[koskea]
to tower (over ...)	kohota	[kohota]

to train (animals)	kouluttaa	[koulutta:]
to train (sb)	valmentaa	[valmenta:]
to train (vi)	valmentautua	[valmentautua]
to transform (vt)	muuntaa	[mu:nta:]

to translate (vt)	kääntää	[kæ:ntæ:]
to treat (illness)	hoitaa	[hojta:]
to trust (vt)	luottaa	[luotta:]
to try (attempt)	yrittää	[yrittæ:]

to turn (e.g., ~ left)	kääntää	[kæ:ntæ:]
to turn away (vi)	kääntyä poispäin	[kæ:ntyæ pojspæjn]
to turn off (the light)	sammuttaa	[sammutta:]
to turn on (computer, etc.)	avata	[avata]
to turn over (stone, etc.)	kääntää	[kæ:ntæ:]

to underestimate (vt)	aliarvioida	[aliarviojda]
to underline (vt)	alleviivata	[allevi:vata]
to understand (vt)	ymmärtää	[ymmærtæ:]
to undertake (vt)	ryhtyä	[ryhtyæ]

to unite (vt)	yhdistää	[yhdistæ:]
to untie (vt)	irrottaa	[irotta:]
to use (phrase, word)	käyttää	[kæyttæ:]
to vaccinate (vt)	rokottaa	[rokotta:]

to vote (vi)	äänestää	[æ:nestæ:]
to wait (vt)	odottaa	[odotta:]
to wake (sb)	herättää	[herættæ:]
to want (wish, desire)	haluta	[haluta]

to warn (of the danger)	varoittaa	[varojtta:]
to wash (clean)	pestä	[pestæ]
to water (plants)	kastella	[kastella]
to wave (the hand)	hosua	[hosua]
to weigh (have weight)	painaa	[pajna:]

to work (vi)	työskennellä	[tyøskennellæ]
to worry (make anxious)	huolestuttaa	[huolestuttɑ:]
to worry (vi)	olla huolissaan	[ollɑ huolissɑ:n]

to wrap (parcel, etc.)	kääriä	[kæ:riæ]
to wrestle (sport)	painia	[pɑjniɑ]
to write (vt)	kirjoittaa	[kirjoittɑ:]
to write down	kirjoittaa muistiin	[kirjoittɑ: mujsti:n]

Made in the USA
Las Vegas, NV
06 September 2021

29725451R10149